新时代纪法实务丛书

案例详解纪法适用

曹静静 ■ 编写

ANLI XIANGJIE JIFA SHIYONG

中国方正出版社

目录
CONTENTS

1. 给予地方党委管理的干部重处分，应当经过哪些审批程序？／001
2. 为受到失实检举控告的被举报人澄清正名，需要经过哪些程序？／011
3. 调查失职失责案件，应当如何考虑主客观因素？／025
4. 形式主义、官僚主义案件如何立案并移送审理？／035
5. 不按规定报告个人有关事项，应当从哪些方面认定？／044
6. 共同贪污涉案人应该如何处置？／052
7. 违法行为发生时与立案审查调查时身份不一致，应该如何处理？／066
8. 不同身份的人收受药品回扣，应该如何定性？／075
9. 受贿后帮助犯罪分子逃避处罚，应该如何定罪？／091
10. 挪用"小金库"资金用于消费是贪污还是挪用公款？／101
11. 受贿犯罪的谋利事项是否可以认定为违纪？／110
12. 民政局副局长亲属领低保金，为什么被判无罪？／120

13. 如何认定以借为名的索贿？／131
14. 如何认定收受干股型受贿？／140
15. 只收钱没办事，构成受贿罪吗？／149
16. 收受钱款11万元，该案为什么被撤销？／156
17. 如何区分单位受贿与受贿后用于公务？／165
18. 如何提出从宽处罚建议？／173
19. 利用影响力受贿罪的主体应该如何认定？／182
20. 逆向量刑情节竞合时如何规范量纪量刑？／192
21. 怎样把握行贿犯罪情节较轻不移送起诉？／203
22. 为单位利益而行贿，构成行贿罪还是单位行贿罪？／212
23. 巨额财产来源不明的数额如何认定？／225
24. 乱收费私设私分"小金库"，如何定性处分？／236
25. 经集体研究决定的滥用职权行为是否构成犯罪？／248
26. 玩忽职守罪的因果关系如何认定？／259
27. 三审翻供，捏造虚构证明材料，为什么不适用缓刑？／273
28. 行贿数额应该如何认定？／287
29. 鉴定意见为什么不被采纳？／299
30. 行贿罪中的"谋取不正当利益"如何认定？／311
31. 言词证据与客观证据发生矛盾怎么办？／319
32. 如何追缴行贿违法所得？／328
33. 被审查调查人免予刑事处罚，如何处分？／338
34. 亲戚间的行受贿应如何认定？／346
35. 未实际获取非法利益，是否构成非法经营同类营业罪？／354

36. 如何区分过失型渎职犯罪与工作失职？/ 362
37. 帮助犯罪分子传递信件属于正常履职行为还是帮助犯罪分子逃避处罚？/ 370
38. 何种情况下可以以事立案？/ 380
39. 没有与对方公司串通，是否构成签订、履行合同失职被骗罪？/ 389

1 给予地方党委管理的干部重处分，应当经过哪些审批程序？

✓ 主旨提示

这是一起一审判决签订、履行合同失职被骗罪，二审改判无罪，同时给予被审查调查人党纪政务处分的案件。

📖 案情回顾

文某，中共党员，2009年8月至2017年2月任甲市A公司（系国有公司）董事长兼总经理，自2017年2月起任甲市副市长。

2015年5月，文某通过同学认识了北京B传媒公司（系民营企业）法人代表彭某，彭某得知A公司有意要找一家广告公司做广告时，便向文某提出由B公司承接该业务。为了实现签订合同获取利益的目的，彭某吹嘘B公司已获得了即将播出的某热门电视剧C剧中广告植入的授权，可以将A公司的系列产品广告植入剧中，并享有2000秒的剧情植入广告。在此期间，彭某与文某发展成情人关系。双方签订合同前，文某还向彭某私下透露了A公司签订合同的最高出价。同年5月25日，文某代表 A 公司与 B 公司签订了一份价值为 1150 万元的广告合同，合同的主要内容为：B 公司保证 A 公司的系列产品在 C 电视剧中享有 2000 秒的剧情植入广告，价格 550 万元；B 公司授权 A 公司使用 B 公司的一款动漫形象的商业代言及使用权，价格 300 万元；B 公司保证 C 电视剧的艺人无偿参与 20 场以 A 公司品牌宣传为主线的地面活动，价格 300 万元；签订合同后 3 个工作日内，A 公司应一次性向 B 公司支付 600 万元。

合同签订后，A 公司按时向 B 公司支付了广告费 600 万元。B 公司由林某负责具体执行合同。林某找到时任北京另一家传媒公司销售经理的孙某，希望孙某帮其落实广告植入事宜。孙某表示问题不大。

但孙某在与电视台联络后得知，C 电视剧已经事先与 A 公司经营内容相似的公司签订了合作合同，故 A 公司的产品广告不能植入到该电视剧中。为推卸责任，林某称是由于 A 公司没有及时提供植入的产品道具，而让别的公司事先植入了。尔后，彭某、林某向 A 公司提出了补救方案，经与文某等人商谈，决定 B 公司邀请 C 电视剧的女主角代言 A 公司的产品，并制作广告片在 C 电视剧中插播 20 天，以替代 B 公司未能完成的植入广告事项。后来，B 公司办理了该广告在 C 电视剧中插播 8 天的订单，并为 A 公司举办了 12 场地面宣传推广活动。

在文某被纪检监察机关立案审查调查过程中，彭某作为涉案人被移交公安机关。2018 年 3 月，彭某因涉嫌犯合同诈骗罪被公安机关立案侦查，2018 年 12 月，一审法院以彭某犯合同诈骗罪，判处其有期徒刑三年。宣判后，彭某提出上诉，2019年3月，二审法院判决彭某无罪。

办案过程

2018年3月，文某因严重违纪违法涉嫌签订、履行合同失职被骗罪被纪检监察机关立案审查调查；

2018年6月，文某被移送检察机关审查起诉；

2018年12月，检察机关以文某涉嫌签订、履行合同失职被骗罪向人民法院提起公诉；

2019年1月，一审人民法院以犯签订、履行合同失职被骗罪，判处文某有期徒刑一年六个月；文某不服，提出上诉；

2019年4月，二审法院改判文某无罪；

2019年5月，文某因严重违纪受到撤销党内职务、政务降级处分。

难点解析

◎二审法院为什么改判文某无罪？

关于签订、履行合同失职被骗罪，《刑法》第一百六十七条规定："国有公司、企业、事业单位直接负责的主管人员，在签订、履行合同过程中，因严重不负责任被诈骗，致使国家利益遭受重大损失的，处三年以下有期徒刑或者拘役；致使国家利益遭受特别重大损失的，处三年以上七年以下有期徒刑。"签订、履行合同失职被骗罪是结果犯，要求有损害后果——"国家利益遭受重大损失"。

本案中，A、B两公司所签合同的总金额是1150万元，包括三项内容：一是在C电视剧中享有2000秒的剧情植入广告，价格550万元；二是B公司授权A公司使用B公司的一款动漫形象的商业代言及使用权，价格300万元；三是B公司保证C电视剧的艺人无偿参与20场以A公司品牌宣传为主线的地面活动，价格300万元。履行情况如下：A公司已经按时向B公司支付了广告费600万元，B公司对该合同的第二项内容已经履行完毕；第三项内容中的20场地面宣传推广活动，已经履行了12场；第一项内容中的C电视剧植入广告，虽然没有履行，但是B公司向A公司提出了补救方案，且B公司已经按照补救方案办理了该广告在C电视剧中插播8天的订单。B公司虽然没有履行合同的全部内容，但是其已经履行的内容经评估应该不低于A公司已支付的600万元。所以，该合同并没有产生致使国家利益遭受重大损失的后果。

从主观方面来看，彭某虽然曾经为了实现签订合同获取利益的目的，吹嘘B公司已获得了C电视剧中广告植入的授权，但是其主观上是为了签订、履行合同，客观上也履行了部分合同，从其在合同签订后，指派林某落实广告植入事宜，以及在得知C电视剧已经事先与A公司经营内容相似的公司签订了合作合同，A公司的产品广告不能植入到该电视剧后，向A公司提出补救方案来看，其并没有诈骗的犯意。而且，法院最终也判决了彭某不构成合同诈骗罪。所以，根据现有证据不足以认定文某构成签订、履行合同失职被骗罪。

◎**彭某作为文某案件的重要涉案人，其涉嫌合同诈骗的行为为什么不是由监察机关管辖？**

《中华人民共和国监察法》（以下简称《监察法》）第三十四条明确规定了监察机关与公安机关、检察机关等侦查机关对互涉案件的处理原则，即侦查机关在工作中发现公职人员涉嫌贪污贿赂、失职渎职等职务犯罪问题线索，应当移送监察机关，由监察机关依法调查处置；被调查人既涉嫌职务犯罪，又涉嫌其他犯罪的，一般应当由监察机关为主调查，侦查机关予以协助。本案中，彭某并非公职人员，其涉嫌的也不是职务犯罪，根据相关法律规定，监察机关管辖的罪名中不包括合同诈骗罪，所以，彭某涉嫌合同诈骗的行为不归监察机关管辖。

在调查、侦查阶段，如果监察机关发现调查的案件属于其他机关管辖的，应当及时办理案件移送手续，解除已经采取的留置措施，做好留置与刑事强制措施的转换、衔接工作，并将案卷材料、涉案财物移送有管辖权的同级机关。

◎**文某与彭某发展成情人关系，文某属于违反生活纪律中的与他人发生不正当性关系行为，还是违反廉洁纪律中的钱色交易行为，或权色交易行为？**

违反生活纪律中的与他人发生不正当性关系行为，是指党员与他人发生不正当性关系，造成不良影响的行为。这里的"不良影响"，是指与他人发生不正当性关系的行为对行为人及其家庭造成的负面影响。违反廉洁纪律中的钱色交易行为，是指党员给予他人钱财与他人发生不正当性关系的行为。违反廉洁纪律中的权色交易行为，是指党和国家机关、国有企业、事业单位、人民团体、基层群众性自治组织中从事公务活动的党员利用职权或者职务上的影响，为他人谋取利益，与他人发生不正当性关系的行为。

与他人发生不正当性关系行为虽然也可能送给对方一定的钱物或者为对方谋取一定的利益，但是该行为的发生主要还是基于感情因素，而不是以利益交换为条件。本案中，彭某与文某的情人关系是在 B 公司争取与 A 公司签订广告合同的过程中发展的，B 公司之所以能够与 A 公司签订广告合同，一个非常重要的因素就是彭某成了文某的情人。文某利用职权，为彭某谋取利益，并与其发生不正当性关系，这符合权色交易行为的构成要件。此外，从本案案情看不出二者的情人关系对行为人及其家庭造成的负面影响，所以，应将文某的行为定为权色交易行为。

此外，双方签订合同前，文某向彭某私下透露 A 公司签订合同最高出价的行为，还违反了工作纪律，构成违反工作纪律行为。

◎**纪检监察机关给予文某撤销党内职务、政务降级处分，应当经过哪些审批程序？**

《中管干部违纪违法案件审理流程及文书规范》明确规定，中管干部违纪违法案件经中央纪委常委会会议审议后呈报党中央审批。与此相同，地方党委管理的干部违纪违法案件，视轻重处分不同，也相应需要呈报同级党委审批。但对于党的中央委员会委员（以下简称中央委员）、候补委员和地方各级委员会委员（以下简称地方党委委员）、候补委员，根据党章第四十二条第三款的规定，如给以撤销党内职务、留党察看或开除党籍处分，在本人所在的委员会全体会议闭会期间，可以先由中央政治局和地方各级委员会常务委员会作出处理决定，待召开委员会全体会议时予以追认。

需要注意的是，地方党委委员、候补委员处分批准程序与中央委员、中央候补委员处分批准程序存在一定差别。中央纪委常委会会议审议中央委员、中央候补委员党纪重处分案件后，需要首先呈报党中央审批，待中央政治局常委会会议审议后，还需呈报中央政治局会议审议并提请中央全会追认。而地方纪委常委会会议审议地方党委委员、候补委员重处分案件后，直接呈报同级党委常委会会议审议并提请全会追认即可。

2020年中央纪委国家监委经多次研究形成了对拟给予重处分的中管干部提出降低职务职级建议有关指导性意见。为进一步加强与组织部门的沟通协作，根据中管干部案件的特殊性，增设了征求中央组织部干部监督局意见的程序，明确了对拟给予重处分中管干部降低职务职级的案件，在案件提请中央纪委常委会会议审议前，由案件审理室按程序报批后，就拟给予重处分中管干部降低职务职级建议，书面征求中央组织部干部监督局的意见。同时，为保障征求意见程序的衔接顺畅，中央纪委国家监委案件审理室还与中央组织部干部监督局建立了日常联络工作机制。因此，在征求意见类文书中增加了就降低职务职级建议征求中央组织部干部监督局意见的函。但考虑到全国的情况较为复杂，目前此项工作仅适用于中管干部案件，不要求地方参照执行。

◻ 知识扩展

◎关于互涉案件

互涉案件，是指行为人既涉嫌职务违法犯罪，又涉嫌其他违法犯罪，相关办案机关都有权管辖的案件。

监察机关与其他机关互涉案件限于主体同一型互涉，即同一主体既实施了职务犯罪，又实施了其他犯罪。依照《监察法》第三十四条第二款的规定，被调查人既涉嫌职务犯罪，又涉嫌其他犯罪的，一般应当由监察机关为主调查，其他机关予以协助。"由监察机关为主调查"，是指由为主调查的监察机关承担组织协调职责，包括协调调查和侦查工作进度、协商重要调查和侦查措施使用等重要事项；"其他机关予以协助"，一般是指在分案办理模式下，由监察机关统一组织协调，确保形成工作合力，公安机关等其他机关依照刑事诉讼法规定收集证据，查明案情，协助监察机关查明其他犯罪事实，协助发现职务犯罪线索，根据案件办理需要对被调查人或者涉案人员依法采取刑事强制措施，协助监察机关采取搜查、通缉、网上追逃、勘验检查以及收集提取电子数据等调查措施。

◎关于事实互涉型案件的处理

职务犯罪和其他犯罪并非同一主体实施，但犯罪事实之间有较强牵连关系的事实互涉型案件，虽然不属于《监察法》第三十四条第二款规定的互涉案件，但监察机关与公安机关在调查、侦查中应当按照《监察法》第四条第二款和相关规定分别依照法定职责开展工作并加强沟通协作。

纪法依据

1.《中华人民共和国刑法》第一百六十七条

国有公司、企业、事业单位直接负责的主管人员，在签订、履行合同过程中，因严重不负责任被诈骗，致使国家利益遭受重大损失的，处三年以下有期徒刑或者拘役；致使国家利益遭受特别重大损失的，处三年以上七年以下有期徒刑。

2.《中华人民共和国监察法》第三十四条

人民法院、人民检察院、公安机关、审计机关等国家机关在工作中发现公职人员涉嫌贪污贿赂、失职渎职等职务违法或者职务犯罪的问题线索，应当移送监察机关，由监察机关依法调查处置。

被调查人既涉嫌严重职务违法或者职务犯罪，又涉嫌其他违法犯罪的，一般应当由监察机关为主调查，其他机关予以协助。

3.《中华人民共和国监察法实施条例》第三十二条

监察机关发现依法由其他机关管辖的违法犯罪线索，应当及时移送有管辖权的机关。

监察机关调查结束后，对于应当给予被调查人或者涉案人员行政处罚等其他处理的，依法移送有关机关。

4.《中国共产党纪律处分条例》第一百一十条

搞权色交易或者给予财物搞钱色交易的，给予警告或者严重警告处分；情节较重的，给予撤销党内职务或者留党察看处分；情节严重的，给予开除党籍处分。

5. 《中国共产党纪律处分条例》第一百三十五条第一款

与他人发生不正当性关系,造成不良影响的,给予警告或者严重警告处分;情节较重的,给予撤销党内职务或者留党察看处分;情节严重的,给予开除党籍处分。

2 为受到失实检举控告的被举报人澄清正名，需要经过哪些程序？

✅ 主旨提示

这是一起实名检举控告经初核后被认定不构成违纪行为而予以了结的案件。

📋 案情回顾

王某，中共党员，甲市某大学商学院院长，教授。2018年7月退休。自2019年3月起，王某在向所在单位党委报告并经同意后，到甲市某民办高校任校长，合同约定年薪30万元。

2020年8月，教师林某向甲市纪委监委实名举报王某退休不满3年便到甲民办高校任校长，涉嫌违规兼职取酬。

📝 办案过程

2020年8月，甲市纪委监委受理了林某的检举控告；

2020年9月，甲市纪委监委就林某提供的问题线索进行了初核，查明王某退休后利用其专业技术特长兼职获利，且按规定履行报告程序，不构成违纪行为，该问题线索予以了结；

2020年10月，甲市纪委监委向林某反馈了处理结果，并为王某进行了澄清正名。

难点解析

◎王某为什么不构成违纪？

中央组织部出台的《关于进一步规范党政领导干部在企业兼职（任职）问题的意见》规定，对辞去公职或者退（离）休的党政领导干部到企业兼职（任职）必须从严掌握、从严把关，确因工作需要到企业兼职（任职）的，应当按照干部管理权限严格审批。辞去公职或者退（离）休后三年内，不得到本人原任职务管辖的地区和业务范围内的企业兼职（任职），也不得从事与原任职务管辖业务相关的营利性活动。该意见明确，辞去公职或者退（离）休后三年内，拟到本人原任职务管辖的地区和业务范围外的企业兼职（任职）的，必须由本人事先向其原所在单位报告，由拟兼职（任职）企业出具兼职（任职）理由说明材料，所在单位按规定审核并按照干部管理权限征得相应的组织（人事）部门同意后，方可兼职（任职）。辞去公职或者退（离）休三年后到企业兼职（任职）的，应由本人向其原所在单位报告，由拟兼职（任职）企业出具兼职（任职）理由说明材料，所在单位按规定审批并按照干部管理权限向相应的组织（人事）部门备案。

中央组织部在第33期《组工通讯》中刊发的《关于改进和完善高校、科研院所领导人员兼职管理有关问题的问答》针对"在职的"高校、科研院所领导人员兼职管理有关问题作了进一步解读，规定"除中央管理的干部外，高校、科研院所领导班子成员中的'双肩挑'人员、所属的院系所和内设机构领导人员不担任领导职务后，其兼职可不再按照领导人员管理"。从文义上看，对尚未办理退休手续但已不担任领导职务，以及已退休的高校"双肩挑"人员的兼职不再按照"领导人员"管理。所以，本案中王某已不再属于"领导人员"，其兼职不再需要报甲市组织部门批准或备案，王某履行了向所在大学党委报告程序并经同意后才兼职，在程序上符合相关要求。

第33期《组工通讯》中的"问答"对高校领导干部的兼职限制较为宽松，但对所兼任职务与其本职工作之间的关系提出了要求，即领导班子正职及其他班子成员经批准可兼任"与本单位或者本人教学科研领域相关的社会团体和基金会等职务"，对其他领导干部笼统要求"支持他们兼任与其工作或教学科研领域相关的职务"。对于专业技术人员，人力资源和社会保障部《关于支持和鼓励事业单位专业技术人员创新创业的指导意见》也规定，"支持和鼓励事业单位专业技术人员到与本单位业务领域相近企业、科研机构、高校、社会组织等兼职"。所以，纪检监察机关最终认定王某不构成违纪。

◎事业单位的非领导人员就可以兼职吗？

《中华人民共和国公务员法》（以下简称《公务员法》）第四十四条规定："公务员因工作需要在机关外兼职，应当经有关机关批准，并不得领取兼职报酬。"第五十九条规定，公务员必须遵守纪律，不得"违反有关规定从事或者参与营利性活动，在企业或者其他营利性组织中兼任职务"。《事业单位工作人员处分暂行规定》第十八条规定，事业单位工作人员不得"违反国家规定，从事、参与营利性活动或者兼任职务领取报酬"。

根据这些规定，人民团体、事业单位中的科级及以下人员（包括专业技术人员）能否在经济实体、社会团体等单位中兼职或者兼职取酬，以及从事有偿中介活动，需要区分不同情况。

一是《关于印发〈工会、共青团、妇联等人民团体和群众团体机关参照《中华人民共和国公务员法》管理的意见〉的通知》规定，工会、共青团、妇联等21个人民团体和群众团体机关中，除工勤人员以外的机关工作人员，列入参照《公务员法》管理的范围。这部分人员，应当遵守《公务员法》中关于兼职问题的规定。

二是法律、法规授权的具有公共事务管理职能的事业单位中经批准参照《公务员法》管理的工作人员，应当遵守《公务员法》中关于兼职问题的规定。

三是其他事业单位中的科级及以下人员，应当遵守《事业单位工作人员处分暂行规定》中关于兼职问题的规定。《事业单位工作人员处分暂行规定》第十八条第一款第（六）项中的"违反国家规定"，是指违反国家有关事业单位工作人员从事、参与营利性活动或者兼任职务领取报酬方面的法律、法规、规章、规范性文件等规定。事业单位工作人员是否可以在企业中兼职，除了看其本身是否属于参公管理人员、行政机关任命人员等之外，还要看其所在地区、行业领域、系统、单位等是否对其在企业中兼职有相关规定，不能一概以编制、级别和是否为党员来划分。比如，《北京市实施〈中华人民共和国义务教育法〉办法》规定，北京市的公办学校教师在工作日期间不得到校外社会办学机构兼职兼课；不得组织学生接受有偿家教。卫生部《医师定期考核管理办法》规定，医师在考核周期内未经所在机构或者卫生行政部门批准，擅自在注册地点以外的医疗、预防、保健机构进行执业活动的，考核机构应当认定为考核不合格。

此外，事业单位工作人员即使只是兼任职务而不领取报酬，或者在其单位投资或者出资的企业中兼职，也要看其所在地区、行业领域、系统、单位等是否有相关的禁止性规定。

◎**既然王某不构成违纪，那么林某构成诬告陷害吗？**

《纪检监察机关处理检举控告工作规则》第三十九条规定，采取捏造事实、伪造材料等方式反映问题，意图使他人受到不良政治影响、名誉损失或者责任追究的，属于诬告陷害。诬告陷害行为的主观方面必须是故意，即行为人明知自己的行为会使他人受到不良政治影响、名誉损失或者责任追究，而希望该结果的发生。同时，行为人必须具有使他人受到纪律或者法律追究的目的。诬告陷害行为的客观方面表现为捏造他人违纪违法事实，向党和国家有关机关、组织或者领导干部作虚假告发。

本案中，林某举报王某退休不满3年便到甲民办高校任校长，该检举控告是有事实依据的，并非捏造他人违纪违法事实，而且从本案事实也看不出其具有使他人受到纪律或者法律追究的目的。所以，林某的检举控告行为不构成诬告陷害，属于错告行为。

◎为受到失实检举控告的被举报人澄清正名,需要经过哪些程序?

《关于新形势下党内政治生活的若干准则》要求,对受到诽谤、诬告、严重失实举报的党员,党组织要及时为其澄清和正名。《中国共产党党员权利保障条例》规定,对于受到错告或者诬告的党员,应当澄清事实,并在一定范围内公布。《纪检监察机关处理检举控告工作规则》规定,纪检监察机关核查认定检举控告失实、有必要予以澄清的,经批准后可以采取发函说明、当面说明、通报等方式予以澄清,对受到错误处理、处分的及时纠正;纪检监察机关、所在单位党组织应当做好被诬告陷害同志的思想政治工作,使其消除顾虑,保护干事创业积极性,推动履职尽责、担当作为。

澄清工作可由以下两种方式启动。一是承办部门建议。承办部门核查认定为失实检举控告,经综合分析,认为有必要进行澄清的,在充分征求被举报人意见后,提出澄清工作建议。二是被举报人申请。被举报人认为失实检举控告对其造成不良影响,需要组织予以澄清的,根据属地和干部管理权限书面提出澄清申请;申请应列明基本情况、失实检举控告的主要内容、澄清诉求等。纪检监察机关对于经核查认定确属失实检举控告,可以澄清的,应当依承办部门提出的澄清建议,或依被举报人提出的澄清申请,启动澄清程序。

承办部门在提出澄清建议时,应结合被举报人的履历、职务影响、工作一贯表现、群众口碑、廉政档案、所在部门行业领域政治生态等情况,并充分征求拟澄清对象及其所在单位党

2. 为受到失实检举控告的被举报人澄清正名,需要经过哪些程序?

组织意见,进行必要性研判。为避免基层操作标准尺度不一、综合效果达不到预期等问题,在坚持"谁核实谁澄清"原则的同时,可由县级以上纪委监委对澄清方案进行审核。其中,对澄清工作涉及的检举控告被认定为诬告陷害的,还应当经设区的市级以上党委或者纪检监察机关批准。县级以上纪委监委信访举报部门可以商请案件审理等部门对澄清方案进行联合审查,重点审查承办部门核查认定失实检举控告的程序、事实和结论,审查澄清工作拟采用的方式方法,充分论证澄清工作的政治效果、纪法效果和社会效果,形成联审意见。涉及重要岗位领导干部,或者造成较大社会影响、拟公开澄清的,必要时呈报同级党委同意。

承办部门应当在审核通过后,按审批方案实施澄清。实施澄清应坚持思想政治工作的主线,澄清内容主要是核查的结果,不得涉及核查工作细节,不得泄露党和国家秘密、商业秘密和个人隐私等不宜向社会公开的内容。澄清对象应在民主生活会、组织生活会上讲清失实检举控告澄清情况和个人思想认识,自觉接受组织监督,正确对待群众监督。承办部门及澄清对象所在单位党组织可通过适当方式对澄清对象进行回访,了解其工作表现、思想认识等情况,巩固澄清工作效果。承办部门应将澄清相关情况及时通报组织人事部门,相关材料及时存入干部廉政档案,并按照闭环管理要求建档立卷交信访举报部门集中保管。

知识扩展

◎关于诬告行为的构成要件

诬告陷害行为的主体是一般主体，没有特殊身份限制，只要具有相应的行为能力和责任能力，就可以作为本行为的主体。

诬告陷害行为的主观方面必须是故意，即行为人明知自己的行为会使他人受到不良政治影响、名誉损失或者责任追究，而希望该结果的发生。同时，行为人必须具有使他人受到纪律或者法律追究的目的。至于告发人的动机，则是多种多样，有的是挟嫌报复，有的是栽赃泄愤，有的是嫁祸于人，等等。动机如何，并不影响本行为的构成。

诬告陷害行为的客体是复杂客体，包括他人的人格、名誉权，党和国家有关机关、组织的正常活动，有时同时侵犯了他人的其他人身权利，如人身自由等。

诬告陷害行为的客观方面表现为捏造他人违纪违法事实，向党和国家有关机关、组织或者领导干部作虚假告发。首先，行为人必须要有捏造他人违纪违法事实的行为，即无中生有、栽赃陷害、歪曲事实、借题发挥，把杜撰的或者他人的违纪违法事实强加于被诬陷人。这是诬告陷害行为的本质特征。如果行为人没有捏造他人违纪违法事实的行为，或者虽然捏造一些事实，但不属于违纪违法事实，均不能构成本行为。所捏造的违纪违法事实，只要足以引起有关机关和组织追究被诬陷人的纪律或者法律责任即可，并不要求捏造详细情节与证据。其次，本行为在客观方面还表现为向有关机关、组织或者有关领导告发。如果行为人仅捏造了事实但并未告发，则不构成本行为。如果行为人进行了告发，但这种告发不足以引起有关机关、组织对被诬告人纪律或者法律责任的追究的，也不构成本行为。行为人可以向党委、纪委告发，可以向监察、审计、公安、检察院、法院告发，也可以向本单位告发。至于告发的方式则是多种多样的，可以是口头的，也可以是书面的；可以是署名的，也可以是匿名的。但告发必须是行为人主动告发。再次，行为人的告发行为必须有特定对象。没有特定对象的告发，不可能构成诬告陷害错误。因为如果没有特定对象，就不可能导致有关机关和组织追究某人的纪律或者法律责任，也谈不上对他人权利的侵犯。当然，特定对象，并不要求行为人点名道姓，只要告发的内容能够使有关机关或者组织确认告发的对象，就应构成诬告陷害行为。

◎**关于诬告陷害与错告的区别**

诬告陷害与错告都表现为反映问题与事实不符，于是有些恶意举报人企图以"错告"逃避处理。我们可以从以下几个方面区分诬告陷害与错告。

一是两者主观意图不同。诬告陷害通常是指举报人出于打击报复、栽赃嫁祸、猜疑嫉妒的动机，刻意捏造事实或伪造材料，意图使他人受到不良政治影响、名誉损失或者责任追究，行为人主观上对此具有故意心态（追求或放纵）。而错告是指举报人出于维护党纪法规、捍卫权益和维护公平正义等正当目的向党组织和有关机关反映问题，其自认为举报内容是真实的，但由于举报人了解情况或认识问题的局限性造成举报失实，行为人主观上对举报失实具有过失。

二是举报内容的事实依据不同。诬告陷害举报内容缺乏事实基础，往往是行为人有意捏造事实，颠倒是非、恶意编排、捕风捉影，有的标题和表述"上纲上线"，但反映问题不实际不具体，有的虽然直接点明问题，但没有提供任何材料或说明，甚至主要是侮辱性表述。而错告举报内容一般都基于特定事实或经历，举报人能够大致说清问题来源，并非刻意捏造或伪造。

三是反映问题的方式不同。一般来说，诬告陷害中的举报人知道自己所反映的"问题"是捏造的，经不起核查，通常会采取比较隐蔽的举报方式。同时，由于其主要目的是使他人受到不良政治影响、名誉损失或者责任追究，因此通常会采取"广撒网"的方式多头举报，有意扩大知情范围，如果能够引起纪检监察机关关注固然是好，即使"告不倒、查不实"，也会对被举报人在思想压力、工作状态、组织评价、家庭关系、评优晋升等方面造成实质上的不良影响。而错告中举报人的意图是使有关部门启动对相关人员或相关问题的调查，以尽快查明事实、纠正错误、追究责任、挽回损失，因此往往会通过组织程序或正当渠道，有针对性地向党组织、纪检监察机关或司法机关反映问题，一般不会采取过于隐蔽的举报方式（不排除举报人为避免打击报复而采取化名、匿名等形式），也不会向无关单位或部门散发举报信。

四是处理方式不同。对诬告陷害行为，纪检监察机关应当依规依纪依法严肃处理，或者移交有关机关依法处理。对于确属错告的，不追究检举控告人的责任，可在一定范围内澄清是非，消除对被错告者的影响，并对错告者进行教育。错告者拒不接受处理结果，仍然继续实施错告行为并对他人造成不良后果和影响的，可以由组织人事部门或公安机关处理，或由被错告人通过法律途径维护自身合法权益。

纪法依据

1.《关于进一步规范党政领导干部在企业兼职（任职）问题的意见》

二、对辞去公职或者退（离）休的党政领导干部到企业兼职（任职）必须从严掌握、从严把关，确因工作需要到企业兼职（任职）的，应当按照干部管理权限严格审批。

辞去公职或者退（离）休后三年内，不得到本人原任职务管辖的地区和业务范围内的企业兼职（任职），不得从事与原任职务管辖业务相关的营利性活动。

辞去公职或者退（离）休后三年内，拟到本人原任职务管辖的地区和业务范围外的企业兼职（任职）的，必须由本人事先向其原所在单位党委（党组）报告，由拟兼职（任职）企业出具兼职（任职）理由说明材料，所在单位党委（党组）按规定审核并按照干部管理权限征得相应的组织（人事）部门同意后，方可兼职（任职）。

辞去公职或者退（离）休三年后到企业兼职（任职）的，应由本人向其所在单位党委（党组）报告，由拟兼职（任职）企业出具兼职（任职）理由说明材料，所在单位党委（党组）按规定审批并按照干部管理权限向相应的组织（人事）部门备案。

2.《关于支持和鼓励事业单位专业技术人员创新创业的指导意见》

二、支持和鼓励事业单位专业技术人员兼职创新或者在职创办企业

支持和鼓励事业单位专业技术人员到与本单位业务领域相近企业、科研机构、高校、社会组织等兼职,或者利用与本人从事专业相关的创业项目在职创办企业,是鼓励事业单位专业技术人员合理利用时间,挖掘创新潜力的重要举措,有助于推动科技成果加快向现实生产力转化。

事业单位专业技术人员在兼职单位的工作业绩或者在职创办企业取得的成绩可以作为其职称评审、岗位竞聘、考核等的重要依据。专业技术人员自愿流动到兼职单位工作,或者在职创办企业期间提出解除聘用合同的,事业单位应当及时与其解除聘用合同并办理相关手续。

事业单位专业技术人员兼职或者在职创办企业,应该同时保证履行本单位岗位职责、完成本职工作。专业技术人员应当提出书面申请,并经单位同意;单位应当将专业技术人员兼职和在职创办企业情况在单位内部进行公示。事业单位应当与专业技术人员约定兼职期限、保密、知识产权保护等事项。创业项目涉及事业单位知识产权、科研成果的,事业单位、专业技术人员、相关企业可以订立协议,明确权益分配等内容。

3.《中华人民共和国公务员法》第四十四条

公务员因工作需要在机关外兼职,应当经有关机关批准,

并不得领取兼职报酬。

4.《中华人民共和国公务员法》第五十九条

公务员应当遵纪守法，不得有下列行为：

……

（十六）违反有关规定从事或者参与营利性活动，在企业或者其他营利性组织中兼任职务；

……

5.《事业单位工作人员处分暂行规定》第十八条

有下列行为之一的，给予警告或者记过处分；情节较重的，给予降低岗位等级或者撤职处分；情节严重的，给予开除处分：

……

（六）违反国家规定，从事、参与营利性活动或者兼任职务领取报酬的；

……

6.《中国共产党纪律处分条例》第九十四条

违反有关规定从事营利活动，有下列行为之一，情节较轻的，给予警告或者严重警告处分；情节较重的，给予撤销党内职务或者留党察看处分；情节严重的，给予开除党籍处分：

（一）经商办企业的；

（二）拥有非上市公司（企业）的股份或者证券的；

（三）买卖股票或者进行其他证券投资的；

（四）从事有偿中介活动的；

（五）在国（境）外注册公司或者投资入股的；

（六）有其他违反有关规定从事营利活动的。

利用参与企业重组改制、定向增发、兼并投资、土地使用权出让等决策、审批过程中掌握的信息买卖股票，利用职权或者职务上的影响通过购买信托产品、基金等方式非正常获利的，依照前款规定处理。

违反有关规定在经济组织、社会组织等单位中兼职，或者经批准兼职但获取薪酬、奖金、津贴等额外利益的，依照第一款规定处理。

7.《纪检监察机关处理检举控告工作规则》第三十九条

采取捏造事实、伪造材料等方式反映问题，意图使他人受到不良政治影响、名誉损失或者责任追究的，属于诬告陷害。

认定诬告陷害，应当经设区的市级以上党委或者纪检监察机关批准。

3 调查失职失责案件，应当如何考虑主客观因素？

✅ 主旨提示

这是一起既追究直接责任又追究领导责任、监督责任的案例。

📄 案情回顾

2015年1月至2018年11月，甲县人力资源和社会保障局参保登记科工作人员陈某利用职务便利，违反规定收取丁某等100多人资金，滥用职权为上述人员违规办理社会保险参保、一次性补缴，致使养老金被相关人员违规领取，造成国家社保基金重大损失。

对于陈某违规为他人办理社保补缴业务的违纪违法行为，早在2018年3月，时任县人社局党委书记、局长程某就已经通过一封举报信而有所察觉。但是，程某对此事并未重视，也未采取有效措施保障国家社保基金安全。程某将该情况告知时任陈某的分管副局长施某，施某明知陈某违规为他人办理社保可能导致国家社保基金重大损失，却未对陈某违规问题做进一步核查，也未建议程某立即采取有效措施来保障国家社保基金安全，致使国家社保基金被违规参保人继续领取。

甲县人社局纪检监察组组长、县纪委监委派驻第六纪检监察组组长鲍某和甲县纪委监委派驻第六纪检监察组副组长叶某，负责县人社局及所属系统的纪检监察工作，在长达两年多的时间内均未发现陈某违规办理社保业务的问题。

办案过程

2018年12月，陈某因严重违纪违法涉嫌滥用职权罪被甲县纪委监委立案审查调查；

2019年5月，陈某被开除党籍、开除公职，并被移送检察机关审查起诉，程某和施某均受到开除党籍、政务撤职处分，鲍某和叶某均受到党内警告处分；

2019年8月，甲县人民检察院以陈某涉嫌受贿罪、滥用职权罪向甲县人民法院提起公诉；

2019年10月，甲县人民法院以被告人陈某犯滥用职权罪，判处其有期徒刑二年。

难点解析

◎违规办理社保业务的是陈某，为什么要处分程某、施某、鲍某、叶某？

根据《中国共产党问责条例》的相关规定，对于在党的建设、党的事业中失职失责的党组织和党的领导干部，需要追究其主体责任、监督责任、领导责任。问责是追究失职失责党组织和党的领导干部的责任，而不是追究党员干部对自己违纪违法行为的直接责任。

党委是管党治党的主体，对全面从严治党负主体责任，党委书记是管党治党的第一责任人。纪委在党委领导下，履行党章赋予的监督职能，负监督责任。要实现全面从严治党，就必须牢牢抓住党委主体责任和纪委监督责任。党的问责工作就是要落实管党治党政治责任，督促各级党组织、党的领导干部负责守责尽责，忠诚干净担当，形成一级抓一级、层层抓落实的良好局面。

有权必有责，有责要担当。本案中，虽然违规办理社保业务的是陈某，但是程某作为党委书记、主要领导，施某作为分管领导，鲍某、叶某作为负责县人社局及所属系统的纪检监察工作的干部，没有尽到应尽的职责，应承担领导责任和监督责任。

◎陈某、程某、施某、鲍某、叶某五人分别承担的是什么责任？

陈某承担的是直接责任。《中国共产党纪律处分条例》（以下简称《党纪处分条例》）第三十七条规定："直接责任者，是指在其职责范围内，不履行或者不正确履行自己的职责，对造成的损失或者后果起决定性作用的党员或者党员领导干部。"这里的"职责范围内"，主要是指依照其法定职务或者组织交办的应当承担的具体工作责任和应履行的义务。"不履行职责"，一般表现为应当作为而不作为，如拒绝履行职责、拖延履行职责或者擅离职守等；"不正确履行职责"，包括超越职权,或者违反规定处理公务,也包括不认真履行职责的情况。陈某作为县人社局工作人员,办理职工基本养老保险和职工基本医疗保险补缴业务,是其工作职责。其违反规定收取丁某等100多人资金,滥用职权为上述人员违规办理社会保险参保、一次性补缴,属于不正确履行职责。其对国家社保基金重大损失的后果起到了决定性作用,因此属于本案中的直接责任者,不属于问责对象。

程某和施某承担的是主要领导责任。程某不是陈某的分管领导,但是其作为县人社局的主要负责人,负有领导、管理社保局的所有工作人员依规依纪依法履职的工作职责。而且,对于陈某违规为他人办理社保补缴业务的违纪违法行为,早在2018年3月,程某就已经通过一封举报信而有所察觉。但是,程某对此事并未重视,也未采取有效措施保障国家社保基金安全。施某作为分管参保登记科的副局长,领导、管理参保登记科的工作人员依规依纪依法做好业务工作,是其应尽的职责。但是,其对陈某长期持续违规为多人办理社保补缴业务却一无所知,在局长程某告知陈某有关违纪违法情况时,未对陈某违规问题做进一步核查,也未立即采取有效措施来保障国家社保基金安全。所以,程某作为领导班子主要负责人,施某作为直接主管的班子成员,都在其职责范围内承担主要领导责任,该二人属于问责对象。

鲍某和叶某承担的是监督责任。鲍某作为县人社局纪检监察组组长、县纪委派驻第六纪检监察组组长,叶某作为县纪委派驻第六纪检监察组副组长,对县人社局履行监督职责时存在工作责任心不强、敏感性不足等问题，对陈某持续为多人违规办理社保补缴业务问题应发现未能发现，监督执纪工作严重失职失察。所以，鲍某和叶某应该承担监督责任，此二人也属于问责对象。

◎对程某、施某、鲍某、叶某进行问责，需要立案审查调查吗？

根据《中国共产党问责条例》规定，对于需要问责的情形，有管理权限的党委（党组）、纪委、党的工作机关应当经主要负责人审批，及时启动问责调查程序。

需要注意的是，《中国共产党问责条例》使用的是"启动问责调查程序"，而没有使用"立案"的概念，主要有两个原因：一是问责调查针对的是有问责情形发生，需要调查其中有没有失职失责的情况、应当问责的问题。启动问责调查程序后，根据调查结果，可能需要对有关组织、人员进行问责，也可能不予或者免予问责。再者，即使问责，问责方式多样，处理幅度较宽。如对党组织问责方式有检查、通报、改组等三种，对党的领导干部问责方式，从轻到重有通报、诫勉、组织调整或者组织处理、纪律处分等四种。进行问责调查后，根据危害程度和具体情况予以问责，如果是较轻的问责方式，显然与"立案"的表述并不匹配。二是使用"启动"问责调查程序可以避免出现两种"立案"，造成混淆。《中国共产党纪律检查机关监督执纪工作规则》（以下简称《监督执纪工作规则》）第三十七条规定，"纪检监察机关经过初步核实，对党员、干部以及监察对象涉嫌违纪或者职务违法、职务犯罪，需要追究纪律或者法律责任的,应当立案审查调查";《监察机关监督执法工作规定》也使用了"立案调查"的表述。这里使用"启动"一词,可以与《监督执纪工作规则》及《监察机关监督执法工作规定》中的"立案"作适当区分,避免出现两种"立案",造成混淆。

此外,经过问责调查后,发现需要采取纪律处分方式问责的,还要执行立案审查调查的程序。本案中,经过问责调查后,发现需要对程某、施某、鲍某、叶某进行纪律处分,所以,还需要执行立案审查调查程序。

◎在调查失职失责问题过程中,应当如何综合考虑主客观因素?

问责调查需要综合考虑主客观因素,正确区分贯彻执行党中央或者上级决策部署过程中出现的执行不当、执行不力、不执行等不同情况,精准提出处理意见。"综合考虑主客观因素"是对所有问责情形都需要把握的要求,是《中国共产党问责条例》第三条"依规依纪、实事求是""权责一致、错责相当"原则的重要体现。发生问责情形往往既有被问责对象的主观因素,也有一些客观原因,需要综合分析,弄清楚导致问责情形发生的主要因素,从而为精准提出处理意见奠定扎实基础。

正确区分"执行不当、执行不力、不执行等不同情况",是综合考虑主客观因素的具体运用。"执行不当",是指主观上想正确执行,但执行过程中出现了偏差;"执行不力",是指由于主观认识存在偏差,导致客观执行不到位,其性质比"执行不当"要严重;"不执行"性质最为严重,是置党中央和上级决策部署于不顾，不担当不作为，没有履职尽责。从执行不当、执行不力到不执行，是一个主观因素占比逐步上升的过程，也是提出处理意见的重要考量。只有把握好这些因素，才能实现所提意见的精准。

知识扩展

◎关于问责的对象

问责对象是党组织、党的领导干部，重点对象是党委（党组）、党的工作机关及其领导成员，纪委、纪委派驻（派出）机构及其领导成员。

第一类问责对象是党组织。依据党章的规定，党组织包括党的中央组织、地方组织、基层组织、纪律检查机关、党组。问责对象包括党的地方各级委员会、基层委员会、总支部委员会、支部委员会，党组，党的各级纪律检查委员会及其派驻（派出）机构，党的工作机关。

党的工作机关虽然不属于党章规定的一级党组织，但是其在全面从严治党中也承担着主体责任、监督责任和领导责任。《中国共产党党内监督条例》第十六条规定，党的工作部门应当严格执行各项监督制度，加强职责范围内党内监督工作，既加强对本部门本单位的内部监督，又强化对本系统的日常监督。根据"权责一致"的原则，《中国共产党问责条例》把党的工作机关规定为问责对象。

第二类问责对象是党的领导干部。党的领导干部，首先包括党组织的领导成员，即在党组织中担任领导班子成员的党员。

其次，对于没有在党组织中担任领导班子成员的党员领导干部，按照履行"一岗双责"的要求，对其分管范围内党的建设负有领导责任，同时在党的事业中负有相应的领导责任，因此也属于问责对象范围。

问责的重点对象是党委（党组）、党的工作机关及其领导成员，纪委、纪委派驻（派出）机构及其领导成员。因为这些党组织及其领导成员具有相应的职责权力，所以要加强对他们的监督制约。将上述党组织及其领导成员作为问责的重点对象，目的是督促其负责、守责、尽责，在管党治党中发挥应有的重要作用。

◎关于领导责任者和监督责任者

领导责任者，包括主要领导责任者和重要领导责任者。党组织领导班子在职责范围内负有全面领导责任，领导班子主要负责人和直接主管的班子成员在职责范围内承担主要领导责任，参与决策和工作的班子成员在职责范围内承担重要领导责任。主要领导责任者，主要是指在其职责范围内，对主管的工作不履行或者不正确履行职责，对造成的后果负直接领导责任的党员领导干部。"主管的工作"，主要是指有明确分工或者党组织交办由其负责、管辖的工作。重要领导责任者，主要是指在其职责范围内，对应管的工作或者参与决定的工作不履行或者不正确履行职责，对造成的损失或后果负次要领导责任的党员领导干部。"应管的工作"，主要是指虽然没有明确分工由其主管，但按照法定职责范围应当由其负责、管辖的工作。"参与决定的工作"，主要是指应该由两人以上讨论决定的工作，或者由集体讨论决定的工作。

监督责任，主要是指各级纪委在全面从严治党中履行的监督执纪问责职责。纪委是党内监督的专责机关，是管党治党的重要力量。各级纪委只有履行好这个"专责"，才能真正成为党章党规党纪的维护者、党的路线方针政策的捍卫者、党风廉政建设和反腐败斗争的推进者。

纪法依据

1.《中国共产党问责条例》第四条

党委（党组）应当履行全面从严治党主体责任，加强对本地区本部门本单位问责工作的领导，追究在党的建设、党的事业中失职失责党组织和党的领导干部的主体责任、监督责任、领导责任。

纪委应当履行监督专责，协助同级党委开展问责工作。纪委派驻（派出）机构按照职责权限开展问责工作。

党的工作机关应当依据职能履行监督职责，实施本机关本系统本领域的问责工作。

2.《中国共产党问责条例》第六条

问责应当分清责任。党组织领导班子在职责范围内负有全面领导责任，领导班子主要负责人和直接主管的班子成员在职责范围内承担主要领导责任，参与决策和工作的班子成员在职责范围内承担重要领导责任。

对党组织问责的，应当同时对该党组织中负有责任的领导班子成员进行问责。

党组织和党的领导干部应当坚持把自己摆进去、把职责摆进去、把工作摆进去，注重从自身找问题、查原因，勇于担当、敢于负责，不得向下级党组织和干部推卸责任。

3.《中国共产党问责条例》第十条

启动问责调查后，应当组成调查组，依规依纪依法开展调查，查明党组织、党的领导干部失职失责问题，综合考虑主客观因素，正确区分贯彻执行党中央或者上级决策部署过程中出现的执行不当、执行不力、不执行等不同情况，精准提出处理意见，做到事实清楚、证据确凿、依据充分、责任分明、程序合规、处理恰当，防止问责不力或者问责泛化、简单化。

4 形式主义、官僚主义案件如何立案并移送审理？

✓ 主旨提示

这是一起在监督检查工作中发现的形式主义、官僚主义案件。

案情回顾

2019年6月，甲县廉洁建设领导小组办公室工作人员在对全县廉洁机关建设工作进行监督检查时，发现县文化旅游广电体育局的廉洁机关公示栏中"班子成员"一栏赫然写着"甲县纪委监委班子成员"；"公权监督"需要公示内容中的重大部署、纪律建设、审查调查等15项内容，完全复制了甲县纪委监委公示栏的内容，甚至将该局没有的"审查调查"职能，也写入其中。

经查，此公示栏由县文化旅游广电体育局党组成员、副局长唐某全权负责，但其为了省事，直接把内容设计工作全部交由广告公司"代劳"。广告公司由于不了解该局具体工作情况，机械地"复制"了县纪委监委廉洁机关公示栏模版。唐某虽然进行了审核把关，但都只停留在表面，完全没有联系本单位工作实际制定公示项目。在最终设计稿出来时，仅匆匆瞄了几眼，便草率认定符合要求。

办案过程

2019年9月，甲县纪委监委对唐某违反工作纪律问题立案审查调查，并直接移送该委案件审理室审理；

2019年10月，甲县纪委监委认定唐某在负责廉洁机关公示栏工作中存在形式主义、官僚主义问题，给予唐某严重警告处分，对甲县文化旅游广电体育局党组书记、局长林某予以诫勉，并对甲县文化旅游广电体育局进行了通报批评。

难点解析

◎唐某在负责廉洁机关公示栏工作中敷衍了事、照抄照搬，为什么定性为形式主义、官僚主义行为而不是工作失职行为？

工作失职行为，是指党的领导干部在工作中不负责任或者疏于管理，贯彻执行、检查督促落实上级决策部署不力，并且给党、国家和人民利益以及公共财产造成较大损失的行为。形式主义、官僚主义行为，主要是指贯彻党中央决策部署只表态不落实，热衷于搞舆论造势、浮在表面，单纯以会议贯彻会议、以文件落实文件，在实际工作中不见诸行动等行为。形式主义、官僚主义行为客观方面要求造成严重不良影响，而工作失职行为客观方面则要求给党、国家和人民利益以及公共财产造成较大损失。

如果党的领导干部以形式主义、官僚主义的态度对待党的工作，在工作中不负责任或者疏于管理，造成了严重不良影响，并且给党、国家和人民利益以及公共财产造成较大损失，则既构成形式主义、官僚主义行为，也构成工作失职行为。根据《党纪处分条例》第二十四条规定，一个违纪行为同时触犯本条例两个以上（含两个）条款的，依照处分较重的条款定性处理。一个条款规定的违纪构成要件全部包含在另一个条款规定的违纪构成要件中，特别规定与一般规定不一致的，适用特别规定。所以，如果党的领导干部以形式主义、官僚主义的态度对待党的工作，既构成形式主义、官僚主义行为，也构成工作失职行为时，一般可以认定为形式主义、官僚主义行为。

本案中，唐某在负责廉洁机关公示栏工作中敷衍了事，完全照搬照抄别的单位公示栏的内容，工作不求实效，甚至弄虚作假，造成严重不良影响，这符合形式主义、官僚主义行为的构成要件。同时，其给党、国家和人民利益以及公共财产造成较大损失的特点并不明显。所以，甲县纪委监委将唐某的行为定性为形式主义、官僚主义行为，而不是工作失职行为。

◎**纪检监察机关在对唐某立案审查调查后，为什么不经过审查调查程序直接移送审理？**

《中华人民共和国监察法实施条例》（以下简称《监察法实施条例》）第一百八十二条规定："对案情简单、经过初步核实已查清主要职务违法事实，应当追究监察对象法律责任，不再需要开展调查的，立案和移送审理可以一并报批，履行立案程序后再移送审理。"精准适用立案并移送审理程序，有利于繁简分流、缓解办案压力，有利于保障被审查调查人权利、做好教育转化，有利于快查快处实现良好办案效果。

本案中，甲县廉洁建设领导小组办公室工作人员在对全县廉洁机关建设工作进行监督检查时，发现县文化旅游广电体育局的廉洁机关公示栏完全复制了甲县纪委监委公示栏的内容。经过核查发现，唐某在负责廉洁机关公示栏工作中敷衍了事、照抄照搬，完全没有联系本单位工作实际制定公示项目。本案案情简单，经过初步核实已查清主要违纪违法事实，不再需要开展审查调查，所以，立案和移送审理可以一并报批，履行立案程序后再移送审理。

◎什么情况可以适用立案并直接移送审理程序？

立案并直接移送审理程序的适用条件有两个：一是案情简单，二是已查清主要违纪违法事实，需要追究纪律责任、法律责任，但不需要再进一步开展审查调查。

关于"案情简单"，关键看案情是否适宜合并报批处理，具体可从以下两个方面把握：一是违纪违法事实简单。从类型看，仅限于违纪违法问题，对于涉嫌职务犯罪的不适用。从程度看，原则上限于轻微或者一般违纪违法问题，对于涉嫌严重违纪违法的一般不宜适用。从情节看，原则上限于常见违纪违法问题，对于涉及新型、疑难、复杂违纪违法问题，在事实证据、定性处理等方面可能存在较大争议的一般不宜适用。二是拟处理意见简单。原则上限于拟适用第二种、第三种形态处分的案件，拟适用第四种形态处分的案件不得适用。其中，对于拟适用第三种形态处分，立案后处分前需与组织部门沟通提出重大职务职级调整建议的案件，一般应当审慎适用。

关于对"已查清主要违纪违法事实""需要追究纪律责任、法律责任""不需要再进一步开展审查调查"的要求，主要是指案件达到了移送审理的标准。一是定案事实均已查清且分类定性。被核查人所涉问题线索均已查清或者处置，拟认定的违纪违法事实均已准确分类定性、正确引用条规，不需要进一步开展研究论证工作。二是定案证据均已达到相应证据标准。定案事实均有证据证实，定案证据真实、合规、合法且证据之间不存在无法排除的矛盾，违纪、违法证据分别达到"明确合理可信"和"清晰且令人信服"的程度，不需要进一步开展调查取证工作。三是对人员、财物均已提出明确意见。对被核查人已提出处分意见，处分涉及的相关免去职务、终止资格等事项均已或者能够及时办理完毕，涉案财物均已暂扣到位、鉴定完成并提出明确处理意见，对被核查人和涉案财物不需要进一步采取有关措施。

◎唐某受的是处分，林某和甲县文化旅游广电体育局受的是处理，处分和处理有什么不同？

根据《党纪处分条例》第七条规定，党组织和党员违反党章和其他党内法规，违反国家法律法规，违反党和国家政策，违反社会主义道德，危害党、国家和人民利益的行为，依照规定应当给予纪律处理或者处分的，都必须受到追究。这里同时提到了处理和处分，即对党组织违纪行为应当给予纪律处理，对党员的违纪行为应当给予纪律处分。

对党组织的纪律处理有两种：改组和解散。对党员的纪律处分包括五种：警告；严重警告；撤销党内职务；留党察看；

开除党籍。而党组织根据党章党规党纪的规定，对违纪党员也可以适用党纪处分以外的处理方式，主要有：批评教育；通报；诫勉；组织处理（包括停职检查、调整职务、责令辞职、降职、免职等）；除名（即取消党员资格和党籍，是党内的一种组织措施，不是纪律处分）；收缴或责令退赔违纪所得的经济利益；建议有关组织、部门、单位纠正违纪所得的其他利益。对党组织的非党纪处分处理方式主要有责令作出检查和进行通报批评两种。

对于受到改组处理的党组织领导机构成员，除应当受到撤销党内职务以上（含撤销党内职务）处分的外，均自然免职。对于受到解散处理的党组织中的党员，应当逐个审查。其中，符合党员条件的，应当重新登记，并参加新的组织过党的生活；不符合党员条件的，应当对其进行教育、限期改正，经教育仍无转变的，予以劝退或者除名；有违纪行为的，依照规定予以追究。

党员受到警告处分一年内，不得在党内提升职务和向党外组织推荐担任高于其原任职务的党外职务。党员受到严重警告处分一年半内，不得在党内提升职务和向党外组织推荐担任高于其原任职务的党外职务。党员受到撤销党内职务处分，或者应当受到撤销党内职务处分但是由于本人没有担任党内职务而受到严重警告处分的，二年内不得在党内担任和向党外组织推荐担任与其原任职务相当或者高于其原任职务的职务。党员受到留党察看处分，其党内职务自然撤销，恢复党员权利后二年内，不得在党内担任和向党外组织推荐担任与其原任职务相当或者高于其原任职务的职务。党员受到开除党籍处分,五年内不得重新入党,也不得推荐担任与其原任职务相当或者高于其原任职务的党外职务。

知识扩展

◎关于立案并移送审理程序的案件类型

立案并移送审理程序的常见案件主要包括两类,一是涉及违反中央八项规定精神、形式主义官僚主义等问题的案件,二是赌博、酒驾、妨碍社会管理秩序等违反国家法律法规案件。涉及违反中央八项规定精神、形式主义官僚主义等问题,一般案情简单,不需要采取留置、查封、扣押、冻结等立案后才可以使用的措施。赌博、酒驾、妨碍社会管理秩序等违反国家法律法规案件,有的已有行政机关的调查结论,可以据此作出处理意见;有的经过初步核实一般也能查清主要违纪违法事实,不再需要开展审查调查。

◎关于立案并移送审理的请示

案件承办部门应当制作立案并移送审理的请示,具体包括问题线索来源、初核简况、被核查人基本情况、初核查清的主要违纪违法事实(按照违纪、职务违法分类表述)、其他重要问题线索核查情况、涉案财物情况、被核查人的态度和认识、立案审查调查并移送审理的意见和处分建议等内容,制作立案决定书并形成审查调查报告(附被核查人简历、检讨或忏悔反思材料、违纪违法事实材料)、涉案财物处理建议报告等作为请示附件一并报批。初核报告可与立案并移送审理报告同时报批。

纪法依据

1.《中国共产党纪律处分条例》第九条

对于违犯党的纪律的党组织，上级党组织应当责令其作出检查或者进行通报批评。对于严重违犯党的纪律、本身又不能纠正的党组织，上一级党的委员会在查明核实后，根据情节严重的程度，可以予以：

（一）改组；

（二）解散。

2.《中国共产党纪律处分条例》第一百二十一条

工作中不负责任或者疏于管理，贯彻执行、检查督促落实上级决策部署不力，给党、国家和人民利益以及公共财产造成较大损失的，对直接责任者和领导责任者，给予警告或者严重警告处分；造成重大损失的，给予撤销党内职务、留党察看或者开除党籍处分。

贯彻创新、协调、绿色、开放、共享的发展理念不力，对职责范围内的问题失察失责，造成较大损失或者重大损失的，从重或者加重处分。

3.《中国共产党纪律处分条例》第一百二十二条

有下列行为之一，造成严重不良影响，对直接责任者和领导责任者，情节较轻的，给予警告或者严重警告处分；情节较重的，给予撤销党内职务或者留党察看处分；情节严重的，给予开除党籍处分：

（一）贯彻党中央决策部署只表态不落实的；

（二）热衷于搞舆论造势、浮在表面的；

（三）单纯以会议贯彻会议、以文件落实文件，在实际工作中不见诸行动的；

（四）工作中有其他形式主义、官僚主义行为的。

4.《中华人民共和国监察法实施条例》第一百八十二条

对案情简单、经过初步核实已查清主要职务违法事实，应当追究监察对象法律责任，不再需要开展调查的，立案和移送审理可以一并报批，履行立案程序后再移送审理。

5 不按规定报告个人有关事项，应当从哪些方面认定？

✓ 主旨提示

这是一起因不按规定报告个人有关事项行为受到严重警告处分的案件。

📄 案情回顾

徐某，中共党员，A市甲县副县长。徐某及其妻李某、女儿徐某某（未婚，与徐某夫妇共同生活）名下有6套住房、2个车位。徐某于2019年1月填报《领导干部个人有关事项报告表》时，在"本人、配偶、共同生活的子女的房产情况"一栏，只填报了其本人名下的3套住房，没有填报李某和徐某某名下的其他3套住房、2个车位。同时，徐某给徐某某购买的100万元投资型保险产品，也未报告。

✏ 办案过程

2019年5月，组织部门通过抽查发现了徐某填报的住房和投资理财相关情况与实际不符，在组织与其谈话期间，徐某辩解称，其不是故意隐瞒，而是漏报了相关情况；

2019年6月，徐某因不按规定报告个人有关事项行为受到严重警告处分。

难点解析

◎在认定不按规定报告个人有关事项行为的过程中，瞒报和漏报有什么不同？徐某的情况属于瞒报还是漏报？

漏报与瞒报在客观上都表现为不报告、未报告、不如实报告、不及时报告，但两者在主观方面有本质区别：漏报是应报而遗漏报告，主观上表现为过失，反映出报告人对报告工作的不认真；而瞒报是应报而隐瞒不报，主观上表现为故意，即知道应当报告或应当知道应报告而不报告，反映出报告人对党不忠诚、不老实。根据《领导干部个人有关事项报告查核结果处理办法》（以下简称《办法》）第五条，以及《党纪处分条例》第七十三条第一款第（一）项之规定，查核结果为瞒报的，可能构成违纪，给予党纪处分；而对漏报，无论情节轻重，仅能给予组织处理，不能给予党纪处分。所以，行为人往往为了不被追究党纪处分，而主张自己是漏报而非瞒报。

根据《办法》的有关规定，未报告房产1套以上的和未报告持有股票、基金、投资型保险等情况的，一般认定为隐瞒不报行为。本案中，徐某明知妻子李某和女儿徐某某名下有3套住房、2个车位，也明知自己给徐某某购买了100万元投资型保险产品，却没有填报在《领导干部个人有关事项报告表》上，其有对党不忠诚、不老实的主观故意，应当认定为隐瞒不报。

◎只要瞒报就会构成违纪吗？

瞒报未必都构成违纪。违纪行为必须具备三个要素，即违规性、危害性和应受纪律处理或处分性。瞒报行为具有违规性和危害性，若有纪律处理或处分依据的，则构成违纪行为，否则不是违纪行为。《党纪处分条例》第七十三条规定的不按规定报告个人有关事项行为，只有达到情节较重才能给予警告或者严重警告处分，如果情节较轻则不构成本违纪行为。对构成违纪的瞒报行为，若符合《党纪处分条例》第十九条规定情形，可以免予党纪处分，同时给予批评教育、责令检查、诫勉或组织处理。对构成违纪的瞒报行为，若具有加重处分情节的，也可以给予撤销党内职务处分并匹配相应的政务处分。

本案中，徐某填报的住房和投资理财相关情况与实际严重不符，差距较大，而且其在组织与其谈话期间，仍然企图掩盖自己的过错，不忠诚不老实，达到了情节较重的程度，构成不按规定报告个人有关事项违纪行为。

◎对于组织部门抽查发现的个人有关事项填报与实际不符的情况，纪检监察机关拟予以纪律处分的，需要从哪些方面认定？

组织人事部门经查核验证，对未报告行为作出漏报或瞒报的查核结论，并非进行违纪事实认定。所以，不能将组织人事部门的查核结果直接作为认定违纪甚至作出处分决定的事实依据。

报告人陈述其故意瞒报个人有关事项的，要结合其填报具体内容、时机等因素，查明其瞒报的动机，判断其陈述与其他证据是否存在矛盾，避免仅因其陈述而认定违纪事实。虽然动机不影响违纪的认定，但直接关系主观故意的认定，也是量纪的重要因素，应予以查明，不能因对该违纪行为的处分档次较轻或行为人认错悔错态度好而降低证明标准。对报告人辩解没有瞒报故意的，应通过调取有关书证、询问知情人员，结合其具体情况，查明是对主观故意的辩解，还是对行为性质、动机的个人理解。对性质、动机理解不当的，应当做好教育引导工作，使其端正态度。对证据确凿而报告人拒不认错的，应予严肃处理，在量纪时慎用从轻。

◎父母给子女买的保险都属于应当报告的个人有关事项吗？填报投资型保险应该注意什么？

父母给子女买的保险并非都属于应当报告的个人有关事项。《关于领导干部报告个人有关事项的规定》所称投资型保险，是指具有保障和投资双重功能的保险产品，包括人身保险投资型保险和财产保险投资型保险。人身保险投资型保险，是指在人寿保险公司、健康保险公司或养老保险公司等购买的，保险产品名称中含有"两全保险""年金保险""投资连结型"或者"万能型"等字样的保险产品。财产保险投资型保险，是指向财产保险公司缴纳投资金（包括保险储金、投资金、保障金、投资认购金等），获取保险保障，并按合同约定取得本金及其收益（亏损）的财产保险产品。投资型保险与传统型保险的重要区别在于，保险约定事项中是否约定返还已缴纳保费，传统型保险不返还已缴纳保费，而投资型保险约定在一定情况下返还已缴纳保费。

领导干部应当报告的投资型保险，是指本人、配偶、共同生活的子女为投保人的投资型保险。领导干部应当报告的个人有关事项中的保险仅为投资型保险。传统型保险（比如机动车交通事故责任强制保险），不管是谁为谁购买，都不属于需要报告的个人有关事项。领导干部应当报告的投资型保险，无论被保险人或受益人是谁，都属于需要报告的个人有关事项。本人、配偶、共同生活的子女以外的人（包括父母）为投保人的投资型保险，即使被保险人或者受益人为领导干部本人、配偶或共同生活的子女，也不属于需要报告的个人有关事项。

对于投资型保险，我们可以通过中国保险协会网站公开的《财产保险投资型保险产品名录》进行查询。应该注意的是，在填报持有投资型保险的情况时，应填报自购买保险以来累计缴纳的保费、投资金，而不是当年缴纳的保费、投资金。

知识扩展

◎关于领导干部个人有关事项报告查核结果的处理

对于查核结果为漏报行为，情节较轻的，应当给予批评教育、责令作出检查、限期改正等处理；情节较重的，应当给予诫勉、取消考察对象（后备干部人选）资格、调离岗位、改任非领导职务等处理。情节较重是指少报房产面积50平方米以上，或者少报告投资金额30万元以上，或者其他漏报情形较重的。存在两种以上漏报情形的，从重处理。

对于查核结果为隐瞒不报行为的，应当根据情节轻重，给予诫勉、取消考察对象（后备干部人选）资格、调离岗位、改任非领导职务、免职、降职等处理。存在两种以上隐瞒不报情形的，从重处理。

隐瞒不报情节较重或者查核发现涉嫌其他违纪问题的，依照《党纪处分条例》等追究纪律责任。

查核发现领导干部的家庭财产明显超过正常收入的，应当要求本人在15个工作日内说明来源，必要时组织（人事）部门会同有关部门对其财产来源的合法性进行验证。对拒不说明、无法说明财产合法来源或者经查证说明不属实的，由执纪执法机关按照有关规定处理。

◎关于领导干部因违反报告个人有关事项规定受到组织处理或者纪律处分的影响期

领导干部因违反报告个人有关事项规定受到组织处理或者纪律处分的，其影响期按照有关规定执行。同时受到组织处理和纪律处分的，按照影响期长的规定执行。受到诫勉处理的，半年内不得提拔或者进一步使用；受到取消考察对象（后备干部人选）资格处理的，一年内不得提拔或者进一步使用；受到调离岗位、改任非领导职务、免职处理的，一年内不得提拔；受到降职处理的，两年内不得提拔；受到纪律处分的，依照《党纪处分条例》等规定执行。

纪法依据

1.《领导干部个人有关事项报告查核结果处理办法》第三条

查核结果与领导干部当年年度集中报告的个人有关事项内

容不一致，有下列情形之一的，一般认定为漏报行为：

（一）未报告本人持有往来港澳通行证、因私持有大陆居民往来台湾通行证或者因私往来港澳、台湾情况的；

（二）少报告房产面积或者未报告车库、车位、储藏间的；

（三）少报告持有股票、基金、投资型保险金额等情况的；

（四）少报告投资非上市股份有限公司、有限责任公司或者注册个体工商户、个人独资企业、合伙企业的投资金额等情况的；

（五）存在其他漏报情形的。

2.《领导干部个人有关事项报告查核结果处理办法》第四条

查核结果与领导干部当年年度集中报告的个人有关事项内容不一致，有下列情形之一的，一般认定为隐瞒不报行为：

（一）未报告本人婚姻情况的；

（二）未报告本人持有普通护照或者因私出国情况的；

（三）未报告子女与外国人、无国籍人，或者与港澳、台湾居民通婚情况的；

（四）未报告配偶、子女移居国（境）外或者虽未移居国（境）外但连续在国（境）外工作、生活一年以上情况的；

（五）未报告配偶、子女及其配偶从业情况的；

（六）未报告配偶、子女及其配偶被司法机关追究刑事责任情况的；

（七）未报告房产1套以上（不含车库、车位、储藏间）的；

（八）未报告持有股票、基金、投资型保险等情况的；

（九）未报告投资非上市股份有限公司、有限责任公司或者注册个体工商户、个人独资企业、合伙企业等1家以上的；

（十）存在其他隐瞒不报情形的。

3.《中国共产党纪律处分条例》第十九条

对于党员违犯党纪应当给予警告或者严重警告处分，但是具有本条例第十七条规定的情形之一或者本条例分则中另有规定的，可以给予批评教育、责令检查、诫勉或者组织处理，免予党纪处分。对违纪党员免予处分，应当作出书面结论。

4.《中国共产党纪律处分条例》第七十三条第一款

有下列行为之一，情节较重的，给予警告或者严重警告处分：

（一）违反个人有关事项报告规定，隐瞒不报的；

（二）在组织进行谈话、函询时，不如实向组织说明问题的；

（三）不按要求报告或者不如实报告个人去向的；

（四）不如实填报个人档案资料的。

6 共同贪污涉案人应该如何处置？

主旨提示

这是一起高校某学院副院长指使他人通过虚设合同、虚增合同金额等手段套取科研经费的案件。

案情回顾

郭某，中共党员，某高校某学院原副院长。自 2015 年起，其利用负责学校某加工与检测实验室工作的职务便利，指使课题组成员陈某、王某、杨某通过虚设合同、虚增合同金额等手段利用外协公司套取科研经费 300 多万元。其中，2019 年 5 月某民营科技开发公司法定代表人邓某根据郭某的要求，在明知其帮助套取的 15 万元经费系课题组成员个人非法占有的情况下，仍帮助郭某等人套取科研经费，致使其中的 7 万元被被告人郭某、王某等人非法占为己有。截至案发，郭某陆续将套取的科研经费约 82 万元进行私分。其中，郭某分得 36 万元，陈某分得 20 万元，王某分得 14 万元，杨某分得 12 万元。

郭某、陈某、王某、杨某、邓某在接到纪检监察机关谈话了解有关情况的通知后，均按要求到案。郭某起初拒不交代有关套取科研经费的行为,直到被采取留置措施后,才如实交代。陈某、王某、杨某三人交代了自己参与的部分套取科研经费的行为,但拒不交代他人参与的行为。邓某则是一直否认其参与犯罪的行为。

办案过程

2020年8月,郭某因严重违纪违法涉嫌贪污犯罪被纪检监察机关立案审查调查,并被采取留置措施;

2021年1月,郭某被开除党籍、开除公职,并被移送检察机关审查起诉;

2021年3月,检察机关以郭某涉嫌贪污罪向人民法院提起公诉;

2021年5月,一审人民法院以犯贪污罪,判处郭某有期徒刑三年,并处罚金人民币30万元;

2021年8月,二审法院作出终审裁定:驳回上诉,维持原判。

难点解析

◎监察机关是否有权对陈某、王某、杨某、邓某等既非党员也非公职人员的涉案人进行调查?

根据《监察法实施条例》第四十六条第四款规定,监察机关调查公职人员涉嫌职务犯罪案件,可以依法对涉嫌行贿犯罪、介绍贿赂犯罪或者共同职务犯罪的涉案人员中的非公职人员一并管辖。从广义上讲,所有与案件相关的人都可以称之为涉案人员，既包括被审查调查人、行贿人等，也包括协助、参与实施违纪、职务违法犯罪行为的其他人员，以及受害人、证人等。对于具有党员、公职人员身份的涉案人员，如其涉案行为情节轻微，不需要给予党纪政务处分，可采取批评教育、责令检查、诫勉等方式处理；如其涉案行为涉嫌违纪违法，应由纪检监察机关或有处分权限的机关立案审查调查，根据调查结果给予相应的纪律处分或组织处理；涉嫌犯罪的；要依法移送司法机关追究刑事责任。

对于非党员非监察对象的涉案人员，如其涉案行为涉嫌共同职务犯罪或行贿犯罪，监察机关可以立案调查，并根据调查结果决定是否移送司法机关。对于未被移送审查起诉的人员，根据《监察法实施条例》规定，纪检监察机关可以对其进行批评教育、责令具结悔过；应当给予行政处罚的，依法移送有关行政执法部门。

本案中，陈某、王某、杨某、邓某等人既非党员，也非公职人员，但因为他们在郭某的组织、指使、授意下参与了套取科研经费的行为，而且陈某、王某、杨某还参与私分了科研经费，在郭某的职务犯罪中起到了帮助的作用。所以，监察机关可以对其立案调查，并根据调查结果决定是否移送司法机关。

◎在处理涉案人员时，应当注意哪些方面？

对涉案人员的处理，要在全面分析涉案行为性质、危害的基础上，考虑涉案人员认错悔过态度，从保证处理效果的角度对涉案人员和涉案行为进行综合评价。一是客观评价涉案行为危害性。要从涉案人员身份、行为性质、时间节点、主观恶性、危害后果等方面，综合评定涉案行为的性质和严重程度。二是要考虑涉案人员认错悔过态度。涉案人员处理既要精准认定纪法、事实这个定量，也要考虑态度这个变量，对积极配合主案审查调查工作，主动揭发、如实说明被审查调查人的违纪违法行为，配合退缴退赔涉案财物，为纪检监察机关顺利查办主案提供有利条件的，可以从宽处理。反之，如果涉案人员拒不配合审查调查工作，故意隐瞒涉案情况，或者拒不退缴退赔不正当所得，则应依规依纪依法严肃处理。

对涉案人员的处理必须及时，做到一案一结。为防止久拖不决使处理效果打折扣，应将涉案人员处理与主案同步研究、同步落实。根据《监察法实施条例》第一百九十条规定，主案审查调查结束后，审查调查部门应当将涉案人员的处理意见等材料与主案一并移送审理。案件审理部门在对主案审核把关的同时，也要审核涉案人员处理意见，并将审理报告和涉案人员处理审核意见一并提交纪委常委会会议审议。审查调查部门要根据常委会会议审议决定，按照管理权限及时落实或督促相关单位、部门落实对涉案人员的处理，并将落实情况入卷备查。

此外，在处理涉案人员时还要注意处理的均衡性问题，对同一时期涉案情况相近或类似的案件做到处理基本均衡，实现"同案同惩、类案类处"。当然，也不能"一刀切"，在保证总体均衡的情况下，还要区分具体情况，做到宽严相济、区别对待。

◎郭某、陈某、王某、杨某、邓某等人的行为构成诈骗罪还是贪污罪？

根据刑法的相关规定，诈骗罪是指以非法占有为目的，用虚构事实或者隐瞒真相的方法，骗取数额较大的公私财物的行为；贪污罪是指国家工作人员利用职务上的便利，侵吞、窃取、骗取或者以其他手段非法占有公共财物的行为。

诈骗罪和贪污罪的主要区别在于：一是犯罪客体不同。诈骗罪属于侵犯财产罪，侵犯的客体，可以是简单客体，也可以是复杂客体。而贪污罪侵犯的客体是复杂客体，侵犯了国家工作人员职务行为的廉洁性和公共财产的所有权。二是犯罪客观方面不同。诈骗罪在客观上表现为利用虚构事实、隐瞒真相等欺骗手段，骗取公私财物或者财产性利益的行为。而贪污罪在客观方面表现为国家工作人员利用职务上的便利，侵吞、窃取、骗取或者以其他手段非法占有公共财物的行为。也就是说，贪污罪除了使用骗取手段外，还采用侵吞、窃取等其他手段，而且主要是利用职务上的便利。三是犯罪主体不同。诈骗罪的主体是一般主体，而贪污罪是特殊主体，即只有具有法定特殊身份或资格的人才能构成贪污罪的主体，其他人只能成为本罪的共犯。四是侵犯的对象不同。诈骗罪侵犯的对象不限于公共财物，还包括公民个人私有的财物。但贪污罪侵犯的对象仅限于公共财物。五是法定最高刑和最低刑不同。诈骗罪的法定最高刑为无期徒刑，最低刑为管制；而贪污罪的法定最高刑为死刑，最低刑为拘役。由于诈骗罪的刑罚比贪污罪轻，所以在使用欺骗手段进行贪污的案件中，被告人为了获得较轻的刑罚，常会辩解自己构成的是诈骗罪而非贪污罪。

贪污罪的行为表现中有使用欺骗的手段进行贪污，这是容易与诈骗罪混淆的一个方面。为了将两者区分开来，主要看是否利用了职务之便，以及侵犯的对象是否是公共财物。贪污罪指国家工作人员利用职务上的便利，侵吞、窃取、骗取或者以其他手段非法占有公共财物的行为；而诈骗罪不存在利用职务便利的问题，所骗取的财物不仅包括公共财物，也包括个人所有财物。

本案中，郭某等人套取的科研经费显然属于公共财物，如果郭某没有负责学校某加工与检测实验室工作的职务便利，就不能指使陈某等人通过虚设合同、虚增合同金额的手段套取科研经费，所以应当以贪污罪追究郭某的刑事责任。

贪污罪属于身份犯，但这不影响非国家工作人员成为贪污罪共犯，按照最高人民法院司法解释，行为人与国家工作人员勾结，利用国家工作人员的职务便利，侵吞、窃取、骗取或者以其他手段非法占有公共财物，以贪污罪共犯论处。陈某、王某、杨某、邓某等人在郭某的指使下通过虚设合同、虚增合同金额手段套取科研经费，属于贪污罪的共犯。

在国家工作人员和非国家工作人员共同贪污犯罪的情况下，非国家工作人员与国家工作人员相互勾结，共同侵犯公共财物的案件，不能一概都定为贪污罪，只有当各共同犯罪人利用了国家工作人员的职务之便时才能以贪污罪的共犯论处；若没有利用国家工作人员的职务之便，而是利用非国家工作人员的职务之便共同非法占有本单位财物的，就只能以职务侵占罪的共犯论处。

陈某、王某、杨某、邓某等人虽然不是国家工作人员，但他们套取科研经费是利用了国家工作人员郭某负责某高校某学院某加工与检测实验室工作的职务便利，所以，陈某、王某、杨某、邓某都构成贪污罪。

◎郭某、陈某、王某、杨某等人是否构成自首？

自首，是指犯罪以后自动投案，如实供述自己罪行的行为。刑法以及1998年《关于处理自首和立功具体应用法律若干问题的解释》、2009年《关于办理职务犯罪案件认定自首、立功等量刑情节若干问题的意见》（以下简称2009年《意见》）、2010年《关于处理自首和立功若干具体问题的意见》对自首制度进行了规定，应具备"自动投案"和"如实交代"两个要件。此外，中央纪委办公厅2019年印发了《纪检监察机关处理主动投案问题的规定（试行）》[以下简称《投案规定（试行）》]，确立了"主动投案"制度。

根据相关司法解释，自动投案，是指犯罪事实或者犯罪嫌疑人未被司法机关发觉，或者虽被发觉，但犯罪嫌疑人尚未受到讯问、未被采取强制措施时，主动、直接向公安机关、人民检察院或者人民法院投案。

本案中，郭某、陈某、王某、杨某、邓某在接到纪检监察机关谈话了解有关情况的通知后，均按要求到案。他们在清楚自己涉嫌犯罪的情况下，既可以选择到案，也可以选择拒绝前往或潜逃。举重以明轻，不宜因为纪检监察机关通知他们过来谈话，就否定他们自动投案的可能性。

如实供述自己的罪行，是指犯罪嫌疑人自动投案后，如实交代自己的主要犯罪事实。"如实"的实质是既不缩小也不扩大自己的罪行。所供述的"自己的罪行"，是否已被司法机关掌握，原则上不影响自首的成立。犯罪嫌疑人自动投案时虽然没有交代自己的主要犯罪事实，但在司法机关掌握其主要犯罪事实之前主动交代的，应认定为如实供述自己的罪行。被调查人交代部分犯罪事实后期待从轻处理，该期待应获得一定满足，但不能长时间不如实交代全部犯罪事实。行为人到办案部门投案的目的是交代问题接受调查，而且到案后必须积极主动交代自己涉嫌犯罪的问题，而不是怀着打探案情、试探办案机关等侥幸心理和观望情绪，或者把自首停留在口头上，却无任何配合办案部门的动作。

本案中，邓某到案后一直否认其参与犯罪的行为，显然不属于如实供述，所以其不构成自首。

郭某在被采取留置措施前拒不交代有关套取科研经费的行为，反映其不具备归案的目的性和交代的主动性。2009年《意见》规定，自动投案应"未被宣布采取调查措施"，《投案规定（试行）》第七条亦规定，纪检监察机关对有关人员采取留置措施后，有关人员主动交代问题的，不认定为主动投案。郭某在被采取留置措施后才交代问题，已丧失自动投案的条件，所以不构成自首。

陈某、王某、杨某三人交代了自己参与的部分套取科研经费的行为，但却拒不交代自己知道其他人参与的行为。根据有关规定，共同犯罪案件中的犯罪嫌疑人，不仅要如实供述自己的罪行，还应当供述所知的同案犯，主犯则应当供述所知其他同案犯的共同犯罪事实。否则，不能认定为自首。特别要注意的是，出于掩护其他共犯人的目的，有预谋地投案包揽共同犯罪的全部责任的，不能视为如实供述自己的罪行。由此可见，陈某、王某、杨某三人也不构成自首。

知识扩展

◎贪污共同犯罪

贪污共同犯罪，是指两个以上具备贪污罪主体资格的人，利用职务便利，或者具备贪污罪主体资格的人和不具备贪污罪主体资格的人利用其中具备贪污罪主体资格的人的职务便利，共同故意实施贪污犯罪行为。这里的"具备贪污罪主体资格的人"，是指可以独立构成贪污罪的主体，包括《刑法》第九十三条中的国家工作人员、以国家工作人员论的人员，以及受国家机关、国有公司、企业、事业单位、人民团体委托管理、经营国有财产的人员。

◎关于共同贪污行为中个人贪污数额的认定

最高人民法院2003年发布《全国法院审理经济犯罪案件工作座谈会纪要》，对共同贪污犯罪中"个人贪污数额"的认定作出明确规定："刑法第三百八十三条第一款规定的'个人贪污数额'，在共同贪污犯罪案件中应理解为个人所参与或者组织、指挥共同贪污的数额，不能只按个人实际分得的赃款数额来认定。对共同贪污犯罪中的从犯，应当按照其所参与的共同贪污的数额确定量刑幅度，并依照刑法第二十七条第二款的规定,从轻、减轻处罚或者免予处罚。"

◎**对非公职的共同犯罪涉案人员的管辖**

监察机关调查公职人员涉嫌职务犯罪案件,可以依法对涉嫌行贿犯罪、介绍贿赂犯罪或者共同职务犯罪的涉案人员中的非公职人员一并管辖。非公职人员涉嫌利用影响力受贿罪的,按照其所利用的公职人员的管理权限确定管辖。

监察机关立案调查职务违法或者职务犯罪案件,需要对涉嫌行贿犯罪、介绍贿赂犯罪或者共同职务犯罪的涉案人员立案调查的,应当一并办理立案手续。需要交由下级监察机关立案的,经审批交由下级监察机关办理立案手续。监察机关经调查认为被调查人构成职务违法或者职务犯罪的,应当区分不同情况提出相应处理意见,经审批将调查报告、职务违法或者职务犯罪事实材料、涉案财物报告、涉案人员处理意见等材料,连同全部证据和文书手续移送审理。

◎**自动投案**

根据《刑法》第六十七条第一款的规定,犯罪以后自动投案,如实供述自己的罪行的,是自首。

自动投案,是指犯罪事实或者犯罪嫌疑人未被司法机关发觉,或者虽被发觉,但犯罪嫌疑人尚未受到讯问、未被采取强制措施时,主动、直接向公安机关、人民检察院或者人民法院投案。

犯罪嫌疑人向其所在单位、城乡基层组织或者其他有关负责人员投案的;犯罪嫌疑人因病、伤或者为了减轻犯罪后果,委托他人先代为投案,或者先以信电投案的;罪行未被司法机关发觉,仅因形迹可疑被有关组织或者司法机关盘问、教育后,主动交代自己的罪行的；犯罪后逃跑，在被通缉、追捕过程中，主动投案的；经查实确已准备去投案，或者正在投案途中，被公安机关捕获的，应当视为自动投案。

并非出于犯罪嫌疑人主动，而是经亲友规劝、陪同投案的；公安机关通知犯罪嫌疑人的亲友，或者亲友主动报案后，将犯罪嫌疑人送去投案的，也应当视为自动投案。

犯罪嫌疑人自动投案后又逃跑的，不能认定为自首。

◎ 如实供述自己的罪行

如实供述自己的罪行，是指犯罪嫌疑人自动投案后，如实交代自己的主要犯罪事实。

犯有数罪的犯罪嫌疑人仅如实供述所犯数罪中部分犯罪的，只对如实供述部分犯罪的行为，认定为自首。共同犯罪案件中的犯罪嫌疑人，除如实供述自己的罪行，还应当供述所知的同案犯，主犯则应当供述所知其他同案的共同犯罪事实，才能认定为自首。犯罪嫌疑人自动投案并如实供述自己的罪行后又翻供的，不能认定为自首，但在一审判决前又能如实供述的，应当认定为自首。根据《刑法》第六十七条第二款的规定，被采取强制措施的犯罪嫌疑人、被告人和正在服刑的罪犯，如实供述司法机关尚未掌握的罪行，与司法机关已掌握的或者判决确定的罪行属不同种罪行的，以自首论。

纪法依据

1.《中华人民共和国刑法》第六十七条

犯罪以后自动投案，如实供述自己的罪行的，是自首。对于自首的犯罪分子,可以从轻或者减轻处罚。其中,犯罪较轻的,可以免除处罚。

被采取强制措施的犯罪嫌疑人、被告人和正在服刑的罪犯,如实供述司法机关还未掌握的本人其他罪行的,以自首论。

犯罪嫌疑人虽不具有前两款规定的自首情节,但是如实供述自己罪行的,可以从轻处罚;因其如实供述自己罪行,避免特别严重后果发生的,可以减轻处罚。

2. 《中华人民共和国刑法》第九十三条

本法所称国家工作人员,是指国家机关中从事公务的人员。

国有公司、企业、事业单位、人民团体中从事公务的人员和国家机关、国有公司、企业、事业单位委派到非国有公司、企业、事业单位、社会团体从事公务的人员,以及其他依照法律从事公务的人员,以国家工作人员论。

3. 《中华人民共和国刑法》第二百六十六条

诈骗公私财物,数额较大的,处三年以下有期徒刑、拘役或者管制,并处或者单处罚金;数额巨大或者有其他严重情节的,处三年以上十年以下有期徒刑,并处罚金;数额特别巨大或者有其他特别严重情节的,处十年以上有期徒刑或者无期徒刑,并处罚金或者没收财产。本法另有规定的,依照规定。

4. 《中华人民共和国刑法》第三百八十二条

国家工作人员利用职务上的便利,侵吞、窃取、骗取或者以其他手段非法占有公共财物的,是贪污罪。

受国家机关、国有公司、企业、事业单位、人民团体委托管理、经营国有财产的人员,利用职务上的便利,侵吞、窃取、骗取或者以其他手段非法占有国有财物的,以贪污论。

与前两款所列人员勾结,伙同贪污的,以共犯论处。

5.《中华人民共和国监察法》第二十二条

被调查人涉嫌贪污贿赂、失职渎职等严重职务违法或者职务犯罪,监察机关已经掌握其部分违法犯罪事实及证据,仍有重要问题需要进一步调查,并有下列情形之一的,经监察机关依法审批,可以将其留置在特定场所:

(一)涉及案情重大、复杂的;

(二)可能逃跑、自杀的;

(三)可能串供或者伪造、隐匿、毁灭证据的;

(四)可能有其他妨碍调查行为的。

对涉嫌行贿犯罪或者共同职务犯罪的涉案人员,监察机关可以依照前款规定采取留置措施。

留置场所的设置、管理和监督依照国家有关规定执行。

6.《中华人民共和国监察法》第三十一条

涉嫌职务犯罪的被调查人主动认罪认罚,有下列情形之一的,监察机关经领导人员集体研究,并报上一级监察机关批准,可以在移送人民检察院时提出从宽处罚的建议:

(一)自动投案,真诚悔罪悔过的;

(二)积极配合调查工作,如实供述监察机关还未掌握的违法犯罪行为的;

(三)积极退赃,减少损失的;

(四)具有重大立功表现或者案件涉及国家重大利益等情

形的。

7.《中华人民共和国监察法》第三十二条

职务违法犯罪的涉案人员揭发有关被调查人职务违法犯罪行为，查证属实的，或者提供重要线索，有助于调查其他案件的，监察机关经领导人员集体研究，并报上一级监察机关批准，可以在移送人民检察院时提出从宽处罚的建议。

7 违法行为发生时与立案审查调查时身份不一致，应该如何处理？

✅ 主旨提示

这是一起副镇长与村主任共同贪污种粮补贴款的案件。

📖 案情回顾

李某，2009年12月至2017年5月任甲县A镇副镇长，2017年6月辞去公职自谋职业。赵某，1995年5月至2020年5月任甲县A镇b村村主任。2016年，赵某在协助镇政府从事种粮补贴的统计及发放过程中与李某合谋，通过伪造农村土地承包经营权流转合同、虚构粮食种植面积等方式，骗取种粮补贴款共计59349元。2020年3月，有群众向甲县纪委监委举报赵某和李某贪污种粮补贴款。

📝 办案过程

2020年5月，李某、赵某被甲县监委立案调查；

2020年9月，李某、赵某被移送甲县人民检察院审查起诉；

2020年11月，甲县人民检察院以李某、赵某涉嫌贪污罪向甲县人民法院提起公诉；

2021年1月，甲县人民法院以犯贪污罪，判处李某有期徒刑一年，缓刑二年；判处赵某有期徒刑一年，缓刑二年。

难点解析

◎李某发生职务违法问题时属于监察对象范围，立案调查时不属于监察对象范围，应如何处理？

发生职务违法问题时属于监察对象范围，立案调查时不属于监察对象范围的，依照《监察法》和《中华人民共和国公职人员政务处分法》（以下简称《政务处分法》）的相关规定，鉴于其身份不再是监察对象，一般可以立案调查，但不再适用政务处分，若依法可以由其主管单位给予处分的，可按程序提出建议。具体而言，涉嫌职务犯罪的，可以移送检察机关审查起诉；有违法所得的，可以依法作出没收、追缴或者责令退赔的监察决定；因违法行为获得不正当利益的，可以按程序纠正，有的还可以依照规定纳入失信联合惩戒；违法行为未过行政处罚追究时效期限的，可以建议行政执法机关依法给予行政处罚；如立案调查后，没有证据证明存在违法犯罪行为的，即应当撤案。

本案中，李某贪污种粮补贴款时属于监察对象，立案调查时其已经辞去公职，监察机关虽然可以立案调查，但不再适用政务处分。因其涉嫌职务犯罪，应当移送检察机关审查起诉。

◎赵某发生违法问题时不属于监察对象范围，立案调查时属于监察对象范围，应如何处理？

是否给予政务处分主要取决于被调查人在接受处理时的具体身份，若立案调查时依照相关法律、法规、国务院决定和规章对违法行为及其适用处分的规定，可以给予政务处分的则可以依法作出。

发生违法问题时不属于监察对象范围，立案调查时属于监察对象范围的，依据《监察法》第三条（对所有行使公权力的公职人员进行监察，调查职务违法和职务犯罪）、第十一条（履行监督、调查、处置职责）、第三十四条（与司法机关管辖衔接）和第四十五条第一款第（二）项（对违法的公职人员作出政务处分）的规定，可以立案调查并根据其具体身份情况决定是否适用政务处分。具体来说，涉嫌职务犯罪的，监察机关可以立案调查并移送检察机关审查起诉；涉嫌其他刑事犯罪的，监察机关可以将掌握的问题线索移交公安机关依法处理。若同时涉嫌职务犯罪的，可以监察机关为主调查，公安机关协助；涉嫌贪污贿赂、滥用职权、玩忽职守、权力寻租、利益输送、徇私舞弊以及浪费国家资财等职务违法的，监察机关可以立案调查；涉嫌其他违法的，根据具体情况，监察机关既可以直接进行调查，也可以移送相关行政执法机关调查。

本案中，赵某贪污种粮补贴款时不属于监察对象范围，立案调查时属于监察对象，根据《政务处分法》的相关规定给予其相应的政务处分，而且其涉嫌职务犯罪。因此，监察机关可以立案调查并根据调查结果移送检察机关审查起诉。

◎医生、教师、村民小组长、国企业务员、协警等，是否属于监察对象？

对于这个问题，我们应坚持公权、公职、公务、公财的实质性标准来对这些人进行识别。医生、教师、村民小组长、国企业务员、协警等在一般情况下都不会行使公权力，因此本不属于监察对象。但是，当这些人员基于法律的授权或者基于委托等，在特定条件下符合"行使公权力""履行公务"而又违反廉洁从政、廉洁从业的要求时，就可能被纳入监察对象范围。例如，对国有或集体所有的财产负有经营管理监督责任的人员就应属于监察对象，其主要是国有企业中的管理人员，一般就包括国有企业领导班子成员、中层和基层管理人员、特定岗位人员及其他负有国有资产经营管理责任的人员等。其中，领导班子成员主要包括国有独资企业、国有控股企业及其分支机构的领导班子成员，如设立董事会的企业中由国有股权代表出任的董事长、副董事长、董事，总经理、副总经理，党委书记、副书记、纪委书记，工会主席等，以及未设董事会的企业中的总经理（总裁）、副总经理（副总裁），党委书记、副书记、纪委书记，工会主席等人员；中层和基层管理人员包括部门经理、副经理、总监、副总监、车间负责人等；特定岗位如对国有资产负有管理、监督责任的会计、出纳等工作人员。

◎如何判断一个人是否属于监察对象？

《监察法》第十五条列举了六类监察对象，也就是公职人员的范围：（一）中国共产党机关、人民代表大会及其常务委员会机关、人民政府、监察委员会、人民法院、人民检察院、中国人民政治协商会议各级委员会机关、民主党派机关和工商业联合会机关的公务员,以及参照《中华人民共和国公务员法》(以下简称《公务员法》)管理的人员;(二)法律、法规授权或者受国家机关依法委托管理公共事务的组织中从事公务的人员;(三)国有企业管理人员;(四)公办的教育、科研、文化、医疗卫生、体育等单位中从事管理的人员;(五)基层群众性自治组织中从事管理的人员;(六)其他依法履行公职的人员。《政务处分法》所称的公职人员,也就是《监察法》第十五条规定的人员。

其中,立法机关、行政机关、司法机关中的国家工作人员是典型的公职人员,这些国家机关中的工作人员也是《公务员法》所称的公务员,即这些人员属于依法履行公职,被纳入国家行政编制,并由国家财政负担工资福利的工作人员。

同时,《监察法》将党政机关、人民团体、依法授权或受委托组织、基层群众性自治组织、国有企事业单位组织等单位中,从事公务或从事管理的人员等的职务违法和职务犯罪行为,都纳入了国家监察的范围。也就是说,国家监察的对象是"所有行使公权力的公职人员"。

《监察法》明确规定的监察对象并不包括机关组织等,而是以这些机关组织中的工作人员为监察对象,针对的仅是具体的个人。具体来说,要认定一个人是否属于依法履行公职的人员,不仅要看其是否具备公职人员的身份,主要还要看其是否是在行使公权力、履行公务,其所涉嫌的违法或者犯罪行为是否损害了公职人员及公权力运行所要求的廉洁性。而要具体判定一个人是否属于监察对象,依据《监察法》第三条的规定主要看其是否符合这两个条件:一是其是否"行使公权力",二是其是否具有"公职人员"的身份。一般只要具备这两大要素中的一个,就可以认定为属于监察对象。

但这里存在一个问题,即"公权力"所涵盖的范围不仅包括所有行使公权力的公职人员,还包括其他行使公权力的非公职人员。也就是说,以"公权力"为标准来识别具体的监察对象可以将所有的公职人员及其他行使公权力的人员纳入监察对象的范围;反之,行使公权力的人不一定具备"公职人员"的身份,以"公职人员"身份为识别标准来认定具体的监察对象就不能涵盖所有行使"公权力"的人员。即"公权力"与"公职人员"这两个具体识别标准之间是必要不充分的关系,我们应以"公权力"为主要识别标准,再辅之以"公职人员"这一身份标准来具体认定一个人是否属于国家监察的对象。

知识扩展

◎监察对象

监察对象是所有行使公权力的公职人员和其他行使公权力的有关人员。监察对象是一个动态的、有弹性的范畴,不能机械理解。判断一个人是不是监察对象,关键看他是否行使公权力。比如,国有企业的管理人员,公办的教育、科研、文化、医疗卫生、体育等单位中从事管理的人员等,如果不是在从事公务活动中违法犯罪,也没有利用自己的职务之便,该行为则不属于监察范围。

◎关于没有编制但行使公权力的聘用人员

虽然没有编制但行使公权力的聘用人员也是监察对象。行政执法机关常常聘用一些人员从事执法辅助工作，也就是我们常说的"编外人员""临时工"。比如，"协管员""辅警"，虽然没有正式编制，但他们也参与到行政执法活动中，行使了公权力，如果其涉嫌的职务违法或者职务犯罪损害了公权力的廉洁性，监察机关可以依法调查。

◎关于临时行使公权力的人员

临时行使公权力的人员也可以成为监察对象。比如，人民陪审员、人民监督员、仲裁员等，因参与司法工作，行使了法律赋予的司法权，就应当受到监督，成为监察对象。没有行政管理职责的专业技术人员、科研人员，如果临时参与与职权相联系的管理事务，如依法组建的评标委员会、竞争性谈判采购中谈判小组、询价采购中询价小组的组成人员，在该项目范围内，行为人属于监察对象。

纪法依据

1.《中华人民共和国监察法》第十五条

监察机关对下列公职人员和有关人员进行监察：

（一）中国共产党机关、人民代表大会及其常务委员会机关、人民政府、监察委员会、人民法院、人民检察院、中国人民政治协商会议各级委员会机关、民主党派机关和工商业联合会机关的公务员，以及参照《中华人民共和国公务员法》管理的人员；

（二）法律、法规授权或者受国家机关依法委托管理公共事务的组织中从事公务的人员；

（三）国有企业管理人员；

（四）公办的教育、科研、文化、医疗卫生、体育等单位中从事管理的人员；

（五）基层群众性自治组织中从事管理的人员；

（六）其他依法履行公职的人员。

2.《中华人民共和国监察法》第四十五条

监察机关根据监督、调查结果，依法作出如下处置：

（一）对有职务违法行为但情节较轻的公职人员，按照管理权限，直接或者委托有关机关、人员，进行谈话提醒、批评教育、责令检查，或者予以诫勉；

（二）对违法的公职人员依照法定程序作出警告、记过、记大过、降级、撤职、开除等政务处分决定；

（三）对不履行或者不正确履行职责负有责任的领导人员，按照管理权限对其直接作出问责决定，或者向有权作出问责决定的机关提出问责建议；

（四）对涉嫌职务犯罪的，监察机关经调查认为犯罪事实清楚，证据确实、充分的，制作起诉意见书，连同案卷材料、证据一并移送人民检察院依法审查、提起公诉；

（五）对监察对象所在单位廉政建设和履行职责存在的问题等提出监察建议。

监察机关经调查，对没有证据证明被调查人存在违法犯罪行为的，应当撤销案件，并通知被调查人所在单位。

3.《中华人民共和国公职人员政务处分法》第二条第三款

本法所称公职人员,是指《中华人民共和国监察法》第十五条规定的人员。

4.《中华人民共和国公职人员政务处分法》第三十三条

有下列行为之一的,予以警告、记过或者记大过;情节较重的,予以降级或者撤职;情节严重的,予以开除:

(一)贪污贿赂的;

(二)利用职权或者职务上的影响为本人或者他人谋取私利的;

(三)纵容、默许特定关系人利用本人职权或者职务上的影响谋取私利的。

拒不按照规定纠正特定关系人违规任职、兼职或者从事经营活动,且不服从职务调整的,予以撤职。

8 不同身份的人收受药品回扣，应该如何定性？

✓ 主旨提示

这是一起医院工作人员收受药品回扣的案件。

📄 案情回顾

唐某系某药品公司驻甲县的医药代表，从2012年5月开始负责甲县中心医院的销售业务。但由于2012年唐某所销售的药品很少被甲县中心医院的医生采用，致使药品即将过期报废。为了增加药品的销售量，唐某便与药品公司商量，采取给甲县中心医院相关副院长回扣、给医生支付临床费、给统计医生处方的工作人员支付统方费的方式促进药品销售。

唐某通过每月到甲县中心医院药房的胡某、陈某、王某处收集每个医生所开其所销售的药品的处方量，然后汇总、录入到EXCEL表格中，计算出给相关人员的好处费，然后再到药品公司财务报账，送给相关的副院长、医生和药房工作人员。截至案发，唐某共送给甲县中心医院副院长刘某（中共党员）12万元，送给处方医生吕某（中共党员）8万元、吴某7.5万元、冯某 7 万元、白某 6.3 万元，药房工作人员胡某、陈某、王某各 2.6 万元。

听说纪检监察机关正在调查此事后，吕某、吴某、冯某、白某分别将收受的钱款 8 万元、7.5 万元、7 万元、6.3 万元退还给了唐某。纪检监察机关立案审查调查后，上述四人又分别向纪检监察机关退出赃款 8 万元、7.5 万元、7 万元、6.3 万元，纪检监察机关依法予以扣押。监察机关找唐某核实有关情况后，唐某也主动上缴了吕某、吴某、冯某、白某退还的钱款。

另查，甲县中心医院为公益一类事业单位，副院长刘某为正科级干部，处方医生吕某、吴某、冯某、白某均为事业编制，药房工作人员胡某、陈某、王某均为临时聘用人员。

办案过程

2020 年 7 月，刘某、吕某、吴某、冯某、白某、胡某、陈某、王某因涉嫌受贿犯罪被纪检监察机关立案审查调查；

2020 年 12 月，刘某、吕某被开除党籍、开除公职，吴某、冯某、白某被开除公职，以上五人被移送检察机关审查起诉，胡某、陈某、王某被解除聘用合同；

2021 年 2 月，检察机关以刘某、吕某、吴某、冯某、白某涉嫌受贿罪向人民法院提起公诉；

2021 年 5 月，人民法院以犯受贿罪，判处刘某有期徒刑一年，并处罚金人民币 10 万元，判决吕某、吴某、冯某、白某犯非国家工作人员受贿罪，免予刑事处罚。

难点解析

◎对于医院副院长刘某，处方医生吕某、吴某、冯某、白某，药房工作人员胡某、陈某、王某的行为，应该如何定性？

医院副院长刘某作为国家工作人员非法收受他人财物，为他人谋取利益，构成受贿罪；处方医生吕某、吴某、冯某、白某收受他人财物、为他人谋取利益的行为构成非国家工作人员受贿罪；药房工作人员胡某、陈某、王某作为非国家工作人员，非法收受他人财物，但是因为没有达到非国家工作人员受贿罪的定罪量刑标准，所以不构成犯罪。

根据刑法的相关规定，受贿罪，是指国家工作人员利用职务上的便利，索取他人财物的，或者非法收受他人财物，为他人谋取利益的行为。非国家工作人员受贿罪，是指公司、企业或者其他单位的工作人员利用职务上的便利，索取他人财物或者非法收受他人财物，为他人谋取利益，数额较大的行为。受贿罪与非国家工作人员受贿罪区分的关键在于犯罪主体的不同：受贿罪的主体是国家工作人员以及以国家工作人员论的国有公司、企业、事业单位、人民团体中从事公务的人员和国家机关、国有公司、企业、事业单位委派到非国有公司、企业、事业单位、社会团体从事公务的人员，以及其他依照法律从事公务的人员；非国家工作人员受贿罪的主体是公司、企业、其他单位人员，即非国家工作人员。

本案中，甲县中心医院为公益一类事业单位，作为正科级干部的副院长刘某，以及事业编制的处方医生吕某、吴某、冯某、白某是否是国家工作人员,关键要看其从事的是否是公务。从事公务,是指代表国家机关、国有公司、企业、事业单位、人民团体等履行组织、领导、监督、管理等职责。公务主要表现为与职权相联系的公共事务以及监督、管理国有财产的职务活动。那些不具备职权内容的劳务活动、技术服务工作,一般不认为是公务。显然,作为副院长的刘某履行的是组织、领导、管理等职责,其从事的是公务。而处方医生吕某、吴某、冯某、白某从事的则是不具备职权内容的技术服务工作,其从事的不是公务。所以,本案中,副院长刘某是国家工作人员,也是受贿罪的主体,处方医生吕某、吴某、冯某、白某不是国家工作人员,不是受贿罪的主体,但是可以作为非国家工作人员受贿罪的主体。根据最高人民法院、最高人民检察院《关于办理商业贿赂刑事案件适用法律若干问题的意见》规定,医疗机构中的国家工作人员,在药品、医疗器械、医用卫生材料等医药产品采购活动中,利用职务上的便利,索取销售方财物,或者非法收受销售方财物,为销售方谋取利益,构成犯罪的,依照《刑法》第三百八十五条的规定,以受贿罪定罪处罚。医疗机构中的医务人员,利用开处方的职务便利,以各种名义非法收受药品、医疗器械、医用卫生材料等医药产品销售方财物,为医药产品销售方谋取利益,数额较大的,依照《刑法》第一百六十三条的规定,以非国家工作人员受贿罪定罪处罚。根据相关司法解释,非国家工作人员受贿罪中的"数额较大"的起点应当按照受贿罪相对应的数额标准(3万元)的二倍来执行,即非国家工作人员受贿罪定罪量刑的标准为6万元。本案中,刘某受贿金额12万元，达到了受贿罪的定罪量刑标准，处方医生吕某受贿8万元、吴某受贿7.5万元、冯某受贿7万元、白某受贿6.3万元，均已达到了非国家工作人员受贿罪的定罪量刑标准。

对于临时聘用的药房工作人员胡某、陈某、王某，并没有国家工作人员的身份，其利用职务上的便利，非法收受销售方财物，为销售方谋取利益，数额较大的，则构成非国家工作人员受贿罪。但是，根据2016年最高人民法院、最高人民检察院《关于办理贪污贿赂刑事案件适用法律若干问题的解释》（以下简称2016年《解释》），非国家工作人员受贿罪中的"数额较大"的起点应当按照受贿罪相对应的数额标准（3万元）的二倍来执行，即非国家工作人员受贿罪定罪量刑的标准为6万元。本案中，胡某、陈某、王某受贿数额各为2.6万元，都没有达到非国家工作人员受贿罪定罪量刑的标准，所以不构成犯罪。

◎**对刘某判处罚金人民币10万元，该罚金是其违法所得吗？**

在对受贿犯罪判处刑罚时，一般都会涉及违法所得的追缴与罚金。根据2016年《解释》第十八条规定："贪污贿赂犯罪分子违法所得的一切财物，应当依照刑法第六十四条的规定予以追缴或者责令退赔，对被害人的合法财产应当及时返还。对尚未追缴到案或者尚未足额退赔的违法所得，应当继续追缴或者责令退赔。"第十九条规定："对贪污罪、受贿罪判处三年以下有期徒刑或者拘役的，应当并处十万元以上五十万元以下的罚金；判处三年以上十年以下有期徒刑的，应当并处二十万元以上犯罪数额二倍以下的罚金或者没收财产；判处十年以上有期徒刑或者无期徒刑的，应当并处五十万元以上犯罪数额二倍以下的罚金或者没收财产。"

尽管罚金与违法所得都是一种刑事处罚，但违法所得与罚金是不同的。罚金是需要用犯罪分子的合法财产缴纳的，不能用犯罪分子的违法所得予以追缴。也就是说，罚金是犯罪分子的合法财产，违法所得是通过犯罪所得的财产，二者不是一类。

本案中，唐某共送给副院长刘某12万元，送给处方医生吕某8万元、吴某7.5万元、冯某7万元、白某6.3万元，以及药房工作人员胡某、陈某、王某各2.6万元，这些都是违法所得，都需要追缴。对于刘某而言，除了要上缴12万元的违法所得，还要用自己的合法财产缴纳罚金10万元。

◎受贿人吕某、吴某、冯某、白某和行贿人唐某都退出了赃款，纪检监察机关是否均应予收缴？

根据《刑法》第六十四条规定，犯罪分子违法所得的一切财物，应当予以追缴或者责令退赔；对被害人的合法财产，应当及时返还；违禁品和供犯罪所用的本人财物，应当予以没收。根据该规定，行贿人给予受贿人的财物，系行贿人用于行贿犯罪的财物，依法应当予以没收；受贿人收受的财物系其受贿所得，依法应予以追缴。由于行贿与受贿属于对合犯罪，对于同一笔犯罪事实而言，行受贿双方权钱交易所涉及的财物既是行贿罪的犯罪对象也是受贿罪的犯罪对象，受贿人的违法所得与行贿人用于行贿的财物具有同一性。

在受贿人将受贿款退还行贿人的情况下，受贿人并不存在实际的受贿所得，此时扣押受贿人主动退出的赃款，实际上扣押的是与该犯罪事实无关的受贿人的其他财产。在受贿人未将受贿款退给行贿人的情况下，行贿人用于行贿犯罪的财物已转移为受贿人的犯罪所得，此时扣押行贿人主动退出的赃款，实际上扣押的是与该犯罪事实无关的行贿人的其他财产。针对同一犯罪事实，分别扣押行受贿双方主动退出的赃款，必然会导致某一方与案件无关的财产受到侵害。因此，不宜分别扣押行受贿双方主动退出的同一笔赃款。

在行受贿双方均构成犯罪的情况下，行贿人将财物给予受贿人之前，该财物属于行贿人用于犯罪的本人财物，依法应当没收；在该财物给予受贿人之后，该财物属于受贿人的受贿所得，依法应当追缴。虽然受贿人将该财物退给行贿人，但并不改变该财物系行贿人用于犯罪的本人财物和受贿人受贿所得的性质，因涉案财物已实际转移至行贿人所占有，故应扣押行贿人主动退出的赃款。

如果受贿人构成犯罪，行贿人因系被勒索而不构成犯罪。根据《刑法》第三百八十九条第三款规定，因被勒索给予国家工作人员以财物，没有获得不正当利益的，不是行贿。这种情形下，相对方本身没有行贿犯罪的故意，其给予受贿人财物完全系被迫，受贿人违背相对方意愿而占有其财物，一定程度上侵犯了相对方的财产权，相对方此时属于被害人的角色，受贿人退还的财物实际上属于相对方的合法财产。依据《刑法》第六十四条规定，对被害人的合法财产，应当及时返还。因此，这种情况下，如受贿人在案发前已将受贿款退还给相对方，不能认定给予财物的一方为行贿方，不宜以追缴赃款的名义扣押其主动退出的款物。

本案中，受贿人吕某、吴某、冯某、白某分别将收受的钱款 8 万元、7.5 万元、7 万元、6.3 万元退还给了行贿人唐某，唐某属于行贿方且实际占有该赃款，依法应当予以追缴。因此，监察机关应扣押唐某上缴的钱款，对于吕某、吴某、冯某、白某上缴的钱款，应当分别退还给他们。

◎对本案中的涉案人员给予政务处分可否依据《政务处分法》？

《政务处分法》自 2020 年 7 月 1 日起施行。事业单位中的公职人员的违法行为发生、连续或者继续到 2020 年 7 月 1 日之后的，如果该违法行为在《政务处分法》中没有明确的对应性条款予以规定，而《事业单位工作人员处分暂行规定》中有具体对应性规定的，鉴于《事业单位工作人员处分暂行规定》第三章"违法违纪行为及其适用的处分"是按照处分种类只有警告、记过、撤职或者降低岗位等级、开除 4 种来设定违法行为适用处分的，已不适应《政务处分法》施行后处分种类变化的新情况，故不宜依照《事业单位工作人员处分暂行规定》给予政务处分，而可以区分情况分别依照《政务处分法》第四十一条等规定给予政务处分。

事业单位中的公职人员的全部违法行为发生在 2020 年 7 月 1 日之前，依照《政务处分法》第六十七条关于"从旧兼从轻"的规定适用当时的规定处理的，也不宜再依照《事业单位工作人员处分暂行规定》给予政务处分，建议可以直接依照

《事业单位人事管理条例》第二十八条规定给予政务处分，确定适用的处分时可以参考《政务处分法》第三章和《事业单位工作人员处分暂行规定》第三章关于违纪违法行为及其适用处分的规定。与此相应，公职人员任免机关、单位也不宜依照《事业单位工作人员处分暂行规定》对违法的公职人员给予处分。

知识扩展

◎关于医疗机构中工作人员受贿犯罪的界定

医疗机构中的国家工作人员，在药品、医疗器械、医用卫生材料等医药产品采购活动中，利用职务上的便利，索取销售方财物，或者非法收受销售方财物，为销售方谋取利益，构成犯罪的，依照《刑法》第三百八十五条的规定，以受贿罪定罪处罚。

医疗机构中的非国家工作人员，有前述行为，数额较大的，依照《刑法》第一百六十三条的规定，以非国家工作人员受贿罪定罪处罚。

医疗机构中的医务人员，利用开处方的职务便利，以各种名义非法收受药品、医疗器械、医用卫生材料等医药产品销售方财物，为医药产品销售方谋取利益，数额较大的，依照《刑法》第一百六十三条的规定，以非国家工作人员受贿罪定罪处罚。

◎关于事业单位中监察对象的界定

2011年7月，国务院办公厅印发《关于事业单位分类的意见》，按照社会功能将现有事业单位划分为承担行政职能、从事生产经营活动和从事公益服务三个类别，具体为：一是承担行政职能的事业单位，即承担行政决策、行政执行、行政监督等职能的事业单位，又可以划分为经批准参照《公务员法》管理的事业单位，如省供销社，和不参照《公务员法》管理的事业单位，如省地质矿产勘查局。该类事业单位中符合《监察法》第十五条第（一）项中"参照《中华人民共和国公务员法》管理的人员"（以下简称参公管理人员），及第（二）项"法律、法规授权或者受国家机关依法委托管理公共事务的组织中从事公务的人员"的，均属于监察对象。二是从事生产经营活动的事业单位，即所提供的产品或服务可以由市场配置资源、不承担公益服务职责的事业单位。根据中共中央、国务院《关于分类推进事业单位改革的指导意见》精神，要逐步转为企业或撤销。这类单位工作人员是否属于监察对象，应根据其改革进程及改革后企业性质，对应《监察法》第十五条第（三）、第（四）项确定监察对象的范围。三是从事公益服务的事业单位，即面向社会提供公益服务和为机关行使职能提供支持保障的事业单位，可以细分为公益一类事业单位（如公办中小学）、公益二类事业单位（如公办高校）。该类事业单位中，根据《监察法》第十五条第（四）项，"从事管理的人员"均为监察对象。

◎关于对事业单位工作人员处分的法律依据

按照法律位阶划分，现行有效的关于事业单位工作人员处分的依据，在国家法律层面主要有《公务员法》《监察法》及

《政务处分法》等；在行政法规层面主要有《行政机关公务员处分条例》《事业单位人事管理条例》等；在部门规章层面主要有《事业单位工作人员处分暂行规定》，人力资源和社会保障部印发的《关于贯彻执行〈事业单位工作人员处分暂行规定〉若干问题的意见》。还有针对特定岗位或行业的具体规定，如《农村基层干部廉洁履行职责若干规定（试行）》《医疗机构从业人员行为规范》《教育部关于高校教师师德失范行为处理的指导意见》《中小学教师违反职业道德行为处理办法》等。

需要说明的是，监察机关在给予事业单位监察对象政务处分时，对其行为是否违规违法，应当优先适用《政务处分法》相关条款，确无对应条款的，可以根据该单位类别及行业领域，依据前述其他有关法律、法规、规章等认定，但处分种类应按照《政务处分法》规定的六种处分择一适用，不能再作出"降低岗位等级"处分。

◎关于受贿罪的处罚标准

刑法对于受贿罪，是按照贪污罪的处罚标准进行处罚的。《刑法》第三百八十六条规定："对犯受贿罪的，根据受贿所得数额及情节，依照本法第三百八十三条的规定处罚。索贿的从重处罚。"《刑法》第三百八十三条就是对贪污罪的处罚规定。

《刑法》第三百八十三条第一款规定："对犯贪污罪的，根据情节轻重，分别依照下列规定处罚：（一）贪污数额较大或者有其他较重情节的，处三年以下有期徒刑或者拘役，并处罚金。（二）贪污数额巨大或者有其他严重情节的，处三年以上十年以下有期徒刑，并处罚金或者没收财产。（三）贪污数额特别巨大或者有其他特别严重情节的,处十年以上有期徒刑或者无期徒刑,并处罚金或者没收财产;数额特别巨大,并使国家和人民利益遭受特别重大损失的,处无期徒刑或者死刑,并处没收财产。"

我们从《刑法》第三百八十三条对贪污罪的处罚规定可以看出"数额较大""其他较重情节""数额巨大""其他严重情节""数额特别巨大""其他特别严重情节"等不同的数额与不同的情节对应着不同的刑罚,这些数额与情节同样也影响着受贿罪的量刑。如何认定"数额较大""其他较重情节""数额巨大""其他严重情节""数额特别巨大""其他特别严重情节"呢?最高人民法院、最高人民检察院《解释》,对此作了具体解释。

贪污或者受贿数额在三万元以上不满二十万元的,应当认定为《刑法》第三百八十三条第一款规定的"数额较大",依法判处三年以下有期徒刑或者拘役,并处罚金。

贪污数额在一万元以上不满三万元,具有下列情形之一的,应当认定为《刑法》第三百八十三条第一款规定的"其他较重情节",依法判处三年以下有期徒刑或者拘役,并处罚金:(一)贪污救灾、抢险、防汛、优抚、扶贫、移民、救济、防疫、社会捐助等特定款物的;(二)曾因贪污、受贿、挪用公款受过党纪、行政处分的;(三)曾因故意犯罪受过刑事追究的;(四)赃款赃物用于非法活动的;(五)拒不交待赃款赃物去向或者拒不配合追缴工作,致使无法追缴的;(六)造成恶劣影响或者其他严重后果的。

受贿数额在一万元以上不满三万元,具有前款第二项至第六项规定的情形之一,或者具有下列情形之一的,应当认定为《刑法》第三百八十三条第一款规定的"其他较重情节",依法判处三年以下有期徒刑或者拘役,并处罚金:(一)多次索贿的;(二)为他人谋取不正当利益,致使公共财产、国家和人民利益遭受损失的;(三)为他人谋取职务提拔、调整的。

贪污或者受贿数额在二十万元以上不满三百万元的,应当认定为《刑法》第三百八十三条第一款规定的"数额巨大",依法判处三年以上十年以下有期徒刑,并处罚金或者没收财产。

受贿数额在十万元以上不满二十万元,具有本解释第一条第三款规定的情形之一的,应当认定为《刑法》第三百八十三条第一款规定的"其他严重情节",依法判处三年以上十年以下有期徒刑,并处罚金或者没收财产。

贪污或者受贿数额在三百万元以上的,应当认定为《刑法》第三百八十三条第一款规定的"数额特别巨大",依法判处十年以上有期徒刑、无期徒刑或者死刑,并处罚金或者没收财产。

受贿数额在一百五十万元以上不满三百万元,具有本解释第一条第三款规定的情形之一的,应当认定为《刑法》第三百八十三条第一款规定的"其他特别严重情节",依法判处十年以上有期徒刑、无期徒刑或者死刑,并处罚金或者没收财产。

纪法依据

1.《中华人民共和国刑法》第六十四条

犯罪分子违法所得的一切财物,应当予以追缴或者责令退赔；对被害人的合法财产，应当及时返还；违禁品和供犯罪所用的本人财物，应当予以没收。没收的财物和罚金，一律上缴国库，不得挪用和自行处理。

2.《中华人民共和国刑法》第九十三条

本法所称国家工作人员，是指国家机关中从事公务的人员。

国有公司、企业、事业单位、人民团体中从事公务的人员和国家机关、国有公司、企业、事业单位委派到非国有公司、企业、事业单位、社会团体从事公务的人员，以及其他依照法律从事公务的人员，以国家工作人员论。

3.《中华人民共和国刑法》第一百六十三条

公司、企业或者其他单位的工作人员，利用职务上的便利，索取他人财物或者非法收受他人财物，为他人谋取利益，数额较大的，处三年以下有期徒刑或者拘役，并处罚金；数额巨大或者有其他严重情节的，处三年以上十年以下有期徒刑，并处罚金；数额特别巨大或者有其他特别严重情节的，处十年以上有期徒刑或者无期徒刑，并处罚金。

公司、企业或者其他单位的工作人员在经济往来中，利用职务上的便利，违反国家规定，收受各种名义的回扣、手续费，归个人所有的，依照前款的规定处罚。

国有公司、企业或者其他国有单位中从事公务的人员和国有公司、企业或者其他国有单位委派到非国有公司、企业以及其他单位从事公务的人员有前两款行为的，依照本法第三百八十五条、第三百八十六条的规定定罪处罚。

4.《中华人民共和国刑法》第三百八十五条

国家工作人员利用职务上的便利，索取他人财物的，或者非法收受他人财物，为他人谋取利益的，是受贿罪。

国家工作人员在经济往来中，违反国家规定，收受各种名义的回扣、手续费，归个人所有的，以受贿论处。

5. 最高人民法院、最高人民检察院《关于办理贪污贿赂刑事案件适用法律若干问题的解释》第十一条第一款

刑法第一百六十三条规定的非国家工作人员受贿罪、第二百七十一条规定的职务侵占罪中的"数额较大""数额巨大"的数额起点，按照本解释关于受贿罪、贪污罪相对应的数额标准规定的二倍、五倍执行。

6. 最高人民法院、最高人民检察院《关于办理商业贿赂刑事案件适用法律若干问题的意见》

三、刑法第一百六十三条、第一百六十四条规定的"公司、企业或者其他单位的工作人员"，包括国有公司、企业以及其他国有单位中的非国家工作人员。

7.《事业单位人事管理条例》第二十八条

事业单位工作人员有下列行为之一的，给予处分：

（一）损害国家声誉和利益的；

（二）失职渎职的；

（三）利用工作之便谋取不正当利益的；

（四）挥霍、浪费国家资财的；

（五）严重违反职业道德、社会公德的；

（六）其他严重违反纪律的。

8.《事业单位人事管理条例》第二十九条

处分分为警告、记过、降低岗位等级或者撤职、开除。

受处分的期间为:警告,6个月;记过,12个月;降低岗位等级或者撤职,24个月。

9 受贿后帮助犯罪分子逃避处罚，应该如何定罪？

主旨提示

这是一起人民警察帮助犯罪分子逃避处罚的案件。

案情回顾

夏某和刘某，原系甲县公安局刑警支队警察。

2018年3月，夏某和刘某受命侦办一起网络赌博案件。犯罪嫌疑人蒋某通过夏某的同学（无业）李某约见了夏某和刘某，表示希望他们可以帮忙逃避侦查。夏某和刘某商议后决定帮蒋某"摆平"此事并向蒋某索要钱财15万元。2018年4月，蒋某通过李某送给夏某、刘某现金9.1万元。夏某、刘某各分得4.2万元，李某分得7000元。此外，蒋某另行送给李某烟、酒等物。此后，夏某、刘某提出不便从蒋某处直接收受财物，要求李某帮助转交财物。2018年4月至8月，蒋某取得夏某、刘某的支持和保护后，继续进行网络赌博犯罪活动并从中获取非法利益。按照夏某、刘某与蒋某的约定，蒋某每月向他们支付1万元至2万元的"保护费"，由李某负责传递财物。截至案发，夏某、刘某各分得 3.65 万元，李某作为中间人分得 7000 元。2018 年 9 月 11 日，当夏某得知外地警方来甲县调查蒋某网络赌博犯罪事实时，与刘某商议后，要求蒋某尽快搬离。2018 年 9 月 15 日，蒋某在外地被警方抓获归案。

2018 年 9 月，夏某、刘某向甲县公安局纪委投案自首，李某被公安机关抓获后，如实向公安机关供述了自己的罪行。

办案过程

2018 年 9 月，夏某、刘某因严重违纪违法涉嫌渎职、受贿犯罪被立案审查调查；

2019 年 1 月，夏某、刘某被开除公职，夏某、刘某、李某被移送检察机关审查起诉；

2019 年 3 月，检察机关以夏某、刘某、李某涉嫌受贿罪、帮助犯罪分子逃避处罚罪向人民法院提起公诉；

2021 年 5 月，人民法院判决夏某犯受贿罪，判处其有期徒刑二年，并处罚金人民币 10 万元；犯帮助犯罪分子逃避处罚罪，判处其有期徒刑八个月；决定执行有期徒刑二年三个月，并处罚金人民币 10 万元。判决刘某犯受贿罪，判处其有期徒刑二年，并处罚金人民币 10 万元；犯帮助犯罪分子逃避处罚罪，判处其有期徒刑八个月；决定执行有期徒刑二年三个月，并处罚金人民币 10 万元。判决李某犯受贿罪，判处其有期徒刑一年七个月，并处罚金人民币 10 万元。

难点解析

◎对夏某和刘某应该从一重罪处罚还是数罪并罚？

本案中，夏某、刘某身为人民警察，向犯罪分子蒋某通风报信、提供便利，帮助蒋某逃避处罚，构成帮助犯罪分子逃避处罚罪。同时，夏某、刘某收受蒋某的贿赂，构成受贿罪。

根据2016年《解释》第十七条规定，国家工作人员利用职务上的便利，收受他人财物，为他人谋取利益，同时构成受贿罪和刑法分则第三章第三节、第九章规定的渎职犯罪的，除刑法另有规定外，以受贿罪和渎职犯罪数罪并罚。所以，夏某、刘某构成受贿罪、帮助犯罪分子逃避处罚罪，应该数罪并罚。

◎李某是否构成帮助犯罪分子逃避处罚罪？是否构成受贿罪？

帮助犯罪分子逃避处罚罪，是指有查禁犯罪活动职责的国家机关工作人员，向犯罪分子通风报信、提供便利，帮助犯罪分子逃避处罚的行为。本罪的主体为特殊主体，只能是负有查禁犯罪活动职能的国家机关工作人员，非上述人员不能构成帮助犯罪分子逃避处罚罪主体。有查禁犯罪活动职责的国家机关工作人员，主要指司法机关（包括公安机关、国家安全机关、人民检察院、人民法院）的工作人员，此外，各级党委、政府机关中主管查禁犯罪活动的人员也包括在内。受贿罪，是指国家工作人员利用职务上的便利，索取他人财物的，或者非法收受他人财物，为他人谋取利益的行为。受贿罪的主体是特殊主体，即国家工作人员。

根据最高人民法院《全国法院审理经济犯罪案件工作座谈会纪要》的有关规定，非国家工作人员与国家工作人员勾结伙同受贿的，应当以受贿罪的共犯追究刑事责任。非国家工作人员是否构成受贿罪共犯，取决于双方有无共同受贿的故意和行为。本案中，夏某、刘某是通过李某与蒋某接触的，可以说李某一直为蒋某和夏某、刘某的行贿、受贿行为提供帮助，所以，李某与夏某、刘某有共同的受贿故意和行为，构成受贿罪的共犯。

但是，对于渎职犯罪，刑法及相关司法解释均未明确渎职罪共犯的身份，国家机关工作人员以外的人能否与国家机关工作人员构成渎职罪的共犯，尚无法律及司法解释明确规定，法无明文规定不为罪，所以不能认定李某构成帮助犯罪分子逃避处罚罪。

◎对夏某、刘某、李某，应当以他们共同参与的受贿犯罪总额定罪处罚，还是应当以个人实际所得数额定罪处罚？

根据《最高人民法院研究室关于共同受贿案件中受贿数额认定问题的研究意见解读》规定，原则上对于共同受贿犯罪，应当根据各名被告人参与或者组织、指挥的共同犯罪数额量刑；对于难以区分主从犯的受贿共犯，行贿人的贿赂款分别或者明确送给多人，且按照个人实际所得数额处罚更能实现罪责刑相适应的，可以按照其个人所得数额处罚。

本案中，夏某、刘某在受贿犯罪中起主要作用，李某起次要作用，而且蒋某送钱给三人时，并没有明确对三人如何分配，夏某、刘某分别分到7.85万元，李某分到1.4万元，是基于三人协商。所以，对于本案，应当按照根据夏某、刘某、李某参与的共同受贿数额（17.1万元）定罪量刑，但由于李某是从犯，应当从轻、减轻处罚或者免除处罚。

◎夏某、刘某、李某是否构成自首？

根据《刑法》第六十七条规定，自首，是指犯罪以后自动投案，如实供述自己的罪行的行为。被采取强制措施的犯罪嫌疑人、被告人和正在服刑的罪犯，如实供述司法机关还未掌握的本人其他罪行的，以自首论。自首应具备"自动投案"和"如实交代"两个要件。

自动投案，是指犯罪事实或者犯罪嫌疑人未被司法机关发觉，或者虽被发觉，但犯罪嫌疑人尚未受到讯问、未被采取强制措施时，主动、直接向有关机关投案。如实供述自己的罪行，是指犯罪嫌疑人自动投案后，如实交代自己的主要犯罪事实。

本案中，夏某、刘某在其犯罪行为尚未被有关部门发觉的情况下向甲县公安局纪委投案并主动供述自己的罪行，构成自首。李某是在被公安机关抓获后，如实向公安机关供述自己的罪行，因其不具备自动投案的要件，所以不构成自首，但可以对其从轻处罚。

📖 知识扩展

◎关于共同犯罪

根据刑法关于共同犯罪的规定，非国家工作人员与国家工作人员勾结，伙同受贿的，应当以受贿罪的共犯追究刑事责任。非国家工作人员是否构成受贿罪共犯，取决于双方有无共同受贿的故意和行为。国家工作人员的近亲属向国家工作人员代为转达请托事项，收受请托人财物并告知该国家工作人员，或者国家工作人员明知其近亲属收受了他人财物，仍按照近亲属的要求利用职权为他人谋取利益的，对该国家工作人员应认定为受贿罪，其近亲属以受贿罪共犯论处。近亲属以外的其他人与国家工作人员通谋，由国家工作人员利用职务上的便利为请托人谋取利益，收受请托人财物后双方共同占有的，构成受贿罪共犯。国家工作人员利用职务上的便利为他人谋取利益，并指定他人将财物送给其他人，构成犯罪的，应以受贿罪定罪处罚。

◎关于牵连犯

牵连犯是以实施一个犯罪为目的。实施的这一行为属于牵连犯本罪。牵连犯是为了实施某一犯罪，其方法行为或结果行为，又构成另一独立的犯罪，属于牵连犯他罪。牵连犯本罪是一个犯罪，他罪依附本罪而成立。

牵连犯必须有两个以上的行为。牵连犯的数个行为存在两种情况：一是目的行为与方法行为（手段行为）。二是原因行为与结果行为。

牵连犯数个行为之间具有牵连关系。行为人在主观上具有牵连的意思，在客观上具有方法行为、手段行为或结果关系。

牵连犯数个行为必须触犯不同罪名。即牵连犯以实施某一犯罪为目的，其方法行为或结果行为又触犯了其他罪名。如果触犯与本罪相同的罪名，不构成牵连犯。

如何处断牵连犯，刑法总则未作规定。从刑法理论与审查调查实践看，一般认为应当按照牵连关系中最重的一个罪从重处罚，即"从一重从重处罚"。按照一重罪从重处罚，符合罪刑相适应原则。但需要说明的是，刑法分则对某些具体犯罪牵连犯的处断作了特别规定，有规定从一重罪处罚的，有规定从一重罪从重处罚的，有规定实行数罪并罚的。刑法分则条款对处断牵连犯作特别规定的，按照刑法分则相关条款的规定处断。如果刑法分则规定实行数罪并罚，应依据规定，实行数罪并罚。

◎关于吸收犯

吸收犯，是指数个犯罪行为，其中一个犯罪行为吸收其他犯罪行为，仅成立吸收犯罪行为一个罪名的犯罪形态。

吸收犯必须具有数个犯罪行为。吸收犯数个行为必须都是犯罪行为，每个行为都符合刑法规定的犯罪构成。如果数个行为中一个是犯罪行为，其他是违法行为，不构成吸收犯。吸收犯是数个犯罪行为，这是吸收犯与想象竞合犯的重要区别。想象竞合犯是一行为触犯数罪名，而吸收犯则是数行为触犯数罪名。

吸收犯数个行为之间具有吸收关系。吸收，是指一个行为容纳其他行为，只成立一个行为构成的犯罪，其他行为构成的犯罪失去存在的意义，不再予以定罪。之所以存在吸收，是因为这些犯罪行为之间存在着密切联系，前一犯罪行为是后一犯罪行为发展的必然历经阶段，后一犯罪行为是前一犯罪行为发展的必然结果，或者在这一流程中具有其他密切关系。

在刑法理论上，存在三种吸收关系：一是重行为吸收轻行为。行为轻重，是根据行为的性质区分。二是实行行为吸收预备行为。预备行为是实行行为的先行阶段，许多犯罪是经过预备然后转入实行行为。预备行为为实行行为所吸收，依实行行为所构成的犯罪定罪。三是主行为吸收从行为。主行为吸收从行为，是指根据共同犯罪人在共同犯罪中的分工和作用区分的。将共犯分为共同正犯、教唆犯、从犯（帮助犯）的情况下，如果先教唆或帮助他人犯罪，随后又参与共同实行犯罪，其教唆行为或帮助行为，应为共同实行行为所吸收。先教唆他人犯罪，随后又帮助他人犯罪，其帮助行为应为教唆行为所吸收。

对吸收犯，依照吸收行为所构成的犯罪处断，不实行数罪并罚。

◎关于自动投案

犯罪嫌疑人具有以下情形之一的，应当视为自动投案：一是犯罪后主动报案，虽未表明自己是作案人，但没有逃离现场，在司法机关询问时交代自己罪行的；二是明知他人报案而在现场等待，抓捕时无拒捕行为，供认犯罪事实的；三是在司法机关未确定犯罪嫌疑人，尚在一般性排查询问时主动交代自己罪行的；四是因特定违法行为被采取劳动教养、行政拘留、司法拘留、强制隔离戒毒等行政、司法强制措施期间，主动向执行机关交代尚未被掌握的犯罪行为的；五是其他符合立法本意，应当视为自动投案的情形。

罪行未被有关部门、司法机关发觉，仅因形迹可疑被盘问、教育后，主动交代了犯罪事实的，应当视为自动投案；但有关部门、司法机关在其身上、随身携带的物品、驾乘的交通工具等处发现与犯罪有关的物品的，不能认定为自动投案。

犯罪嫌疑人被亲友采用捆绑等手段送到司法机关，或者在亲友带领侦查人员前来抓捕时无拒捕行为，并如实供认犯罪事实的，虽然不能认定为自动投案，但可以参照法律对自首的有关规定酌情从轻处罚。

纪法依据

1.《中华人民共和国刑法》第二十七条

在共同犯罪中起次要或者辅助作用的，是从犯。

对于从犯，应当从轻、减轻处罚或者免除处罚。

2.《中华人民共和国刑法》第六十七条

犯罪以后自动投案，如实供述自己的罪行的，是自首。对于自首的犯罪分子，可以从轻或者减轻处罚。其中，犯罪较轻的，可以免除处罚。

被采取强制措施的犯罪嫌疑人、被告人和正在服刑的罪犯，如实供述司法机关还未掌握的本人其他罪行的，以自首论。

犯罪嫌疑人虽不具有前两款规定的自首情节，但是如实供述自己罪行的，可以从轻处罚；因其如实供述自己罪行，避免特别严重后果发生的，可以减轻处罚。

3.《中华人民共和国刑法》第三百八十五条

国家工作人员利用职务上的便利，索取他人财物的，或者非法收受他人财物，为他人谋取利益的，是受贿罪。

国家工作人员在经济往来中，违反国家规定，收受各种名义的回扣、手续费，归个人所有的，以受贿论处。

4.《中华人民共和国刑法》第四百一十七条

有查禁犯罪活动职责的国家机关工作人员，向犯罪分子通风报信、提供便利，帮助犯罪分子逃避处罚的，处三年以下有期徒刑或者拘役；情节严重的，处三年以上十年以下有期徒刑。

5. 最高人民法院、最高人民检察院《关于办理贪污贿赂刑事案件适用法律若干问题的解释》第十七条

国家工作人员利用职务上的便利，收受他人财物，为他人谋取利益，同时构成受贿罪和刑法分则第三章第三节、第九章规定的渎职犯罪的，除刑法另有规定外，以受贿罪和渎职犯罪数罪并罚。

10 挪用"小金库"资金用于消费是贪污还是挪用公款？

✓ 主旨提示

这是一起畜牧兽医局报账员挪用公款的案件。

案情回顾

徐某，中共党员，甲县畜牧兽医局原会计。徐某在担任畜牧兽医局报账员期间，利用其经管该局"小金库"账户（该"小金库"以该局职工洪某名义办理）资金的职务便利，于2017年1月30日从"小金库"刷卡消费60729元，用于购买其所住小区的停车位。此外，徐某还陆续将"小金库"部分资金共计18万元转入其个人账户，多次用于购买股票。此外，2018年1月21日，徐某授意洪某将洪某为畜牧局开具发票报账出来的134196.20元转存5万元入徐某个人账户，此时徐某账户原有资金30911.84元，后徐某将其中的3万元用于购买股票。

2017年2月23日，徐某从其个人账户转存1.3万元入"小金库"账户。2017年4月26日，徐某从其个人账户转存

169.27元入"小金库"账户。2017年5月8日,徐某从其个人账户转存10万元公积金贷款入"小金库"账户。

办案过程

2018年5月,甲县纪委监委在调查甲县畜牧兽医局原局长熊某涉嫌滥用职权一案时,将徐某作为涉案人对其进行了询问。其间,徐某向纪委监委陈述了挪用公款的部分事实。

2018年8月,徐某因严重违纪违法涉嫌贪污罪、挪用公款罪被甲县纪委监委立案审查调查;

2019年1月,徐某被开除党籍、开除公职,并被移送检察机关审查起诉;

2019年4月,甲县人民检察院以徐某涉嫌贪污罪、挪用公款罪向甲县人民法院提起公诉;

2019年6月,甲县人民法院以被告人徐某犯挪用公款罪,判处其有期徒刑一年二个月。

一审宣判后,徐某不服判决向A市人民法院提出上诉,A市人民法院审理后发回原审法院重新审理。原审法院重新审理后,于2019年9月以徐某犯挪用公款罪,判处有期徒刑一年二个月。

重审宣判后,甲县人民检察院依法向A市人民法院提起抗诉。同时,原审被告人徐某不服判决,再次向A市人民法院提出上诉。

2019年12月,A市人民法院作出终审裁定:驳回上诉,维持原判。

难点解析

◎法院为什么认定徐某犯挪用公款罪，而非贪污罪？

根据刑法规定，国家工作人员利用职务上的便利，挪用公款归个人使用，进行非法活动的，或者挪用公款数额较大、进行营利活动的，或者挪用公款数额较大、超过三个月未还的，是挪用公款罪；国家工作人员利用职务上的便利，侵吞、窃取、骗取或者以其他手段非法占有公共财物的，是贪污罪。挪用公款罪与贪污罪的主要区别在于行为人主观上是否具有非法占有公款的目的。

根据最高人民法院《全国法院审理经济犯罪案件工作座谈会纪要》规定，挪用公款是否转化为贪污，应当按照主客观相一致的原则，具体判断和认定行为人主观上是否具有非法占有公款的目的。在司法实践中，具有以下情形之一的，可以认定行为人具有非法占有公款的目的：一是根据最高人民法院《关于审理挪用公款案件具体应用法律若干问题的解释》第六条的规定，行为人"携带挪用的公款潜逃的"，对其携带挪用的公款部分，以贪污罪定罪处罚。二是行为人挪用公款后采取虚假发票平账、销毁有关账目等手段，使所挪用的公款已难以在单位财务账目上反映出来，且没有归还行为的，应当以贪污罪定罪处罚。三是行为人截取单位收入不入账，非法占有，使所占有的公款难以在单位财务账目上反映出来，且没有归还行为的，应当以贪污罪定罪处罚。四是有证据证明行为人有能力归还所挪用的公款而拒不归还，并隐瞒挪用的公款去向的，应当以贪污罪定罪处罚。

本案中,徐某用单位"小金库"的钱购买车位、炒股是事实,但其并没有携带钱款潜逃,且也没有在单位财务账目上掩盖其用掉的钱款,而是陆续从自己的账户中转存一部分资金入单位的"小金库"账户,因此可以认为徐某并没有非法占有"小金库"中钱款的目的,也就不构成贪污罪。

◎徐某多次使用洪某账户资金的行为,是否都构成挪用公款罪?

根据相关法律规定,挪用公款进行非法活动数额在3万元以上的,进行营利活动或者超过三个月未还数额在5万元以上的,属于"数额较大",应予立案。徐某2017年1月30日从单位"小金库"刷卡消费60729元用于购买车位,又在三个月内从其账户转存了一部分入洪某"小金库"账户,该情形可视为还款,还款后挪用资金数额没有达到"较大"标准,且余款归还与否、是否被其用于营利等活动均无证据证实。因此,该行为不构成挪用公款罪。

根据相关法律规定,挪用公款数额较大,归个人进行营利活动的,构成挪用公款罪,不受三个月的时间和是否归还的限制。关于徐某多次使用洪某账户资金炒股的行为,其从"小金库"账户转支钱款存入个人账户用于购买股票的行为,都属于挪用公款归个人进行营利活动,而且18万元已达到了数额较大的标准,构成挪用公款罪。

但需要注意的是,2018年1月21日徐某存入套取的"小金库"资金5万元到其个人账户时,账户原有资金3万余元,这笔资金不能证实属于公款，其于当日购买股票3万元，不能当然地认定为挪用公款3万元进行营利活动，所以该5万元不应认定为挪用公款。

◎徐某挪用的公款数额应该如何计算？

根据最高人民法院、最高人民检察院《关于执行〈关于惩治贪污罪贿赂罪的补充规定〉若干问题的解答》规定，挪用公款案发后、侦查终结前退还的，以挪用公款罪认定处罚。挪用公款后，有退还能力而拒不退还的，或者将挪用的公款用掉，实际上已无退还能力的，以贪污罪认定处罚。

本案中，徐某从单位"小金库"刷卡消费6万余元用于购买车位，三个月内从其账户转存入洪某"小金库"账户的资金，可视为还款，还款后挪用资金数额没有达到"较大"标准，该行为不构成挪用公款罪，该60729元也不应计入其挪用公款的数额。此后，徐某从"小金库"账户转支钱款共计18万元存入个人账户用于购买股票的行为，构成挪用公款罪，该款项计入其挪用公款的数额。而徐某从"小金库"转到个人账户的5万元不应认定为挪用公款，所以该5万元不应计入挪用公款的数额。

综上，本案中徐某挪用公款数额累计应为18万元。

◎实践中应如何界定贪污罪与挪用公款罪？

挪用公款罪侵害的法益是公共财物的使用收益权，贪污罪侵害的法益是公共财物的所有权，二者的主要区别在于行为人主观上是否具有非法占有公款的目的。

《关于惩治贪污罪贿赂罪的补充规定》明确规定："挪用公

款数额较大不退还的，以贪污论处。"最高人民法院、最高人民检察院《关于执行〈关于惩治贪污罪贿赂罪的补充规定〉若干问题的解答》规定："不退还，既包括主观上不想还的，也包括客观上不能还的。不退还，使被挪用的这部分公款遭到不可弥补的损失，这种行为应'以贪污论处'，定为贪污罪。"

　　判断挪用公款是否转化为贪污，不能只凭行为人客观上不能退还公款就简单定性为贪污，而应当按照主客观相一致的原则，通盘考虑客观行为、行为人经济状况、公款风险状态及收益处置等因素，综合分析判断，而非简单以行为人供述的个人意图为定案根据。从行为人的客观行为来看，如果行为人有部分归还款项的行为或者切合实际的计划，则更能体现其挪用的意图；如果行为人采取平账、销账等掩饰隐瞒证据的行为，则更能体现其非法占有的目的。从行为人经济状况来看，如果一个人每月工资5000元，此外再无其他财产，其挪用公款200万元，其明知非法使用的公款数额与自身经济状况悬殊明显仍执意而为，但将归还公款的希望完全寄托于彩票中奖这种小概率事件，即已表明其将公款据为己有的主观故意。从公款风险状态及收益处置来看，如果徐某非法使用公款用于购买彩票，这种射幸行为，以此具有高风险的投资回报行为作为无非法占有公款目的的抗辩理由，就难以成立。而将公款用于购买股票，虽然有一定风险，但随时可以赎回，甚至可以营利，所以不宜认定徐某不会归还被挪用的款项。

知识扩展

◎关于挪用公款罪与贪污罪的主要区别

两者的区别主要在于行为人主观上是否具有非法占有公款的目的：挪用公款是否转化为贪污，应当按照主客观相一致的原则，具体判断和认定行为人主观上是否具有非法占有公款的目的。在司法实践中，具有以下情形之一的，可以认定行为人具有非法占有公款的目的：

根据最高人民法院《关于审理挪用公款案件具体应用法律若干问题的解释》第六条的规定，行为人"携带挪用的公款潜逃的"，对其携带挪用的公款部分，以贪污罪定罪处罚。

行为人挪用公款后采取虚假发票平账、销毁有关账目等手段，使所挪用的公款已难以在单位财务账目上反映出来，且没有归还行为的，应当以贪污罪定罪处罚。

行为人截取单位收入不入账，非法占有，使所占有的公款难以在单位财务账目上反映出来，且没有归还行为的，应当以贪污罪定罪处罚。

有证据证明行为人有能力归还所挪用的公款而拒不归还，并隐瞒挪用的公款去向的，应当以贪污罪定罪处罚。

◎关于"退还"的理解

挪用公款数额较大不退还的，以贪污论处。这里的"退还"，是指挪用人或其家属在立案后将挪用款交还。不退还，既包括主观上不想还的，也包括客观上不能还的。不退还，使被挪用的这部分公款遭到不可弥补的损失，这种行为应"以贪污论处",定为贪污罪。在一案中,挪用的公款一部分已退还,另一部分未退还的,如果二者均已达到犯罪数额,前者定挪用公款罪,后者定贪污罪,按数罪并罚的原则处罚。不退还的数额未达到追究贪污罪起刑数额的,不定贪污罪,以挪用公款罪从重处罚。退还的数额未达到追究挪用公款罪起刑数额的,不定挪用公款罪,只在定贪污罪时作为一个情节考虑。

纪法依据

1.《中华人民共和国刑法》第三百八十二条第一款

国家工作人员利用职务上的便利,侵吞、窃取、骗取或者以其他手段非法占有公共财物的,是贪污罪。

2.《中华人民共和国刑法》第三百八十四条第一款

国家工作人员利用职务上的便利,挪用公款归个人使用,进行非法活动的,或者挪用公款数额较大、进行营利活动的,或者挪用公款数额较大、超过三个月未还的,是挪用公款罪,处五年以下有期徒刑或者拘役;情节严重的,处五年以上有期徒刑。挪用公款数额巨大不退还的,处十年以上有期徒刑或者无期徒刑。

3. 最高人民法院、最高人民检察院《关于办理贪污贿赂刑事案件适用法律若干问题的解释》第六条

挪用公款归个人使用,进行营利活动或者超过三个月未还,数额在五万元以上的,应当认定为刑法第三百八十四条第一款规定的"数额较大";数额在五百万元以上的,应当认定为刑法第三百八十四条第一款规定的"数额巨大"。具有下列情形之一的，应当认定为刑法第三百八十四条第一款规定的"情节严重"：

（一）挪用公款数额在二百万元以上的；

（二）挪用救灾、抢险、防汛、优抚、扶贫、移民、救济特定款物，数额在一百万元以上不满二百万元的；

（三）挪用公款不退还，数额在一百万元以上不满二百万元的；

（四）其他严重的情节。

4. 全国人民代表大会常务委员会《关于惩治贪污罪贿赂罪的补充规定》

三、国家工作人员、集体经济组织工作人员或者其他经手、管理公共财物的人员，利用职务上的便利，挪用公款归个人使用，进行非法活动的，或者挪用公款数额较大、进行营利活动的，或者挪用公款数额较大、超过3个月未还的，是挪用公款罪，处5年以下有期徒刑或者拘役；情节严重的，处五年以上有期徒刑。挪用公款数额较大不退还的，以贪污论处。

11 受贿犯罪的谋利事项是否可以认定为违纪?

✓ 主旨提示

这是一起交通运输局局长收受贿赂并为他人谋取利益的案件。

📖 案情回顾

张某,男,中共党员,甲市交通运输局原局长。

2009 年 10 月左右,陆某监理公司中标甲市 A 公路监理项目,但该公司未按招标文件履行合同,为了不被罚款甚至清场,公司项目负责人艾某委托某建设工程招标咨询有限公司法定代表人杨某向时任该公路建设管理处的处长张某说情,张某接受请托后命令管理处工作人员不对陆某监理公司进行处罚,使得陆某监理公司自始至终未按合同约定履行合同。为感谢张某,杨某为陆某监理公司向张某赠送人民币 40 万元。

2010 年初,杨某为感谢张某在 A 公路指定招标单位上给予的帮助,送给张某人民币 12 万元。

2009 年 12 月,中建某局承揽 A 公路工程项目,为与业主方搞好关系，中建某局A公路指挥部指挥长彭某、财务总监王某，从2010年至2013年间，先后以拜年、拜节或感谢费的名义向张某贿送人民币25万元。

2010年，张某受赵某请托，利用其职权帮助赵某获得A公路交安绿化工程。2012年初，赵某为感谢张某的帮助，便根据张某的要求，为张某支付购买房屋尾款及房屋过户费用共计人民币214326.35元。

2013年初，张某接受程某请托，利用其担任甲市交通运输局局长的职务之便，帮助B招标咨询有限公司承揽甲市交通系统多个工程招标代理项目。为此，程某与张某商定以安排张某亲戚华某到某公司上班为名，在华某并未实际上班的情况下，每月向其支付"工资"。另外，根据事前约定，程某从其承揽的工程项目的招标代理费中提取人民币51786元给华某，提取人民币3万元给张某，并赠送张某价值人民币3万余元的名牌手表一块。

2014年，张某利用职权帮助程某公司入围甲市交通项目招标代理库，为感谢张某，程某送给张某人民币5万元。2015年8月18日，张某委托林某退还程某人民币18万元。

2013年至2014年间，张某帮助丙公司获得在甲市的项目合同金额过亿元，并以"咨询费"的名义收受丙公司人民币1165.4万余元。

办案过程

2018年6月，张某因严重违纪违法涉嫌受贿犯罪被纪检监察机关立案审查调查，并被采取留置措施；

2018年11月，张某被开除党籍、开除公职，并被移送检察机关审查起诉；

2019年1月，检察机关以张某涉嫌受贿罪向人民法院提起公诉；

2019年3月，一审法院以张某犯受贿罪，判处其有期徒刑十二年，并处罚金人民币200万元。

2019年6月，二审法院作出终审裁定：驳回上诉，维持原判。

难点解析

◎张某命令管理处工作人员不对陆某监理的公司进行处罚，使得该公司自始至终未按合同约定履行合同，是否构成违纪？

明确涉嫌受贿犯罪中的谋利事项能否再作违纪评价是执纪执法实践中经常遇到的问题。对此，有观点认为，根据禁止重复评价原则，谋利事项一律不应认定为违纪；有观点认为，谋利事项作为"轻行为"，已被受贿这一"重行为"吸收，所以没有必要再将谋利事项单独认定为违纪；还有观点认为，纪律与法律属于不同评价体系，谋利事项虽已作涉嫌犯罪认定，但并不影响其再作为违法或违纪认定。

禁止重复评价原则，是指在同一个评价体系内，禁止对同一行为进行反复评价、重复处罚。禁止重复评价的前提是在同一个评价体系内，但纪律和法律属于不同的评价体系，对同一行为同时作出违纪和违法评价并不违反禁止重复评价原则。此外，受贿罪是针对收受贿赂、权钱交易行为的评价，如果被审查调查人谋利事项已构成滥用职权、玩忽职守行为，不影响再作渎职犯罪或违纪认定。按照纪法双施双守要求，在认定受贿罪的同时，也应对滥用职权、玩忽职守等谋利事项作违反工作纪律或者违反政治纪律和政治规矩等的认定。

本案中，张某命令管理处工作人员不对陆某监理的公司进行处罚，是故意逾越职权或者不履行职责，虽然没有造成公共财产、国家和人民利益遭受重大损失，但使得该公司自始至终未按合同约定履行合同。根据《党纪处分条例》的相关规定，党组织在纪律审查中发现党员有刑法规定的行为，虽不构成犯罪但须追究党纪责任的，或者有其他违法行为，损害党、国家和人民利益的，应当视具体情节给予警告直至开除党籍处分。所以，张某命令管理处工作人员不对陆某监理公司进行处罚的行为应该认定为违反工作纪律行为。

◎应如何判断谋利事项是否构成违纪行为？

对于涉嫌受贿犯罪中谋利事项是否认定为违纪，取决于其追究党纪责任的必要性。通常情况下，党员干部利用职务上的便利或职务影响，违反选人用人相关制度，在录用、考核、职务晋升、职称评定、岗位调整等方面为他人谋取利益，并收受贿赂，在认定为涉嫌受贿犯罪同时，应当将行为人为他人谋取人事利益行为同时认定为违反组织纪律。贯彻落实党中央重大决策部署不坚决、不到位的谋利事项（比如对党中央关于抗击新冠肺炎疫情、全面建成小康社会、脱贫攻坚、生态环保等重大决策部署产生严重影响的谋利事项），可以同时认定为违反政治纪律和政治规矩或者违反工作纪律行为。在扫黑除恶专项斗争中为他人谋取利益，充当"保护伞""关系网"的，可以同时认定为违反群众纪律或者违反工作纪律等行为。能够充分体现违纪违法行为本质或特征的谋利事项（如纪检监察干部、司法机关工作人员插手或干预案件办理，执纪违纪、执法犯法、以案谋私），可以同时认定为违反工作纪律甚至违反政治纪律行为。性质恶劣、情节严重，污染当地政治生态及发展环境的谋利事项（如领导干部多次插手、干预建设工程招投标），可以同时作违纪认定。对被审查调查人收受贿赂后失职渎职行为，涉嫌渎职犯罪的，应当依法追究相关人员刑事责任，如果因未达到刑事审判标准等因素，不能认定为渎职犯罪的，应当认定为违反工作纪律。

此外，对违纪特征不明显、违纪评价效果不突出或者谋利行为本身已构成犯罪的谋利事项，均没有必要再作违纪认定。比如，已作受贿认定的被审查调查人在接受请托后，接受行贿人旅游安排等行为，不宜再认定为接受可能影响公正执行公务的旅游安排等违纪行为。

◎张某收受中建某局A公路指挥部以拜年或感谢费的名义所送的25万元，是否属于受贿？

2016年《解释》第十三条第二款规定，"国家工作人员索取、收受具有上下级关系的下属或者具有行政管理关系的被管理人员的财物价值三万元以上，可能影响职权行使的，视为承诺为他人谋取利益"。该条即是关于"感情投资"型受贿的规定。虽然该司法解释出台于2016年，张某收受的25万元早于

2016年，但是司法解释是对法律条文的解读，并未创制新的刑罚规范，目的是统一规范地执行法律，因此可以适用于本案。

实践中，所谓"感情投资"型贿赂，是指行贿人以人情往来为名长期向国家工作人员馈赠财物，没有具体请托事项，也不要求立即回报，而是与国家工作人员建立一定的感情基础后，以期国家工作人员在将来不确定的时间，利用职务便利为其谋利的行为。中建某局A公路指挥部指挥长彭某、财务总监王某，之所以向张某贿送人民币25万元，是为了与业主方搞好关系，便于今后在协调管理处及时拨款以及在预算修编、竣工结算等方面获得帮助。这种"感情投资"型贿赂披着社交人情的外衣，实则进行权钱交易的违法勾当，侵犯了国家工作人员的职务廉洁性，应依法予以打击。所以，张某收受中建某局A公路指挥部以拜年、拜节或感谢费的名义所送的25万元，属于受贿。

◎关于没有具体、明确请托事项的"围猎"行为，哪些可以认定为受贿？

在刑法没有规定赠贿、收受礼金方面犯罪的情况下，受贿犯罪谋利要件的认定需要把握住一个底线，这就是《全国法院审理经济犯罪案件工作座谈会纪要》中确定的具体请托事项。也就是说，"围猎"行为如果转化为贿赂犯罪必须满足有具体请托事项这一条件。但是，"围猎"者在送礼时对具体问题往往避而不谈。所以，我们不必过多关注请托事项的表达形式，而应考察具体请托事项是否存在。根据该纪要，明知他人有具体请托事项而收受其财物的，视为承诺为他人谋取利益。关于具体请托事项是否存在，我们不能简单机械地以外部行为或当事人陈述为准，要利用常识、经验等推定是否有请托事项。我们还可以根据赠送财物的时间节点、对话语境、双方身份等推断出赠礼者的真实意图，如当案件正处在诉讼进程之中，当事人向主审法官赠送财物显然是希望通过收买法官获得胜诉判决，而非单纯为赚得法官好感为将来铺路，此时请客送礼的意义就从长期的拉拢腐蚀演变为即时的利益交换，性质也随之变为受贿。

实践中，查处长期"围猎"型案件不应局限于"围猎"者所谓无欲无求的表象，在收赠财物已是既成事实的前提下，倘若公职人员的职务权限能够对赠礼者当下或未来产生制约影响，便可能涉嫌受贿罪。根据 2016 年《解释》，尽管下属或行政被管理人在向公职人员赠礼时并无任何具体、明确的请托，受礼者也没有为赠礼者谋利，但由于赠礼者乃是公权力的直接利害关系人，在上下级与行政管理主客体之间天然蕴含着一种现实的、内在的利益关联，双方任何经济往来都不可避免地带有污染权力廉洁性的风险因素。所以，在上述特定主体之间原则上禁止收送大额财物，一旦发生，法律将推定该行为"可能影响职权行使"，并视为公职人员承诺为他人谋取利益，从而触犯 2016 年《解释》第十三条第二款之规定。

知识扩展

◎关于受贿罪中"具体请托事项"的理解

根据相关司法解释，认定受贿罪中的"为他人谋取利益"，需要国家工作人员为他人实际或承诺谋取利益，或明知他人有具体请托事项。此外，2016 年《解释》第十三条第二款规定：

"国家工作人员索取、收受具有上下级关系的下属或者具有行政管理关系的被管理人员的财物价值三万元以上，可能影响职权行使的，视为承诺为他人谋取利益。"除了该款的情形外，对于没有实际或承诺为请托人谋取利益的收受财物行为，司法解释仍坚持将"明知他人有具体请托事项"作为认定谋利的最低标准。"纯粹的感情投资不能以受贿犯罪处理。同时，对于日常意义上的'感情投资'，又有必要在法律上作进一步区分：一种是与行为人的职务无关的感情投资；另一种是与行为人职务行为有着具体关联的所谓的'感情投资'。对于后者，由于双方在职务活动中日常而紧密的关系，谋利事项要么已经通过具体的职务行为得以实现，要么可以推断出给付金钱有对对方职务行为施加影响的意图，这种情况下只要能够排除正常人情往来的，同样应认定为受贿。"由此可见，司法解释之所以在规定中仍保留"具体请托事项"，其根本目的在于将纯粹的"感情投资"排除在受贿犯罪之外。由于司法拟制的有限性，不可能将全部披着感情投资外衣但具有权钱交易本质关系的情形列明，因此，在理解把握"具体请托事项"时，可适当借鉴该条款蕴含的思路理念，进行适当的扩张性解释。即只要请托人在与被请托人交流中，提到或暗示了被请托人职务范围所涉及的事，或者被请托人根据常识，应当判断出请托人请托的大致事项，即使该事项不是特别"明确""具体"，也应认定为有"具体请托事项"。

◎关于"明知他人具有请托事项"的取证重点

对于没有实际谋取利益的情节，在调查取证时，除了双方言词证据中主观目的和认识外,还应特别注意强化其他证据,以此挖掘、证明被调查人"明知他人有具体请托事项"。一是围绕二人相识的背景、日常相处模式取证,证明二人不具备礼尚往来的基础。二是围绕收送财物时或日常交往中,二人交流沟通的细节取证,特别注意收集请托人暗示请托事项的语言表达,并在笔录中对被请托人据此了解到请托人有具体请托事项的依据和理由予以阐明。三是收集请托人身份、从事的工作,被请托人的职权范围等客观情况,证明请托人与被请托人职务之间具有紧密关系,以此进一步证明被请托人根据常识,即对"具体请托事项"有主观上应然的认知。

纪法依据

1.《中国共产党纪律处分条例》第二十七条

党组织在纪律审查中发现党员有贪污贿赂、滥用职权、玩忽职守、权力寻租、利益输送、徇私舞弊、浪费国家资财等违反法律涉嫌犯罪行为的,应当给予撤销党内职务、留党察看或者开除党籍处分。

2.《中国共产党纪律处分条例》第二十八条

党组织在纪律审查中发现党员有刑法规定的行为,虽不构成犯罪但须追究党纪责任的,或者有其他违法行为,损害党、国家和人民利益的,应当视具体情节给予警告直至开除党籍处分。

3. 最高人民法院、最高人民检察院《关于办理贪污贿赂刑事案件适用法律若干问题的解释》第十三条

具有下列情形之一的,应当认定为"为他人谋取利益",

构成犯罪的,应当依照刑法关于受贿犯罪的规定定罪处罚:

(一)实际或者承诺为他人谋取利益的;

(二)明知他人有具体请托事项的;

(三)履职时未被请托,但事后基于该履职事由收受他人财物的。

国家工作人员索取、收受具有上下级关系的下属或者具有行政管理关系的被管理人员的财物价值三万元以上,可能影响职权行使的,视为承诺为他人谋取利益。

4. 最高人民法院《全国法院审理经济犯罪案件工作座谈会纪要》

三、关于受贿罪

(二)"为他人谋取利益"的认定

为他人谋取利益包括承诺、实施和实现三个阶段的行为。只要具有其中一个阶段的行为,如国家工作人员收受他人财物时,根据他人提出的具体请托事项,承诺为他人谋取利益的,就具备了为他人谋取利益的要件。明知他人有具体请托事项而收受其财物的,视为承诺为他人谋取利益。

12 民政局副局长亲属领低保金，为什么被判无罪？

✓ 主旨提示

这是一起民政局副局长亲属领取低保金的案件。

案情回顾

张某，中共党员，甲市民政局原副局长。

在其任职期间，其女儿张某某于2007年4月至2010年3月到甲市民政局担任临时工。2006年，张某某办理了低保卡，自2006年至2007年第一季度领取国家低保金1620元。2007年4月张某某在甲市民政局担任临时工是用低保卡抵顶工资，2010年3月其离开甲市民政局后该低保卡仍向其正常发放工资到2014年3月，共领取国家低保金16850.8元。此外，张某某在担任临时工期间于2007年用表弟骞某和李某的身份证、户口本，找人办理了两张低保卡，其中骞某的低保卡自2007年第二季度至2012年第一季度国家低保金打入该卡30880元；李某的低保卡自2007年第二季度至2011年第三季度国家低保金打入该卡22240元。2009年张某某又以表姐白某的名义办理了一张低保卡，自 2010 年第一季度至 2012 年第一季度期间国家低保金打入该卡 16755 元，该卡由张某某保管并支配。其中张某某、骞某、李某的低保卡自 2007 年至 2009 年左右由张某的妻子赵某保管，自 2010 年至 2013 年由赵某将骞某、李某的卡交回本人保管。2017 年 12 月，有群众向甲市纪委举报了张某违规为亲属办理低保卡的问题。

办案过程

2018 年 4 月，张某因严重违纪违法涉嫌贪污犯罪被甲市纪委监委立案审查调查；

2018 年 9 月，张某被开除党籍、开除公职，并被移送检察机关审查起诉；

2018 年 11 月，检察机关以张某涉嫌贪污罪向人民法院提起公诉；

2019 年 1 月，因事实不清，证据不足，人民法院判决张某无罪。

难点解析

◎法院为什么判决张某无罪？该案的证据存在哪些问题？

首先，对于张某某、骞某、李某、白某是否符合低保条件的事实，没有充分的证据予以证明。按照有关规定，如果在职人员家庭平均收入达不到一定标准，在职人员本人也可以申请低保。而本案在调查过程中，甲市民政局出具的情况汇报载明，因政策发生变动，对于张某某等四人当时低保办理情况不好确认，所以没有证据证实张某某、骞某、李某、白某是违反规定享受低保待遇，骗取国家低保资金的事实。

其次，关于张某利用了职务之便，侵吞、骗取公共财物的事实不清、证据不足。本案中，能够证实张某某、骞某、李某、白某的低保手续系张某办理的证据仅有张某某的陈述和骞某的陈述两份言词证据，张某某能够直接证实办理上述四人的低保手续均由张某操作，而骞某系听张某某所说，为传来证据。但是，本案还有一些书证，与张某某和骞某的证言相矛盾。比如，甲市城市居民最低生活保障金拨款表中，张某签署了"请李局长批示"，该局局长李某某签字后才予以拨款。低保科科长赵某某的证言也能够证实低保先由低保科审核，如果没有问题就层报至张某副局长和李某某局长审批，审批程序须经张某副局长和李某某局长签字后才能批准享受低保，且骞某、李某的低保审批表中民政局的意见系加盖"李某某"的手章。而低保科科长赵某某和局长李某某均不能够证实张某特殊交代过张某某、骞某、李某、白某低保手续的办理。故现有证据不能够证实张某利用职务便利、实施了侵吞、窃取、骗取的行为，反而能够印证张某履行的是低保审批的正常程序。

再次，关于张某有非法占有的目的的事实不清、证据不足。综合全案证据，张某某、骞某、李某、白某四人低保手续具体是由谁办理、由谁领取、怎么领取的事实不清。现有证据能够证实白某的卡一直由张某某保管并支取，张某某、骞某、李某的卡在赵某处保管过，对于赵某保管这几张卡的原因以及赵某保管该卡期间是否支取钱款并非法占有，并没有相关证据能够证明。而且，并无确凿的证据证实张某授意赵某保管该卡，不能因赵某保管该卡的行为就合理推断张某就有非法占有的目的，故不能够认定张某具有非法占有的目的。

综上，法院认为，公诉机关指控张某犯贪污罪的事实不清，证据不足，指控罪名不成立。

◎职务违法犯罪案件证据收集，应注意哪些方面？

2021年9月20日起施行的《监察法实施条例》第四章专节规定了"证据"，进一步完善了《监察法》有关证据的规定，也有效衔接了刑事诉讼法。

收集、固定、审查证据必须紧紧围绕证据的客观真实性、合法性、关联性进行：一是证据必须是能证明案件真实情况、不依赖于主观意识而存在的客观事实，既要以证据形式客观存在，又要对客观存在事实进行反映。对于言词证据，应记录其原话和原意，不能断章取义，甚至违背原意记录。二是收集、固定证据，要做到主体合法、程序合法、手段合法、种类合法、来源合法，不是合法取得的证据，不具有证据能力。对于调查人员采用暴力、威胁以及非法限制人身自由等非法方法收集的被调查人供述、证人证言、被害人陈述，应当依法予以排除。收集物证、书证不符合法定程序，可能严重影响案件公正处理，不能补正或者作出合理解释的，对该证据应当予以排除。三是证据与待证事实之间应具有相关性。如果不具有关联性，不能作为证据使用，调取的物证、书证、视听资料等原件，经查明与案件无关的，经审批，应当在查明后三日以内退还，并办理交接手续。

监察机关调查终结的职务犯罪案件，应当事实清楚，证据确实、充分，即应符合下列条件：一是定罪量刑的事实都有证据证明；二是据以定案的证据均经法定程序查证属实；三是综合全案证据，对所认定事实已排除合理怀疑。何时、何地、何人、何因、以何种方式、何种结果等都要有证据证明，并形成完整稳定的证据链，排除合理怀疑。

本案中，对于张某某、骞某、李某、白某是否符合低保条件的事实，没有充分的证据予以证明，对于张某是否有非法占有的目的，是否利用了职务之便侵吞、骗取公共财物，也没有充分的证据证明，因此法院只能以证据不足判定张某无罪。

◎**法院判决张某无罪，其此前受到的党纪政务处分是否也应该随之撤销或者变更？**

党组织在纪律审查中发现党员严重违纪涉嫌违法犯罪的，原则上应先作出党纪处分决定，并按照规定给予政务处分后，再移送有关机关依法处理。实践中，难免遇到党纪政务处分作出后需要变更的情况。根据《政务处分法》的相关规定，监察机关发现本机关或者下级监察机关作出的政务处分决定确有错误的，应当及时予以纠正或者责令下级监察机关及时予以纠正。

根据《政务处分法》的相关规定，有下列情形之一的，复审、复核机关应当撤销原政务处分决定，重新作出决定或者责令原作出决定的监察机关重新作出决定：政务处分所依据的违法事实不清或者证据不足的；违反法定程序，影响案件公正处理的；超越职权或者滥用职权作出政务处分决定的。有下列情形之一的，复审、复核机关应当变更原政务处分决定，或者责令原作出决定的监察机关予以变更：适用法律、法规确有错误的；对违法行为的情节认定确有错误的；政务处分不当的。

张某被开除党籍、开除公职，是因为其涉嫌贪污犯罪，法院判决张某无罪，说明其此前作出的处分所依据的违法事实不存在，其此前受到的党纪政务处分也应该随之撤销或者变更。

◎党纪政务处分撤销或变更后，待遇是否也应随之调整？

纪检监察机关作出处分决定，关系到党员干部的政治生命，也关系着党员干部的经济待遇。随着全面从严治党的不断深入，纪检监察干部认知水平和业务能力的不断提高，应本着实事求是的原则对待已作出的处分决定，全错全纠、部分错部分纠。变更处分决定，既是维护党员干部权利的有效途径，也是纪检监察机关的自我纠错程序，既要考虑到党员干部的合法权益，同时也要考虑到执行的可操作性。

处分变更后，解决职务、级别、工资等问题有据可依。《政务处分法》第六十条规定，"公职人员的政务处分决定被变更，需要调整该公职人员的职务、职级、衔级、级别、岗位和职员等级或者薪酬待遇等的，应当按照规定予以调整"。《关于公务员受处分工资待遇处理有关问题的通知》规定，"公务员处分决定被变更，需要调整工资待遇的，从处分决定被变更的次月起执行。处分被减轻或撤销的，多减发或停发的工资予以补发。处分被加重的，少减发的工资予以扣发"。

知识扩展

◎关于证据的要求

监察机关认定案件事实应当以证据为根据，全面、客观地收集、固定被调查人有无违法犯罪以及情节轻重的各种证据，形成相互印证、完整稳定的证据链。

只有被调查人陈述或者供述，没有其他证据的，不能认定案件事实；没有被调查人陈述或者供述，证据符合法定标准的，可以认定案件事实。

证据必须经过查证属实，才能作为定案的根据。审查认定证据，应当结合案件的具体情况，从证据与待证事实的关联程度、各证据之间的联系、是否依照法定程序收集等方面进行综合判断。

◎关于职务违法案件的证据标准

监察机关调查终结的职务违法案件，应当事实清楚、证据确凿。证据确凿，应当符合下列条件：

一是定性处置的事实都有证据证实；二是定案证据真实、合法；三是据以定案的证据之间不存在无法排除的矛盾；四是综合全案证据，所认定事实清晰且令人信服。

◎关于职务犯罪案件的证据标准

监察机关调查终结的职务犯罪案件，应当事实清楚，证据确实、充分。证据确实、充分，应当符合下列条件：

一是定罪量刑的事实都有证据证明；二是据以定案的证据均经法定程序查证属实；三是综合全案证据，对所认定事实已排除合理怀疑。证据不足的，不得移送人民检察院审查起诉。

◎关于准确把握违纪违法案件与职务犯罪案件证明要求的差异性

根据《监督执纪工作规则》第五十三条第一款的规定，违纪与涉嫌犯罪案件证明标准均为"证据确凿",即"证据确实充分"。同时,《监察法》第三十三条第二款也规定,监察机关在收集、固定、审查、运用证据时,应当与刑事审判关于证据的要求和标准相一致。因此,现有法律和党内法规已实际确立"纪、法、罪"案件的证明程度均应当达到"证据确实充分"。三类案件的证明标准是一致的,差异性表现在纪比法严,党员除了遵守法律法规外,还应当遵守党章、党纪和其他党内法规规定的更高要求。违纪案件作为党内案件,其办案程序和证据形式虽不同于刑事诉讼程序,但仍应坚持"证据确凿"的证明标准。纪检监察工作实现高质量发展,首先体现在案件办理的高质量上,如果降低证明标准,将对案件质量形成冲击,并直接影响监察体制改革的效果。

在证明标准一致的前提下,不同类型案件的证明要求存在差异性。以犯罪案件为例,对严重刑事犯罪而言,其证明标准虽然和普通刑事案件均为"证据确实充分",但是证明要求比普通刑事案件更为严格。比如,被告人可能被判处死刑的案件,根据《关于办理死刑案件审查判断证据若干问题的规定》,其对于证据的取证要求及审查认定比一般刑事案件更为严格。也就是说,罪行越严重,刑罚的严厉程度越高,相应的证明要求也越高;相反,罪行越轻,刑罚的严厉程度越低,取证要求则较低。同理,虽然违纪案件的证明标准是"证据确凿",但纪律处分的严厉程度不如刑罚,因此证明要求在对基本事实和基本证据严格把握的基础上,可以比照犯罪案件适当降低,防止过度取证。

纪法依据

1. 《中华人民共和国监察法实施条例》第五十九条

可以用于证明案件事实的材料都是证据,包括:

(一)物证;

(二)书证;

(三)证人证言;

(四)被害人陈述;

(五)被调查人陈述、供述和辩解;

(六)鉴定意见;

(七)勘验检查、辨认、调查实验等笔录;

(八)视听资料、电子数据。

监察机关向有关单位和个人收集、调取证据时,应当告知其必须依法如实提供证据。对于不按要求提供有关材料,泄露相关信息,伪造、隐匿、毁灭证据,提供虚假情况或者阻止他人提供证据的,依法追究法律责任。

监察机关依照监察法和本条例规定收集的证据材料,经审查符合法定要求的,在刑事诉讼中可以作为证据使用。

2. 《中国共产党纪律处分条例》第二十九条

党组织在纪律审查中发现党员严重违纪涉嫌违法犯罪的,原则上先作出党纪处分决定,并按照规定给予政务处分后,再移送有关国家机关依法处理。

3. 《中华人民共和国公职人员政务处分法》第五十五条

公职人员对监察机关作出的涉及本人的政务处分决定不服

的，可以依法向作出决定的监察机关申请复审；公职人员对复审决定仍不服的，可以向上一级监察机关申请复核。

监察机关发现本机关或者下级监察机关作出的政务处分决定确有错误的，应当及时予以纠正或者责令下级监察机关及时予以纠正。

4.《中华人民共和国公职人员政务处分法》第五十七条

有下列情形之一的，复审、复核机关应当撤销原政务处分决定，重新作出决定或者责令原作出决定的监察机关重新作出决定：

（一）政务处分所依据的违法事实不清或者证据不足的；

（二）违反法定程序，影响案件公正处理的；

（三）超越职权或者滥用职权作出政务处分决定的。

5.《中华人民共和国公职人员政务处分法》第五十八条

有下列情形之一的，复审、复核机关应当变更原政务处分决定，或者责令原作出决定的监察机关予以变更：

（一）适用法律、法规确有错误的；

（二）对违法行为的情节认定确有错误的；

（三）政务处分不当的。

6.《中华人民共和国公职人员政务处分法》第六十条

公职人员的政务处分决定被变更，需要调整该公职人员的职务、职级、衔级、级别、岗位和职员等级或者薪酬待遇等的，应当按照规定予以调整。政务处分决定被撤销的，应当恢复该公职人员的级别、薪酬待遇，按照原职务、职级、衔级、岗位和职员等级安排相应的职务、职级、衔级、岗位和职员等级，并在原政务处分决定公布范围内为其恢复名誉。没收、追缴财物错误的，应当依法予以返还、赔偿。

公职人员因有本法第五十七条、第五十八条规定的情形被撤销政务处分或者减轻政务处分的，应当对其薪酬待遇受到的损失予以补偿。

13 如何认定以借为名的索贿？

✓ 主旨提示

这是一起以借为名行索贿之实的案件。

案情回顾

张某，2008年至2019年间任A市某区区委书记。其间，张某为该市甲房地产公司在项目开发、资产购买、规费缓缴等方面给予了很多关照。2012年底，张某向甲房地产公司负责人孙某提出其子张小某要投资某项目，向其借750万元。因为张某多次帮过孙某的忙，孙某想将来遇到事情还要请张某帮忙，于是就答应了。事后，对借款750万元的事双方再没有谈起。直到张某听说省纪委正在对其进行调查（实际上，当时省纪委还未决定对其进行纪律审查），便安排张小某到甲公司补打了750万元的借条。

办案过程

2020年2月，张某因严重违纪违法涉嫌受贿犯罪被纪检监察机关立案审查调查，并被采取留置措施；

2020年7月，张某被开除党籍、开除公职，并被移送检察机关审查起诉；

2020年9月，检察机关以张某涉嫌受贿罪向人民法院提起公诉；

2020年11月，人民法院以犯受贿罪，判处张某有期徒刑十二年。

难点解析

◎张某向孙某借的750万元，究竟是借款还是索贿？

根据刑法规定，国家工作人员利用职务上的便利，索取他人财物的，或者非法收受他人财物，为他人谋取利益的，是受贿罪。根据最高人民法院《全国法院审理经济犯罪案件工作座谈会纪要》规定，国家工作人员利用职务上的便利，以借为名向他人索取财物，或者非法收受财物为他人谋取利益的，应当认定为受贿。本案中，关于如何认定张某安排其子张小某从甲公司借款750万元的性质，不仅要看是否打了借条，而且还要综合考虑出借方是否要求国家工作人员利用职务上的便利为其谋取利益、借款后是否有归还的意思表示及行为等多种因素进行认定。

首先，张某安排其子张小某从甲公司借款750万元利用了张某的职务便利。张某作为区委书记，多次帮过甲公司的忙，孙某想将来遇到事情还要请张某帮忙，所以才把750万元借给了张某。而且750万元并非一笔小数目，如果没有区委书记的身份，孙某未必会借给张某。所以，孙某借750万元给张某，具有要求张某利用职务便利为其谋取利益的动机。

其次,张某借款后既没有归还的意思表示,也没有归还的行为。所以,可以认为张某是以借为名,主观上具有非法占有750万元的故意。

再次,张小某补打借条的时间与常规做法不符。按照民间借贷的一般规则,借款人会在取走借款的同时打借条。而本案中,张小某是事隔多年后才补打的借条。该补打借条的行为,未必是为了还款,而是因为张某听说省纪委在对其进行调查。可见,补打借条约定该750万元为借款,很可能是为了订立攻守同盟,对抗组织调查。所以,不能认定该750万元为普通的民间借贷。

综上所述,张某安排其子张小某从甲公司借款750万元,应该认定为贿赂款,而非借款。

◎应如何判断以借为名的索贿?

判断借款还是索贿,我们要根据具体案情审查行贿人与受贿人之间的真实合意,而不能仅仅看是否有书面借款手续。根据有关司法解释,应当根据以下因素综合判定:有无正当、合理的借款事由;款项的去向;双方平时关系如何、有无经济往来;出借方是否要求国家工作人员利用职务上的便利为其谋取利益;借款后是否有归还的意思表示及行为;是否有归还的能力;未归还的原因;等等。

对发生于国家工作人员与社会企业主、个体经营者之间的所谓借款行为,要结合双方的工作情况予以详细查证。如果出借人系企业主、个体经营者,而借款人系国家工作人员,且出借人曾在借款人的相应职权范围内从事过有关经营活动，则借款关系的实质情况有待结合其他证据予以进一步查证。对发生的大额借款关系，借款双方关系是否密切，双方相互之间是否有过借款行为，借款发生前后是否发生了相应的履职行为，这些都是审查与认定时应予关注的重点。

虽然不能仅凭书面借款手续区分合法借款与受贿犯罪，但是没有书面借款的，结合案件具体情况系受贿的可能性更大。因为正常的民事借贷尤其是金额较高的借款，一般都会采取书面协议的形式，记载有借款双方名称、借款金额、约定利息及还款期限等要素的借条不可或缺。对没有借条的所谓借款关系，要收集、甄别相关证据认定这种借款的真实性，重点是审查认定借款双方的言词证据，并综合其他方面的要素予以综合性的判断。应该有借款手续而没有借贷手续，或者借贷手续也是虚假的，出借方不敢或不愿追偿，通常可以认定借方具有不归还的故意；如果有借贷手续，还要看账目上是否有反映，如果注明当事人借款挂在往来账上，就不能认定索贿；如果没有注明，而以假工资单、假发票等冲抵了这部分资金，这就较为清楚地说明投资方已不要当事人还款，而当事人又没有明确提出还款的问题，这种情况可以认定为有索贿的意图。

借款的用途是真实存在还是虚构，是用于弥补一时的资金短缺还是放作闲置抑或投资生息，是借款人本人支配使用还是给其他特定关系人，均是判断借款用途是否真实合理的重要情节要素。如果借款人并不缺少资金，而以借为名用于购买房屋等大宗投资，或者将借款给其有关的特定关系人购房或者投资，并且出借人对此均主观明知,该借款的真实性显然存疑。

此外,判断借款还是索贿,还要看有无还款行为、催款行为。对有无还款行为不能机械认定,要充分考虑到还款行为的发生时间,系全额还是部分还款,已还款项占全部借款的比例等客观情况。如果借贷时间较长,"借方"有能力偿还而故意拖延不偿还的,可以认定为无归还意图;如果"借贷"数额巨大,"借方"家庭正当的经济来源不足以满足偿还需要的,可以视为无归还能力。仅归还少量借款的,并不能表明借款人有全部归还借款的真实意思表示。即使全部归还借款的,如果归还时间系在有关组织正在调查的过程中,其还款的真实意图也有待进一步结合其他证据进行研判。正常的借款关系中,如果借款人逾期未还款的,出借人往往会以电话、短信、微信等形式或者当面催要。如果出借人从未催要,则需要结合出借人的证言分析判断该借款的真实性与否。

◎**张某在省纪委尚未决定对其进行纪律审查时安排张小某到甲公司补打 750 万元借条的行为,是否属于对抗组织审查行为?**

根据《党纪处分条例》第五十六条的规定,对抗组织审查,有下列行为之一的,给予警告或者严重警告处分;情节较重的,给予撤销党内职务或者留党察看处分;情节严重的,给予开除党籍处分:一是串供或者伪造、销毁、转移、隐匿证据的;二是阻止他人揭发检举、提供证据材料的;三是包庇同案人员的;四是向组织提供虚假情况,掩盖事实的;五是有其他对抗组织审查行为的。

执纪实践中，有观点认为，对抗组织审查行为必须发生在组织决定审查后才能认定，即审查程序已经启动才存在"对抗"的问题。如组织决定初步核实后，被审查人察觉并与相关行贿人串供、转移赃款，才能认定为对抗组织审查行为。对此，中央纪委案件审理室在中央纪委网站以回复选登的形式指出，对抗组织审查行为，既可以发生在组织决定审查后，也可以发生在违纪行为实施后、组织决定审查前。如被审查人在收受他人钱款后，为防备日后可能被组织查处，与送钱人签订了虚假的借款协议，这种行为也属于对抗组织审查。

本案中，虽然省纪委还未决定对张某进行纪律审查，但张某是因为听说省纪委正在对其进行调查，才安排张小某到甲公司补打了750万元借条，其目的在于掩盖索贿的事实、对抗组织审查，这种行为属于对抗组织审查行为。

◎查办借贷型贿赂犯罪应如何收集证据？

贿赂犯罪的本质是受贿人利用职务便利为行贿人谋取利益而进行的权钱交易。在取证工作中，除调取受贿人职权相关的主体材料，还应聚焦双方实际业务往来情况，调取有关业务合同及内部审批材料，还原受贿人在其中的履职过程，从而发现可能存在的请托事项。另外，要注重理清行贿人业务进程中的各时间节点，分析借贷时机与业务事项发生时间的契合度，同时关注受贿人职权内容的变化。

贿赂类犯罪案件的查办对口供有较强的依赖性，所以在谈话取证时，要深挖细节丰富言词证据。如果案发之前，行受贿双方可能已形成攻守同盟，对于财物往来的供述均趋向于为借贷关系。此时，我们要从行受贿双方言语中挖掘借贷的细节，除核查双方关于借贷事由、归还计划、商议过程的供述是否稳定一致外，还要通过双方此前交往情况及经济往来情况分析借贷的合理性及必要性，要掌握"借方"有无归还的意思表示及实际行为、未归还的原因及归还能力，摸清"出借方"的心理诉求、有无催还行为等情形，在全面记录细节的基础上综合研判，还原真实的情形和双方主观心态。还要通过询问行受贿双方的家人、朋友、合作伙伴等相关人员，对双方的处事风格、日常交往及经济背景等情况进行整体了解，从侧面对借贷行为的真实性进行判断，进而明晰利益输送的本质。

通常情况下，我们还要通过调取银行交易明细查清"借款"去向，判断与行为人供述的借款事由是否吻合，考察其是否采用掩盖真实来源的方式进行钱款转移，并可通过后续钱款交易情况判断有无真实的还款行为或意思表示，以此佐证借贷关系是否正常。针对部分行为人提出的订立借据或设置担保的情况，应及时调取书面或电子凭证，通过调取通信记录、聊天记录、存储记录等方式确定文件的真实形成时间及制作过程，并注意收集行为人为逃避查处而制造的再生证据，结合供述确定借贷关系是否真实。实践中，一些行为人在听到办案机关对其查处的风声后谋划制作假借条，甚至予以录音。办案机关要抓住这些欲盖弥彰的行为，充分收集实物证据，发现供证不符之处，通过侧面印证使之成为定案的有力依据。

知识扩展

◎关于借用管理和服务对象钱物行为与受贿罪的区别

借用管理和服务对象钱物的行为,是指党和国家机关、国有企业、事业单位、人民团体、基层群众性自治组织中从事公务活动的党员借用管理和服务对象的钱物,影响公正执行公务,情节较重的行为。

借用管理服务对象钱物行为的客观方面,主要表现为行为人借用管理和服务对象的钱款、住房、车辆等,影响公正执行公务,情节较重;而受贿罪的客观方面主要表现为行为人利用职务便利索取他人财物,或者非法收受他人财物,为他人谋取利益。借用管理服务对象钱物行为是借用或者借贷关系,而受贿罪是纯收受行为。借用管理服务对象钱物行为只要影响公正执行公务的情况达到较重程度就可以认定,而受贿罪则需要为他人谋取利益。

◎关于以借为名受贿的认定

实践中,一些党员领导干部利用职务上的便利,为个人谋取利益,以向个人借款为"幌子",实为收受对方财物。对此类行为应按受贿性质认定,而不只是按违反廉洁纪律认定。具体认定时,不能仅仅看是否有书面借款手续,还应根据以下因素综合判定:有无正当、合理的借款事由;款项的去向;双方平时关系如何、有无经济往来;出借方是否要求党员领导干部利用职务上的便利为其谋取利益;借款后是否有归还的意思表示及行为;是否有归还的能力;未归还的原因;等等。

纪法依据

1.《中国共产党纪律处分条例》第九十条

借用管理和服务对象的钱款、住房、车辆等，影响公正执行公务，情节较重的，给予警告或者严重警告处分；情节严重的，给予撤销党内职务、留党察看或者开除党籍处分。

通过民间借贷等金融活动获取大额回报，影响公正执行公务的，依照前款规定处理。

2.《中华人民共和国刑法》第三百八十五条

国家工作人员利用职务上的便利，索取他人财物的，或者非法收受他人财物，为他人谋取利益的，是受贿罪。

国家工作人员在经济往来中，违反国家规定，收受各种名义的回扣、手续费，归个人所有的，以受贿论处。

3. 最高人民法院《全国法院审理经济犯罪案件工作座谈会纪要》

三、关于受贿罪

（六）以借款为名索取或者非法收受财物行为的认定

国家工作人员利用职务上的便利，以借为名向他人索取财物，或者非法收受财物为他人谋取利益的，应当认定为受贿。具体认定时，不能仅仅看是否有书面借款手续，应当根据以下因素综合判定：(1) 有无正当、合理的借款事由；(2) 款项的去向；(3) 双方平时关系如何、有无经济往来；(4) 出借方是否要求国家工作人员利用职务上的便利为其谋取利益；(5) 借款后是否有归还的意思表示及行为；(6) 是否有归还的能力；(7) 未归还的原因；等等。

14 如何认定收受干股型受贿？

主旨提示

这是一起股权代持型干股受贿案。

案情回顾

司某，男，中共党员，2013年至2018年间担任甲市副市长，分管基础设施建设工作。2014年初，A勘察设计院送给司某20%的股份，由司某的亲戚林某代持。在司某的帮助下，从2014年至2016年间，A勘察设计院在甲市的项目合同金额达2亿多元。A勘察设计院向林某的账户共计支付人民币2000万元。

办案过程

2018年5月，司某因严重违纪违法涉嫌受贿犯罪被纪检监察机关立案审查调查，并被采取留置措施；

2018年10月，司某被开除党籍、开除公职，并被移送检察机关审查起诉；

2018年12月，检察机关以司某涉嫌受贿罪向人民法院提起公诉；

2019年1月，一审法院以司某犯受贿罪，判处其有期徒刑十二年；

2019年4月，二审法院作出终审裁定：驳回上诉，维持原判。

难点解析

◎司某的行为是违规从事营利活动还是受贿？

违规从事营利活动，是指违反国家规定，独立或以合股等方式经商、办企业，或者违反规定拥有上市公司股票，或者从事有偿中介活动等行为。行为人虽然违规，但是实际投入了资金、技术、劳动力、知识产权等生产要素参与经营或管理，体现的是投入生产要素、产出经济效益。本案中，司某并未向A勘察设计院投入生产要素或参与经营管理，而是直接收受A勘察设计院所送的20%干股，所以司某的行为不属于《党纪处分条例》规定的违规从事营利活动行为。

A勘察设计院采取向司某赠送干股的形式，违背公平、公正原则，在经济活动中谋取竞争优势，是在谋取不正当利益。司某收受A勘察设计院所送的干股，并利用自己分管基础设施建设工作的副市长的职务便利帮助其在甲市签订项目合同的金额达2亿多元，这属于国家工作人员利用职务上的便利，非法收受他人财物，为他人谋取利益的行为，符合刑法关于受贿罪的规定，因此构成受贿罪。

◎司某的受贿数额是20%的股份还是2000万元的分红？

根据最高人民法院、最高人民检察院《关于办理受贿刑事案件适用法律若干问题的意见》（以下简称《意见》）规定，干股是指未出资而获得的股份。国家工作人员利用职务上的便利为请托人谋取利益，收受请托人提供的干股的，以受贿论处。

《意见》规定，进行了股权转让登记，或者相关证据证明股份发生了实际转让的，受贿数额按转让行为时股份价值计算，所分红利按受贿孳息处理。股份未实际转让，以股份分红名义获取利益的，按实际获利认定受贿数额。当国家工作人员收受的是"空壳公司"股份时，该股份无价值，只是当给国家工作人员输送利益时，便以分红为名给予其钱款，或者约定国家工作人员退休或转岗后，再将约定干股由"空"变"实"，按注册资本对应股比兑现股份价值，实现贿赂目的。

对于借"空壳公司"收受"约定干股"情形，国家工作人员主观上明知受贿对象是干股对应的财产性利益，客观上如有找人代持等行为，则可以认定为受贿，将来受贿结果是否实现则属于犯罪形态问题。如果国家工作人员受贿时确实不知道该干股为"空壳公司"股份，主观上认为该股份有对应价值，客观上有积极接受该干股的行为，则可以认定为受贿；其后股份价值无法实现，属于对象不能的认识错误，影响的是犯罪形态的认定。但是，当国家工作人员的主观上不具备犯意或者客观上收受干股行为不明确时，则不宜认定为受贿。比如，有证据证明国家工作人员主观上已事先知道该干股系"空壳公司"股份，也知道行贿人并非真想送其财物，但出于感情等其他非财产性利益原因仍为行贿人提供帮助，则不宜认定为受贿。

本案中，A 勘察设计院送给司某 20% 的股份，由司某的亲戚林某代持，已经进行了股权转让登记，该 20% 的股份转让时所对应的价值属于司某的受贿数额。如果 A 勘察设计院向林某的账户支付的人民币 2000 万元确实为该 20% 的股份所对应的分红，那么该分红要按受贿孳息处理。但是，如果 2000 万元并非 20% 的股份所对应的分红或者 20% 的股份本无价值，就是为了给司某送分红才给了其干股，那么这 2000 万元就属于司某的受贿数额。

◎ 司某受贿是既遂还是未遂？

股权是否实际转让，是认定干股型受贿犯罪形态的重要依据，判断既遂与未遂的关键，在于收受干股的国家工作人员对该干股是否具有控制力。

如果未进行股权转让登记，以口头或书面协议由他人代持，应视代持人身份以区别判断国家工作人员对该干股的控制力。若代持人为国家工作人员的特定关系人或指定人，所收干股明确有实际股份价值，并有实际使用、转让等控制行为，则可认定为既遂，口头协议还是书面协议形式不影响认定。若代持人系行贿方或其指定的人，有口头或书面协议代持，并明确干股数额，属于受贿犯罪的着手实施，如有转让等控制行为，可以认定既遂。但如果只是口头约定，也没有明确送予的干股数额，在没有其他证据证明国家工作人员对干股有控制力的情况下，则不宜认定为受贿。在已进行股权转让登记、但由他人代持的情况下，若代持人系受贿方的特定关系人或其指定的人，则视为受贿人有足够控制力，可以认定既遂。若代持人系行贿方，或行贿方指定的人，其最终能否实现股权价值尚处于不确定之中，客观上受贿人对干股的控制权存疑，此时如有分红、转让或兑现等控制行为，可认定既遂；但若只有"转让登记"等收受干股的着手实施行为，则属于受贿未遂。

本案中，A 勘察设计院送给司某 20% 的股份，已经进行了股权转让登记，由司某的亲戚林某代持，应当认为司某对该干股有足够的控制力，因此司某属于受贿既遂。

◎如果行受贿双方以合作名义成立公司，约定受贿的国家工作人员占股比例，并由行贿人代为出资，其后公司实际成立经营。该情形应认定为"干股型受贿"，还是"代为出资"？

《意见》第三条规定，国家工作人员利用职务上的便利为请托人谋取利益，由请托人出资，"合作"开办公司或者进行其他"合作"投资的，以受贿论处。受贿数额为请托人给国家工作人员的出资额。国家工作人员利用职务上的便利为请托人谋取利益，以合作开办公司或者其他合作投资的名义获取"利润"，没有实际出资和参与管理、经营的，以受贿论处。这条就是实务中所说的"合作投资型"受贿。该条分为两款，第一款是"代为出资型"受贿，系由请托人实际出资，只不过以国家工作人员的名义，这与直接收受财物没有本质上的区别，因此受贿数额为请托人给国家工作人员的出资额，所获利润认定为犯罪孳息。第二款是"直接获利型"受贿，国家工作人员参与合作投资、没有实际出资、没有参与管理经营却获得经营"利润"，本质上相当于直接收受了"利润"。

如果行受贿双方以合作名义成立公司，约定受贿的国家工作人员占股比例,并由行贿人代为出资,其后公司实际成立经营。在认缴制的注册资本制度下,如果以"代为出资"认定,行贿人可能未实际出资到位或抽逃出资,容易给行受贿双方留下规避调查的空间。若以"干股型受贿"认定,当证据足以证明国家工作人员未出资而登记受让或实际获得股份时,即可以受贿论处。

知识扩展

◎关于合作投资型受贿的理解

合作投资型受贿主要有两种形式,收受出资型和收受利润型。无论何种形式,在认定受贿时都需同时具备两个要件,其一是未实际出资,其二是未参与经营管理。在不符合两者之一的情况下一般排除受贿罪的认定,一是有真实出资(不限于货币形式),而非请托人垫资或其他形式的"空手套白狼";二是确实参与了经营管理,付出了实际劳动或服务,某种情况下经营管理行为亦可成为一种出资方式,其获得利润具有一定的正当性,一般不作受贿处理。

但是,并非只要实际出资就一定不构成犯罪,有下列情形之一的仍可能涉嫌受贿罪:一是公司实际经营并盈利的情况下,给国家工作人员分配的利润超出其应得收益;二是公司本身没有实际经营或盈利的情况下,仍给国家工作人员分配利润;三是公司本身没有实际经营或盈利的情况下,国家工作人员仍然向公司索取利润;四是公司同期未给其他股东分配利润的情况下,只给国家工作人员分配利润。

◎关于违规从事营利活动行为与合作投资型受贿的区分

《党纪处分条例》规定的违规从事营利活动行为，是指党和国家机关、国有企业、事业单位、人民团体、基层群众性自治组织中从事公务活动的党员违反有关规定，从事直接经营、入股分成、兼职取酬以及其他非正常方式获利等营利活动的行为。

党员干部违规从事营利活动行为可分为正常经营行为与非正常经营行为。正常经营行为，指在经营活动中有实际出资或参与经营管理，承担投资风险，分得利润正当合理的情况，此时结合身份一般定性为违规从事营利活动，不以利用职务之便为要件，若利用职务之便，所分利润超出应得收益，则可能构成受贿。非正常经营行为，指实由他人出资或自己象征性出资，不参与经营管理，不承担经营风险，坐享收益的情况，也就是假投资假合作，涉嫌合作投资型受贿，这种情况必然要利用职务之便。违规从事营利活动行为与合作投资型受贿的根本区别在于收益与付出的对价性，所获收益依赖于实际出资还是职权地位，如果是实际出资之对价，只要回报与投资基本成比例，则构成违纪；如果是职权地位之对价，则涉嫌受贿犯罪。

纪法依据

1.《中国共产党纪律处分条例》第九十四条

违反有关规定从事营利活动，有下列行为之一，情节较轻的，给予警告或者严重警告处分；情节较重的，给予撤销党内职务或者留党察看处分；情节严重的，给予开除党籍处分：

（一）经商办企业的；

（二）拥有非上市公司（企业）的股份或者证券的；

（三）买卖股票或者进行其他证券投资的；

（四）从事有偿中介活动的；

（五）在国（境）外注册公司或者投资入股的；

（六）有其他违反有关规定从事营利活动的。

利用参与企业重组改制、定向增发、兼并投资、土地使用权出让等决策、审批过程中掌握的信息买卖股票，利用职权或者职务上的影响通过购买信托产品、基金等方式非正常获利的，依照前款规定处理。

违反有关规定在经济组织、社会组织等单位中兼职，或者经批准兼职但获取薪酬、奖金、津贴等额外利益的，依照第一款规定处理。

2. 最高人民法院、最高人民检察院《关于办理受贿刑事案件适用法律若干问题的意见》

二、关于收受干股问题

干股是指未出资而获得的股份。国家工作人员利用职务上的便利为请托人谋取利益，收受请托人提供的干股的，以受贿论处。进行了股权转让登记，或者相关证据证明股份发生了实际转让的，受贿数额按转让行为时股份价值计算，所分红利按受贿孳息处理。股份未实际转让，以股份分红名义获取利益的，实际获利数额应当认定为受贿数额。

3. 最高人民法院、最高人民检察院《关于办理受贿刑事案件适用法律若干问题的意见》

三、关于以开办公司等合作投资名义收受贿赂问题

国家工作人员利用职务上的便利为请托人谋取利益，由请托人出资，"合作"开办公司或者进行其他"合作"投资的，以受贿论处。受贿数额为请托人给国家工作人员的出资额。

国家工作人员利用职务上的便利为请托人谋取利益，以合作开办公司或者其他合作投资的名义获取"利润"，没有实际出资和参与管理、经营的，以受贿论处。

15 只收钱没办事，构成受贿罪吗？

主旨提示

这是一起一审判决有罪，二审判决无罪的案件。

案情回顾

代某，中共党员，甲市人防办工程建设管理科原科长。

A房地产开发有限公司（以下简称A房地产公司）在甲市建设的住宅小区于2012年7月竣工。该小区在修建以及竣工前，没有办理新建民用建筑修建防空地下室行政审批手续。甲市人防办于2012年11月5日下达《关于办理新建民用建筑修建防空地下室行政审批手续的通知》，要求A房地产公司在七日内办理新建民用建筑修建防空地下室行政审批手续。2013年1月16日，A房地产公司以"按照规定应当修建防空地下室的面积只占地面建筑底层的局部，且结构和基础处理困难"为由，申请缴纳防空地下室易地建设费。经代某办理，2013年1月22日，市人防办作出批复，载明鉴于该项目属于清查项目，经研究并请示省办领导，同意A房地产公司按每平方米15元的原标准缴纳易地建设费,缴费面积为26820.74平方米,应缴纳402311.1元。2013年1月28日,市人防办同意A房地产公司缴纳易地建设费。2013年1月,A房地产公司为感谢代某在办理缴纳防空地下室易地建设费过程中的帮助,给予其人民币2万元。

办案过程

2018年8月,代某因严重违纪违法涉嫌受贿犯罪被纪检监察机关立案审查调查;

2019年1月,代某被开除党籍、开除公职,并被移送检察机关审查起诉;

2019年3月,检察机关以代某涉嫌受贿罪向人民法院提起公诉;

2019年5月,一审人民法院判决代某犯受贿罪,判处其有期徒刑六个月,并处罚金人民币10万元;

2019年8月,二审法院撤销一审判决,判决代某无罪。

难点解析

◎代某是否构成受贿罪?

根据最高人民检察院《关于人民检察院直接受理立案侦查案件立案标准的规定(试行)》规定,索取他人财物的,不论是否"为他人谋取利益",均可构成受贿罪。非法收受他人财物的,必须同时具备"为他人谋取利益"的条件,才能构成受贿罪。但是,为他人谋取的利益是否正当,为他人谋取的利益是否实现，不影响受贿罪的认定。

本案中，代某收受 A 房地产公司人民币 2 万元，是 A 房地产公司主动送的，不是代某向其索取的，其必须为 A 房地产公司谋取利益，才能构成受贿罪。且根据该省人防办有关批复，对 A 房地产公司所建小区项目收取人防易地建设费，应按实际开工建设时的标准执行，即每平方米 15 元。所以，对 A 房地产公司所建小区项目按照每平方米 15 元收取人防易地建设费，符合规定。所以，代某没有为他人谋取不正当利益，其行为不构成受贿罪。

◎代某的行为违纪吗？

代某的行为构成《党纪处分条例》规定的收受可能影响公正执行公务的财物行为。该行为是指党和国家机关、国有企业、事业单位、人民团体、基层群众性自治组织中从事公务活动的党员收受管理服务对象的财物或者收受明显超出正常礼尚往来的财物行为。该违纪行为的客观方面表现为：收受财物，包括礼品、礼金、消费卡和有价证券、股权、其他金融产品等。可能影响公正执行公务，一是收受管理对象和服务对象的财物，如具有隶属、制约关系的人员的财物；二是收受明显超出正常礼尚往来的财物，如收受他人价值上百万元的奢侈品、股权等。收受的财物达到可能影响公正执行公务的程度，如果是上下级之间、同事之间、亲戚朋友之间的正常礼尚往来就不符合本违纪的客观要件。情节较轻，即本违纪行为不需要较重的后果和影响，只要实施上述行为，一般即可认定违纪。

代某作为人防办工程建设管理科科长，与 A 房地产公司之间有管理服务关系，其收受 A 房地产公司 2 万元的行为可能影响其公正执行公务，所以代某的行为构成收受可能影响公正执行公务的财物的行为。根据《党纪处分条例》第八十八条第一款规定，收受可能影响公正执行公务的礼品、礼金、消费卡和有价证券、股权、其他金融产品等财物，情节较轻的，给予警告或者严重警告处分；情节较重的，给予撤销党内职务或者留党察看处分；情节严重的，给予开除党籍处分。根据《政务处分法》的相关规定，收受可能影响公正行使公权力的礼品、礼金、有价证券等财物的，予以警告、记过或者记大过；情节较重的，予以降级或者撤职；情节严重的，予以开除。

◎收受可能影响公正执行公务的财物行为与受贿罪有什么不同？

一是主体不同。收受可能影响公正执行公务的财物行为的主体只包括在党和国家机关、国有企业、事业单位、人民团体、基层群众性自治组织中从事公务活动的党员；受贿罪的主体除上述人员外，还包括在上述单位工作的其他非中共党员身份的人员。二是客观方面不同。收受可能影响公正执行公务的财物行为的客观方面主要表现为行为人明知收取财物行为可能影响公正执行公务，仍持放任态度，收受管理服务对象或者明显超出正常礼尚往来的财物，同时，赠送人没有明确请托事项。受贿罪的客观方面主要表现为行为人利用职务上的便利索取他人财物，或者非法收受他人财物，为他人谋取利益，具有相对明确的请托事项。

本案中，A 房地产公司在给予代某 2 万元时，缴纳防空地下室易地建设费的事务已经办理完成，已经没有明确请托事项了，但是代某应该知道，收受 A 房地产公司 2 万元的行为可能影响以后的公正执行公务。所以，代某构成《党纪处分条例》规定的收受可能影响公正执行公务的财物行为。

◎只收钱没办事，是否不构成犯罪？

对于只收钱没办事是否构成犯罪，关键在于国家工作人员是否明知行贿人有具体请托事项，至于国家工作人员是否真心帮助请托人去实现利益，不影响受贿犯罪的成立。"明知"一般分为两种情形，一种是请托人明确告知具体请托事项，另一种是国家工作人员基于客观情况，能够判断出行贿人的具体请托事项。比如，某单位正准备提拔年轻干部，而行贿人在候选名单中，此时即使行贿人没有明确告知请托事项，请托人也应该判断出来。对于只收钱没办成事的情形，应重点考察行贿人和受贿人关于具体请托事项的交流以及其他客观情况，以此判断国家工作人员对请托事项的主观认识，据此认定是否构成受贿犯罪。

没有具体请托事项的"感情投资"原则上不属于受贿。因为刑法规定受贿罪以谋利作为构成要件，并已经作了扩张性解释，如果再将无具体谋利事项的"感情投资"认定为受贿，不仅造成受贿认定扩大化的问题，还会违背罪刑法定原则。有些管理对象暂时没有具体请托事项，但为了与国家工作人员搞好关系，长期小额馈赠，直至案发，也没有提出具体请托事项。如果没有具体请托事项，仅是为了将来可能需要国家工作人员帮忙的"感情投资"，或是与国家工作人员职权无关的经济往来，比如专业知识咨询等，则不能认定为受贿。

知识扩展

◎关于"感情投资"型受贿的条件

根据相关司法解释，构成"感情投资"型受贿，必须满足三个条件：一是索取、收受财物的对象是具有上下级关系的下属或者具有行政管理关系的被管理人；二是索取、收受的财物价值3万元以上；三是可能影响职权行使。

◎关于"感情投资"型贿赂的方式

"感情投资"型贿赂的常见方式有：一是慰问祝贺型，常发生在传统节日、婚丧嫁娶、生日、晋升等时机；二是资助型，主要发生在国家工作人员遇到生活困难时；三是酬劳型，比如下级单位为上级领导发放"指导津贴""辛苦费"；四是娱乐型，在带彩娱乐活动中故意输钱等。实践中，判断是正常"人情往来"还是"感情投资"，可以从送礼目的与动机、送方和收方的人情往来关系、礼物礼金的价值大小等角度进行取证。

◎关于"感情投资"型受贿与收受可能影响公正执行公务的财物行为的区分

"感情投资"型受贿与《党纪处分条例》中的收受可能影响公正执行公务的财物行为具有较高的相似性，二者具有以下共同点：一是在主体上，"感情投资"型受贿与收受可能影响公正执行公务的财物行为在"国家工作人员"的主体身份上存在重合，即收受可能影响公正执行公务的财物行为的主体相当一部分是"国家工作人员"，但又不限于"国家工作人员"；二是在请托事项上,"感情投资"型受贿与收受可能影响公正执行公务的财物行为均没有具体的请托事项,也无具体谋利事项;三是二者都侵犯了公职人员的职务廉洁性。

在具体认定时,应该注意:在收受的数额上,对于数额没有超过3万元,也没有请托事项,行为人没有利用职务便利为对方谋取利益的,如果收受的是管理服务对象或下属财物,在非正常人情往来情况下,应当认定为违规收受可能影响公正执行公务的财物行为。对于数额超过3万元的情形,如收受财物的对象是管理服务对象或下属且同时可能影响职权行使的,则应认定为"感情投资"型受贿;如不是管理服务对象或下属,且收送的行为与行为人的职权行使无关,也不属于正常礼尚往来,则可以认定为收受可能影响公正执行公务的财物行为。

纪法依据

最高人民法院《全国法院审理经济犯罪案件工作座谈会纪要》
三、关于受贿罪
(二)"为他人谋取利益"的认定
为他人谋取利益包括承诺、实施和实现三个阶段的行为。只要具有其中一个阶段的行为,如国家工作人员收受他人财物时,根据他人提出的具体请托事项,承诺为他人谋取利益的,就具备了为他人谋取利益的要件。明知他人有具体请托事项而收受其财物的,视为承诺为他人谋取利益。

16 收受钱款 11 万元，该案为什么被撤销？

主旨提示

这是一起立案后又被撤销的案件。

案情回顾

胡某，中共党员，中国工商银行 A 支行（以下简称工行 A 支行）行长。

2015 年春节后，胡某在家中收受某房地产开发有限公司董事长王某所送现金 7 万元。同年 6 月，胡某在办公室交给工行 A 支行工作人员李某现金 7 万元，让李某交纳王某在工行 A 支行所欠贷款的利息。2017 年 7 月，胡某在办公室收受王某所送现金 2 万元；2018 年 4 月，收受王某现金 2 万元。2018 年 6 月，胡某分两次交给工行 A 支行工作人员李某现金 4 万元，让李某交纳王某在工行 A 支行所欠贷款的利息。2019 年 2 月，有群众向纪检监察机关举报胡某收受王某贿赂。

办案过程

2019年3月,纪检监察机关对胡某收受王某贿赂问题线索进行初步核实;

2019年5月,胡某因涉嫌受贿犯罪被纪检监察机关立案审查调查;

2019年11月,因没有证据证明胡某存在违纪违法犯罪行为,该案被依法撤销。

难点解析

◎该案为什么会被撤销?

根据《意见》规定,国家工作人员收受请托人财物后及时退还或者上交的,不是受贿。国家工作人员受贿后,因自身或者与其受贿有关联的人、事被查处,为掩饰犯罪而退还或者上交的,不影响认定受贿罪。

胡某分三次收受王某所送现金11万元,其间胡某又将上述款项用于交纳王某贷款所欠工行A支行的利息。第一笔补交利息7万元,距王某送钱时间约4个月,第二次王某送钱距补缴利息时间为一年,第三次送钱距补缴利息时间为两个月。胡某补交利息的行为,均是其上级部门和司法机关没有察觉情况下的主动作为。所以,我们可以认定胡某主观上不具有非法占有该款的主观故意,胡某将该款为王某垫交贷款利息的行为是以妥当、妥善的方式退回了行贿款,不应以犯罪处理,也不构成违纪违法行为,所以该案被依法撤销。

◎如何判定退还或上交是否及时？

《意见》规定，国家工作人员收受请托人财物后及时退还或者上交的，不是受贿，其目的是将虽然客观上实施了收受他人财物，但主观上不具备受贿意愿的行为排除于刑罚之外。比如，请托人强行留下财物后即离开，或者行为人不清楚请托人给予财物的价值，事后才发现财物贵重，等等。这种情形下，由于行为人不具备主观受贿故意，根据刑法主客观相统一原则，不能认定为受贿犯罪。与此同时，为了防止放纵主观具有受贿意愿，后因自身或关联人员被查而掩饰犯罪退还财物的行为，司法解释又从反面作出规定，堵塞了法律适用中可能出现的漏洞。

判断退还或者上交的行为是否及时，关键不在于时间长短，而在于行为人对受贿行为的真实主观意愿。把握收受财物后退还、上交行为罪与非罪的标准，我们可以结合以下几个因素，一并判断行为人收受财物时的主观意愿：一是退还时间。一般而言，退还时间越早，距离案发时间越久，越能说明其不具备受贿意愿，比如收受财物后一两天之内将财物退还，这足以推定行为人主观上缺乏受贿故意。二是收受财物时的态度。如果行为人明确表示拒收，收受财物后积极联系请托人，表达退还意思或有退还行为等，则可以认定其没有受贿故意。三是行为人退还、上交时的心理状态是主动选择，还是迫不得已而为之。如果行为人退还财物是主动的、真心的，即使有担心被查处等因素，也可不认定为受贿犯罪，如果行为人收受了多名请托人财物，但仅将一人财物退还，此时退还的动因中，不信任请托人或担心被查处或感觉无法"办成事"的比重就更大，其退还行为具有一定的被动性和侥幸性，应考虑认定为受贿既遂后的退赃。四是财物数额、谋利事项是否完成等情况。如果收受的财物数额属于司法解释规定中的"特别巨大"，退还或上交的时间距收受的时间又较长，则在从宽处理时需要谨慎对待，如果行为人已经为请托人完成了谋利事项，所谋利益是不是非法利益，也应纳入考虑因素。除确实缺乏主观故意的情形外，只要行为人明知请托人有谋利事项，且实施了收受财物的行为，就已经构成受贿犯罪既遂，退赃情节仅作为量刑情节予以考虑。

◎纪检监察机关是否应对胡某立案审查调查？

报请立案应当具备两个条件：一是存在涉嫌违纪或者职务违法、职务犯罪的事实；二是需要追究纪律或者法律责任。

所谓"涉嫌"，主要是指相关证据表明存在违纪或者职务违法、职务犯罪事实，即已经掌握部分违纪或者职务违法、职务犯罪事实和证据。掌握事实和证据，必须是事实和证据同时具备，但可以不是全部事实或全部证据，掌握部分事实和部分证据即可立案，但掌握的事实和证据应该是对应的，即掌握的证据是证明该事实的材料，与该事实具有内在联系，不存在矛盾和疑问。这些证据材料能初步确认部分违纪或者职务违法、职务犯罪事实即可，不需要达到确实充分的程度。

立案所需的违纪或者职务违法、职务犯罪事实，主要是指初步查明的部分违纪或者职务违法、职务犯罪的事实，而不是全部违纪或者职务违法、职务犯罪的事实。因为初步核实阶段要确保安全、保密，有些措施不能使用，所以在初步核实阶段获取的违纪或者职务违法、职务犯罪事实大部分只能是相对清晰的事实，而不是证据确实充分、可以达到认定条件的事实。

一般而言，违纪违法行为达到了一定的严重程度，才需要追究纪律或者法律责任。决定立案时既要明确初步查实的涉案数额，也要查清犯罪的具体情节，将犯罪的数额和情节结合起来，对照涉嫌罪名的立案追诉标准，判断其是否构成犯罪。

本案在初步核实过程中，查出了胡某收受王某11万元的事实，该事实涉嫌违纪、职务违法甚至职务犯罪，并且需要追究纪律或者法律责任，虽然立案审查调查后发现胡某以代王某交纳所欠贷款利息的方式退还了钱款，但是纪检监察机关对其立案审查调查并没有错误。

◎**纪检监察机关在审查调查过程中，需要收集胡某无罪的证据吗？**

《监察法》第四十条第一款规定："监察机关对职务违法和职务犯罪案件，应当进行调查，收集被调查人有无违法犯罪以及情节轻重的证据，查明违法犯罪事实，形成相互印证、完整稳定的证据链。"纪检监察机关要通过调查取证不断获取证据、查明事实真相、准确认定性质、合理追究责任，既要收集被审查调查人有违法犯罪、情节重的证据，又要收集被审查调查人无违法犯罪、情节轻的证据。如果证据不扎实、不合法、不全面，轻则检察机关退回补充调查，影响惩治腐败的效率；重则被作为非法证据予以排除，影响案件的定罪量刑；特别是如果因为证据问题造成当事人权益被侵害、造成严重问题的，还可能予以国家赔偿。

比如本案中，调查部门围绕胡某收受王某贿赂问题取证时，如果只是注重收集了证明胡某有罪的证据，而没有注意收集证明胡某无罪或罪轻的证据，只是集中精力收集有利于调查认定的证据，而没有注意收集有利于被审查调查人的证据，就很可能认定胡某涉嫌受贿犯罪。那么，案件到司法阶段后，公诉机关或审判机关势必也会提出疑议，造成案件审查调查部门更大的被动。

调查中既收集有利于调查认定的证据，也收集有利于被调查人的证据，这两方面的要求是相一致、辩证统一的，都要统一于"形成相互印证、完整稳定的证据链"的要求中。一个问题据以认定的证据，如果调查结束后还能找出有利于被调查人的证据，那说明这个问题的证据链本身是不完整的，或者只是看起来完整但经不起推敲、是不稳定的；只有确保有利于调查认定、有利于被调查人的证据都穷尽了，确保能够"排除合理怀疑"了，才能说明这个问题的证据确实达到了"形成相互印证、完整稳定的证据链"的程度。

知识扩展

◎关于撤销案件的适用情形

《中国共产党纪律检查机关案件检查工作条例实施细则》第三十八条规定，经调查，属于检举失实的案件，报请立案机关批准后销案。《监察法》第四十五条第二款规定，监察机关经调查，对没有证据证明被调查人存在违法犯罪行为的，应当撤销案件。《政务处分法》第四十四条第（二）项规定，违法事实不能成立的，撤销案件。《监察法实施条例》第二百零六条进一步明确了应当依法撤销案件的两种情形：一是没有证据证明被调查人存在违法犯罪行为的，包括检举失实、完全查否、违法犯罪事实并非被调查人所为等案件。二是现有证据不足以证明被调查人存在违法犯罪行为的，属事实存疑案件，按照证据标准和有利于被调查人原则，也应予以撤销案件。

◎关于撤销案件的程序要求

调查部门和案件审理部门根据案件所在阶段和调查情况，均有权提出撤销案件的建议。

调查部门在调查阶段提出撤销案件的建议，一般应当履行以下程序：一是提出撤销意见。调查部门形成撤销案件的报告，主要列明立案事由及调查过程、查明的事实、撤销案件的具体理由和依据，填写《立（撤）案文书审批表》，并附《撤销案件决定书》。二是严格按照批准立案的审批权限进行报批。对拟撤销案件的，一般不需移送审理。对案情重大复杂、分歧较大，拟作撤案处理的案件，经监察机关主要负责人同意，可以适当方式交审理部门审核或征求其意见。三是送达、宣布《撤销案件决定书》，对已采取留置措施的案件，立即解除留置措施，并通知其所在机关、单位。四是按程序备案。《监察法实施条例》第二百零六条第一款设置了事后备案程序，省级以下监察机关撤销案件后，应当在七个工作日以内向上一级监察机关报送备案报告。上一级监察机关监督检查部门负责备案工作，实行归口管理。实践中，上一级监察机关可通过案例指导、调研评查、申诉复查等方式加强对下级监察机关撤销案件工作的指导。

案件审理部门在审理阶段也可以提出撤销案件的建议。根据《监察法实施条例》第一百九十七条第三款规定，调查部门未提出撤销案件建议，案件移送审理后，案件审理部门经审理认为现有证据不足以证明被调查人存在违法犯罪行为，且通过退回补充调查仍无法达到证明标准的，应当提出撤销案件的建议。此类情形也应按照程序提出撤销意见，并将审理报告提请监察机关集体审议后，向调查部门反馈结果，然后按前述立案审批权限报批。

《监察法实施条例》第二百零六条第五款还设置了撤销案件补救程序，规定撤销案件后又发现重要事实或者有充分证据，认为被调查人有违法犯罪事实需要追究法律责任的，应当重新立案调查。

纪法依据

1.《中国共产党纪律检查机关监督执纪工作规则》第三十七条

纪检监察机关经过初步核实，对党员、干部以及监察对象涉嫌违纪或者职务违法、职务犯罪，需要追究纪律或者法律责任的，应当立案审查调查。

凡报请批准立案的，应当已经掌握部分违纪或者职务违法、职务犯罪事实和证据，具备进行审查调查的条件。

2.《中国共产党纪律检查机关监督执纪工作规则》第四十六条第一款

纪检监察机关应当严格依规依纪依法收集、鉴别证据，做到全面、客观，形成相互印证、完整稳定的证据链。

3. 《中华人民共和国监察法》第四十条

监察机关对职务违法和职务犯罪案件，应当进行调查，收集被调查人有无违法犯罪以及情节轻重的证据，查明违法犯罪事实，形成相互印证、完整稳定的证据链。

严禁以威胁、引诱、欺骗及其他非法方式收集证据，严禁侮辱、打骂、虐待、体罚或者变相体罚被调查人和涉案人员。

17 如何区分单位受贿与受贿后用于公务？

✅ 主旨提示

这是一起乡政府工作人员受贿的案件。

📄 案情回顾

饶某，甲县A乡原党委书记，甲县原人民代表大会代表（被采取留置措施前，已辞去人大代表职务）。

2011年初，甲县A乡政府在发包第一批土地整理项目过程中，以资金困难为由与项目承包人鲍某商议让其在项目完成后以捐款的名义送给乡政府人民币20万元。事后鲍某将10万元汇入A乡政府账户，另外10万元以现金形式交给乡政府安全生产办公室主任兼党政办工作人员李某。时任A乡乡长的饶某将该20万元用于日常接待。

2015年，甲县A乡政府在发包第二批土地整理项目过程中，饶某以A乡政府资金困难为由与项目承包人鲍某商议让其在项目完成后以捐款的名义送给乡政府人民币43万元。2015年12月21日，鲍某按照饶某指示将人民币20万元汇入A乡政府账户用于该单位开支，还有 23 万元尚未支付。

2013 年、2014 年和 2016 年春节期间，饶某三次收受鲍某为感谢其在甲县 A 乡旧宅基地复垦和土地整理项目的招投标、项目推进、拨款审批中给予的帮助和关照而送的钱款共计人民币 10 万元。

2015 年 12 月间，饶某伙同李某收受鲍某人民币 20 万元，其中 2 万元给了李某，3 万元饶某用于个人生活开支，4 万元用于支付饶某的个人接待费用、购买土特产等，剩余用于旧宅基地复垦项目实施过程中的红包、香烟等开支。为感谢饶某对自己职务升迁的帮助，李某从收受的 2 万元中拿出 1 万元，分三次送给了饶某。

办案过程

2018 年 8 月，饶某因严重违纪违法涉嫌受贿犯罪被纪检监察机关立案审查调查，并被采取留置措施；

2019 年 1 月，饶某被开除党籍、开除公职，并被移送检察机关审查起诉；

2019 年 3 月，检察机关以饶某涉嫌受贿罪向人民法院提起公诉；

2019 年 5 月，一审人民法院判决饶某犯单位受贿罪，免予刑事处罚；犯受贿罪，判处其有期徒刑三年，并处罚金人民币 20 万元。

2019 年 8 月，二审法院撤销一审判决，判决饶某犯受贿罪，判处其有期徒刑二年，并处罚金人民币 20 万元。

难点解析

◎A 乡人民政府是否构成单位受贿罪？应如何区分受贿罪与单位受贿罪？

国家工作人员利用职务上的便利，索取他人财物的，或者非法收受他人财物，为他人谋取利益的，是受贿罪。国家机关、国有公司、企业、事业单位、人民团体，索取、非法收受他人财物，为他人谋取利益，情节严重的，是单位受贿罪。

单位受贿罪通常也是通过直接负责的主管人员和其他直接责任人员来实施的，很容易与受贿罪相混淆。两者的区别主要在于三点：一是主体不同。单位受贿罪的主体是单位，而且只能是国家机关、国有公司、企业、事业单位、人民团体等国有单位。受贿罪的主体是自然人，而且只能是具有国家工作人员身份或者以国家工作人员论的自然人。二是主观方面不同。单位受贿罪是在单位意志支配下，以单位名义实施的；受贿罪是国家工作人员在自己个人意志支配下，为谋取私利而进行的。如果是单位成员假借单位名义索取、收受他人财物，把财物占为己有的，则应按受贿罪处理。三是客观方面不同。受贿罪中索取他人财物的，不论是否"为他人谋取利益"，均可构成受贿罪；非法收受他人财物的，则必须同时具备"为他人谋取利益"的条件，才能构成受贿罪。在单位受贿罪中，无论是索取他人财物还是非法收受他人财物，都必须同时具备为他人谋取利益的条件。单位受贿罪中收受的他人财物，要归单位整体所有，即直接责任人员的行为为单位带来了非法利益；而受贿罪中收受的财物归受贿人个人占有。单位受贿罪中，不要求构成此罪的单位利用职务上的便利；而受贿罪中，要求构成此罪的国家工作人员具有"利用职务便利"的行为。单位受贿罪中要求具有"情节严重"的行为，且该"情节严重"是构成单位受贿罪的必要条件；而受贿罪的定罪中没有该情节的要求。

本案中，鲍某应 A 乡政府主要负责人要求以捐赠的名义多次送给 A 乡政府钱款总计人民币 63 万元（其中 23 万元尚未支付），该事实行为并未经过 A 乡政府领导班子集体研究决定，系时任 A 乡政府主要负责人的饶某私自代表单位的个人意志，不能认定系 A 乡政府的意志，其将受贿所得用于接待也未必是为单位带来了利益。所以，一审判决认定 A 乡政府构成单位受贿罪属定性错误。

◎受贿人将受贿所得用于公务接待等开支的钱款是否应该从受贿所得中扣减？

在受贿行为中，有时行为人将部分受贿所得用于公务开支、送礼、宴请等事项，行为人往往据此辩称其个人没有占有相关财物，不应构成受贿。

实践中，对受贿后将部分财物用于公务的，一般情况下不予扣减。因为在行为人已将部分财物用于公务支出的情况下，难以排除行为人准备将剩余财物继续用于公务的可能，根据疑罪从无的原则，只能认定行为人不构成受贿，这将非常不利于打击受贿犯罪。但是，受贿后将部分财物用于公务的，如果满足以下条件则可以予以扣减：一是行为人将部分受贿所得用于公务，如果有充分、确实的证据能证实系用于公务支出；二是公务用途本身是合法的；三是行为人在将财物交公或用于公务支出时向本单位的有关工作人员说明财物的性质或来源的，可以从受贿总额中扣除。如果行为人私自将财物用于公务支出，只能作为从宽处罚情节考虑，而不能予以扣减。

根据2016年《解释》第十六条第一款规定，国家工作人员出于贪污、受贿的故意，非法占有公共财物、收受他人财物之后，将赃款赃物用于单位公务支出或者社会捐赠的，不影响贪污罪、受贿罪的认定，但量刑时可以酌情考虑。

本案中，饶某虽然辩称其将部分受贿所得用于公务支出，但是没有证据证明公务用途本身是合法的，而且在用于公务支出时也未向本单位的有关工作人员说明财物的性质或来源，故饶某辩解的其所受贿所得部分系用于单位公务支出的意见不影响其受贿数额的认定。

◎**饶某作为甲县曾经的人民代表大会代表，对其作出的政务处分是否应当进行通报？**

根据《政务处分法》相关规定，监察机关对各级人民代表大会代表、中国人民政治协商会议各级委员会委员给予政务处分的，应当向有关的人民代表大会常务委员会，乡、民族乡、镇的人民代表大会主席团或者中国人民政治协商会议委员会常务委员会通报，一般可以通过函告方式通报。

但是，如果作出政务处分时，被审查调查人已被终止人大代表资格或者撤销政协委员资格的，一般不再向其所在人大常委会或者政协常委会通报。如果被审查调查人同时系其本级人大常委会或者政协常委会组成人员，且人事关系在该人大机关或者政协机关的，政务处分决定在主送该人大机关或者政协机关的同时即完成了处分的通报。若作出政务处分后，需要终止其人大代表资格或者撤销其政协委员资格的，鉴于相应党委将按程序通知其本级人大常委会党组或者政协常委会党组履行上述处分事项，监察机关一般亦无需重复通知。

本案中，饶某被采取留置措施前，已经辞去了人大代表职务，所以对其政务处分一般不再向其所在人大常委会党组或者政协常委会党组通报。

◎李某将收受的钱款送给饶某，是否构成行贿罪？

根据 2016 年《解释》相关规定，为谋取不正当利益，向国家工作人员行贿，数额在 3 万元以上的，应当依照《刑法》第三百九十条的规定以行贿罪追究刑事责任，但是，将违法所得用于行贿的，行贿数额在 1 万元以上不满 3 万元，也应当以行贿罪追究刑事责任。

本案中，李某的行贿金额虽然没有达到 3 万元的追究刑事责任标准，但是其用于行贿的 1 万元是其受贿所得，属于将违法所得用于行贿，行贿数额在 1 万元以上不满 3 万元，也应当以行贿罪追究刑事责任。所以，李某的行为构成行贿罪，应当以行贿罪追究刑事责任。

▢知识扩展

◎关于受贿后用于公务与单位受贿行为的区分

单位领导人员可以代表单位，以单位名义实施单位受贿行为，又将部分款物用于公务则意味着利益归属于单位，由于单位受贿罪的刑事处罚明显轻于受贿罪，所以，在单位领导人员收受贿赂后部分用于公务的情况下，行为人往往辩称自己的行为属于单位受贿性质。

对单位领导人员辩称代表单位收受贿赂并用于公务的，不能简单地认定为单位受贿行为，受贿所得财物的管理和使用至少要有两人到三人知晓才能构成单位受贿罪。对单位经集体研究决定，由单位领导人员收受贿赂并交给单位的，应认定单位受贿。对单位领导人员个人私自代表单位收受他人贿赂，并部分用于单位公务的，只有行为人向本单位的有关工作人员公开说明财物的性质或来源的，公开说明的部分才能以单位受贿论处。否则，仍应以个人受贿论。

◎关于受贿后用于公务的定罪量刑

根据2016年《解释》第十六条规定，国家工作人员出于贪污、受贿的故意，非法占有公共财物、收受他人财物之后，将赃款赃物用于单位公务支出或者社会捐赠的，不影响贪污罪、受贿罪的认定，但量刑时可以酌情考虑。

纪法依据

1.《中华人民共和国刑法》第三百八十七条

国家机关、国有公司、企业、事业单位、人民团体，索取、非法收受他人财物，为他人谋取利益，情节严重的，对单位判处罚金，并对其直接负责的主管人员和其他直接责任人员，处五年以下有期徒刑或者拘役。

前款所列单位，在经济往来中，在帐外暗中收受各种名义的回扣、手续费的，以受贿论，依照前款的规定处罚。

2.《中华人民共和国公职人员政务处分法》第五十条

监察机关对经各级人民代表大会、县级以上各级人民代表大会常务委员会选举或者决定任命的公职人员予以撤职、开除的，应当先依法罢免、撤销或者免去其职务，再依法作出政务处分决定。

监察机关对经中国人民政治协商会议各级委员会全体会议或者其常务委员会选举或者决定任命的公职人员予以撤职、开除的，应当先依章程免去其职务，再依法作出政务处分决定。

监察机关对各级人民代表大会代表、中国人民政治协商会议各级委员会委员给予政务处分的，应当向有关的人民代表大会常务委员会，乡、民族乡、镇的人民代表大会主席团或者中国人民政治协商会议委员会常务委员会通报。

18 如何提出从宽处罚建议？

主旨提示

这是一起领导干部的司机为他人承揽工程并收受贿赂的案件。

案情回顾

沈某，中共党员，2014年4月至2016年6月任甲县县长何某的司机。2016年6月起，何某转任甲县县委书记，沈某继续担任何某的司机，也因此与何某结下密切的私人关系。2017年下半年至2019年2月间，沈某利用何某担任县委书记的职权和地位形成的便利条件，通过甲县A乡党委书记郭某等国家工作人员职务上的行为，分别帮助不具有建筑工程资质的刘某、张某承揽建设工程，并收受二人钱款共计人民币40万元（以下币种均为人民币），用于日常开支、偿还借款等。

办案过程

2019年4月，沈某被纪检监察机关立案审查调查并被采取留置措施，在接受组织审查调查期间，沈某主动交代监察机关尚未掌握的其收受刘某、张某等人送款的犯罪事实，上缴涉案所得款项 40 万元，并检举他人向何某行贿高档汽车，检举他人向何某行贿 60 万元；

2019 年 9 月，沈某被开除党籍，并被移送检察机关审查起诉；

2019 年 11 月，检察机关以沈某涉嫌利用影响力受贿罪向人民法院提起公诉；

2020 年 1 月，一审人民法院以犯利用影响力受贿罪，判处沈某有期徒刑三年，并处罚金人民币 20 万元，犯罪违法所得人民币 40 万元予以追缴。

2020 年 5 月，二审法院判决维持一审法院对沈某犯利用影响力受贿罪的定罪部分及追缴违法所得部分的判决，撤销对沈某犯利用影响力受贿罪的主刑及并处罚金部分的判决，以沈某犯利用影响力受贿罪，判处其有期徒刑一年六个月，并处罚金人民币 12 万元。

难点解析

◎沈某构成自首与立功吗？

自首，是指犯罪分子在犯罪之后、归案之前，出于本人意志而向有关机关或个人承认自己实施了犯罪，并自愿置于有关机关或个人的控制之下，如实交代犯罪事实并最终接受国家审查和裁判的行为。对于自首的犯罪分子，可以从轻或者减轻处罚，其中犯罪较轻的，可以免除处罚，具体确定从轻、减轻、免除处罚，应当根据犯罪轻重并考虑自首的具体情节。成立自首需同时具备自动投案和如实供述两个要件。犯罪事实或者犯罪分子未被办案机关掌握，或者虽被掌握，但犯罪分子尚未受到调查谈话、讯问，或者未被宣布采取调查措施或者强制措施时，向办案机关投案的，是自动投案。没有自动投案，但具有以下情形之一的，以自首论：一是犯罪分子如实交代办案机关未掌握的罪行，与办案机关已掌握的罪行属不同种罪行的；二是办案机关所掌握线索针对的犯罪事实不成立，在此范围外犯罪分子交代同种罪行的。沈某在接受组织审查调查期间，主动交代了监察机关尚未掌握的其收受刘某、张某等人送款的犯罪事实。所以，沈某的行为构成自首。

立功，是指犯罪分子有检举、揭发他人重大犯罪行为，经查证属实；提供侦破其他重大案件的重要线索，经查证属实；阻止他人重大犯罪活动；协助司法机关抓捕其他重大犯罪嫌疑人（包括同案犯）；对国家和社会有其他重大贡献等表现的行为。有立功表现的，可以从轻或者减轻处罚，有重大立功表现的，可以减轻或者免除处罚。

沈某在审查调查期间检举他人向何某行贿高档汽车，检举他人向何某行贿60万元，后经查证属实，所以，沈某有立功表现。

◎为什么一审法院没有认定沈某有立功表现？

根据2009年《意见》相关规定："犯罪分子揭发他人犯罪行为，提供侦破其他案件重要线索的，必须经查证属实，才能认定为立功。"由于本案在一审期间，纪检监察机关仍在对沈某检举他人向何某行贿的线索进行核查，其检举揭发未能得到查证属实，所以一审法院没有认定沈某有立功表现。

◎**对检举揭发有关被调查人职务违法犯罪行为的涉案人员提出从宽处罚建议时，应当考虑哪些因素？**

对检举揭发有关被调查人职务违法犯罪行为的涉案人员提出从宽处罚建议，主要目的是鼓励职务违法犯罪的涉案人员积极配合监察机关的调查工作，也为监察机关顺利查清案件提供有利条件，提高工作效率。

在决定是否对职务违法犯罪的涉案人员提出从宽处罚的建议时，需要考虑以下几个方面的因素：一是该涉案人员的态度，即该涉案人员是否积极配合监察机关的调查工作，主动揭发有关被调查人职务违法犯罪行为，是否揭发了自己所知道的全部情况。二是揭发的有关被调查人职务违法犯罪行为是否查证属实，如果经过查证，所揭发的情况不属实或者不属于职务违法犯罪行为，那么不能作为提出从宽处理建议的条件。三是提供的线索对监察机关查清案件是否起到重要作用，涉案人员向监察机关提供重要线索，应是未被监察机关掌握的、对调查其他案件起重要作用，是其他案件的关键情节，或者是关键证人，监察机关通过其提供的线索，能够查清相关违法犯罪案件。

如果涉案人员避重就轻或者故意隐瞒保留有关情况，企图蒙混过关，就不能作为提出从宽处理建议的条件。但是，涉案人员在揭发有关被调查人职务违法犯罪行为或者提供重要线索时，对有些细节或者情节记不清楚或者确实无法说清楚的，不能认为是隐瞒或者不配合调查工作。如果涉案人员经教育，从不配合转为主动配合，从有所隐瞒转为全部反映，也可以作为提出从宽处理建议的条件。

◎**监察机关提出从宽处罚建议需要经过什么程序？**

无论是对被调查人还是对涉案人员，提出从宽处罚建议制度都适用相同的程序。即经承办案件的监察机关领导人员集体研究，并报上一级监察机关批准，在移送检察机关时提出从宽处罚的建议。实践中，若因留置期限即将届满，在上一级监察机关批准从宽处罚建议之前先行移送审查起诉的，也可以在上一级监察机关批准后另行向检察机关提出从宽处罚建议。

在具体操作时，应由承办案件的审查调查部门在调查终结、移送审理时提出从宽处罚建议，经审理认为符合条件的，提请所在监察机关委务会议审议，同意的由案件审理部门办理报批手续，以所在监察机关的名义向上一级监察机关请示。上一级监察机关监督检查部门从实体和程序两方面对请示进行实质性审查，并征求本单位案件审理部门的意见，必要时征求本单位相关审查调查部门的意见。同意下一级监察机关从宽处罚建议的，应当经本单位主要负责人审批后，以监督检查部门的名义书面函复下一级监察机关。

从宽处罚建议应当以监察机关的名义作出，且采用书面形式，一般在起诉意见书中一并表述，并附相关证据材料说明理由和依据。

知识扩展

◎**关于被调查人主动认罪认罚的表现**

被调查人主动认罪认罚，在主观上表现为能够认识到自己的行为违反了法律的规定,并愿意接受法律的制裁,并对自己的所作所为感到后悔。在客观上表现为被调查人自动投案、真诚悔罪悔过,积极配合调查工作、如实供述监察机关还未掌握的违法犯罪行为,积极退赃、减少损失。在认定被调查人认罪认罚的过程中,如果被调查人对自己行为的性质进行辩解,或者在供述中对有些细节或者情节记不清楚或者确实无法说清楚的,不能认为是隐瞒或者不配合调查工作。

◎关于重大立功表现

具有重大立功表现是相对于一般立功表现而言,主要包括以下四种情况:一是被调查人检举、揭发他人的重大犯罪行为,如揭发了一个犯罪集团或犯罪团伙,或者因其提供了有关犯罪的重要线索,才使一个重大犯罪案件得以查清;二是阻止他人重大犯罪活动;三是协助监察机关抓捕其他重大职务犯罪被调查人;四是对国家和社会有其他重大贡献等。这里所指犯罪行为,既包括重大职务犯罪行为,也包括其他犯罪行为。一般而言,被调查人检举、揭发他人犯罪,提供查清其他案件的重要线索,阻止他人的犯罪活动,或者协助监察机关抓捕的其他被调查人,被调查人或者犯罪嫌疑人、被告人依法可能被判处无期徒刑以上刑罚的,应当认定为有重大立功表现。

◎关于从宽处罚的种类

从宽处罚包括从轻处罚、减轻处罚和免除处罚。从轻处罚,是指在法定刑的幅度内适用相对较轻的刑种或者处以较短的刑期。减轻处罚,是指在法定最低刑以下判处刑罚。免除处罚,是指虽已构成犯罪,但由于某些原因不判处刑罚。监察机关对被调查人提出从宽处罚的建议,要在坚持以事实为根据、以法律为准绳原则的基础上,综合评估被调查人的犯罪事实、性质、情节和认罪悔罪的态度及表现,经集体研究并报上一级监察机关批准。

纪法依据

1.《中华人民共和国刑法》第六十七条

犯罪以后自动投案,如实供述自己的罪行的,是自首。对于自首的犯罪分子,可以从轻或者减轻处罚。其中,犯罪较轻的,可以免除处罚。

被采取强制措施的犯罪嫌疑人、被告人和正在服刑的罪犯,如实供述司法机关还未掌握的本人其他罪行的,以自首论。

犯罪嫌疑人虽不具有前两款规定的自首情节,但是如实供述自己罪行的,可以从轻处罚;因其如实供述自己罪行,避免特别严重后果发生的,可以减轻处罚。

2.《中华人民共和国刑法》第六十八条

犯罪分子有揭发他人犯罪行为,查证属实的,或者提供重要线索,从而得以侦破其他案件等立功表现的,可以从轻或者减轻处罚;有重大立功表现的,可以减轻或者免除处罚。

3.《中华人民共和国监察法》第三十一条

涉嫌职务犯罪的被调查人主动认罪认罚,有下列情形之一的,监察机关经领导人员集体研究,并报上一级监察机关批准,可以在移送人民检察院时提出从宽处罚的建议:

(一)自动投案,真诚悔罪悔过的;

（二）积极配合调查工作，如实供述监察机关还未掌握的违法犯罪行为的；

（三）积极退赃，减少损失的；

（四）具有重大立功表现或者案件涉及国家重大利益等情形的。

4.《中华人民共和国监察法》第三十二条

职务违法犯罪的涉案人员揭发有关被调查人职务违法犯罪行为，查证属实的，或者提供重要线索，有助于调查其他案件的，监察机关经领导人员集体研究，并报上一级监察机关批准，可以在移送人民检察院时提出从宽处罚的建议。

5.《中华人民共和国刑事诉讼法》第十五条

犯罪嫌疑人、被告人自愿如实供述自己的罪行，承认指控的犯罪事实，愿意接受处罚的，可以依法从宽处理。

6.《中华人民共和国刑事诉讼法》第一百八十二条

犯罪嫌疑人自愿如实供述涉嫌犯罪的事实，有重大立功或者案件涉及国家重大利益的，经最高人民检察院核准，公安机关可以撤销案件，人民检察院可以作出不起诉决定，也可以对涉嫌数罪中的一项或者多项不起诉。

根据前款规定不起诉或者撤销案件的，人民检察院、公安机关应当及时对查封、扣押、冻结的财物及其孳息作出处理。

7. 最高人民法院《关于处理自首和立功具体应用法律若干问题的解释》第五条

根据刑法第六十八条第一款的规定，犯罪分子到案后有检举、揭发他人犯罪行为，包括共同犯罪案件中的犯罪分子揭发同案犯共同犯罪以外的其他犯罪,经查证属实;提供侦破其他案件的重要线索,经查证属实;阻止他人犯罪活动;协助司法机关抓捕其他犯罪嫌疑人(包括同案犯);具有其他有利于国家和社会的突出表现的,应当认定为有立功表现。

19 利用影响力受贿罪的主体应该如何认定？

主旨提示

这是一起交管局工作人员为他人办理机动车号牌并受贿的案件。

案情回顾

杨某，中共党员，于 2014 年 8 月至 2017 年 8 月间，作为甲市公安局公安交通管理局（以下简称甲市交管局）局长宋某的司机，利用宋某职权或者地位形成的便利条件，通过宋某或者甲市交管局其他主管领导职务上的行为，分别为张某、李某、刘某办理机动车号牌提供帮助，收受上述人员给予的款项共计人民币 43.8 万元。

办案过程

2019 年 8 月，杨某被纪检监察机关立案审查调查，并被采取留置措施；

2020 年 1 月，杨某被开除党籍，解除聘用合同，并被移送检察机关审查起诉；

2020年3月，检察机关以杨某涉嫌利用影响力受贿罪向人民法院提起公诉；

2020年5月，人民法院以犯利用影响力受贿罪，判处杨某有期徒刑六年，并处罚金人民币6万元。

难点解析

◎杨某属于利用影响力受贿罪的主体吗？

根据刑法规定，利用影响力受贿罪是指国家工作人员的近亲属或者其他与该国家工作人员关系密切的人，通过该国家工作人员职务上的行为，或者利用该国家工作人员职权或者地位形成的便利条件，通过其他国家工作人员职务上的行为，为请托人谋取不正当利益，索取请托人财物或者收受请托人财物，数额较大或者有其他较重情节的行为。

可见，本罪的主体是国家工作人员的近亲属或者其他与该国家工作人员关系密切的人，以及离职的国家工作人员或者其近亲属以及其他与其关系密切的人。根据《中华人民共和国刑事诉讼法》（以下简称《刑事诉讼法》）的相关规定，"近亲属"是指夫、妻、父、母、子、女、同胞兄弟姊妹。而关于什么是"关系密切的人"，司法解释并没有明文规定。与之相似的是《意见》中出现的"特定关系人"概念，该意见将"特定关系人"的范围规定为"与国家工作人员有近亲属、情妇（夫）以及其他共同利益关系的人"。《刑法》第三百八十八条之一利用影响力受贿罪中用的是"关系密切的人"而不是"特定关系人"，说明两者意义并不完全相同。

"关系密切的人"既包括"特定关系人",也包括其他与国家工作人员关系密切的人,即"关系密切的人"概念范围要大于"特定关系人"。行为人是否为"关系密切的人",关键看他们是否属于"利益共同体",是否具有"一损俱损""一荣俱荣"的关系。我们认为,这里的"关系密切的人"包括国家工作人员的近亲属、关系密切的姻亲、情妇(夫)、身边工作人员(秘书、司机)等,还包括依附或紧密围绕在国家工作人员身边的其他人员,如保姆、发小、战友、老同学、老板等小团体人员等。

根据相关司法解释,利用影响力受贿罪中的"利用本人职权或者地位形成的便利条件",是指行为人与被其利用的国家工作人员之间在职务上虽然没有隶属、制约关系,但是行为人利用了本人职权或者地位产生的影响和一定的工作联系,如单位内不同部门的国家工作人员之间,上下级单位没有职务上隶属、制约关系的国家工作人员之间,有工作联系的不同单位的国家工作人员之间的影响和联系等。

杨某作为甲市交管局局长宋某的司机,一直在宋某身边工作,在一定程度上与宋某结成了"利益共同体",因此才可以利用宋某职权或地位产生的影响,利用甲市交管局其他主管领导职务上的行为来帮助他人办理机动车号牌。所以,杨某应为宋某关系密切的人,属于利用影响力受贿罪的主体。

◎如何认定"关系密切的人"?

依法治国和依规治党是有机统一的,部分党内法规制度的制定参考了相关法律法规，党的纪律建设也应为国家法律法规的进一步完善起到示范引领作用，所以我们在认定"关系密切的人"时应该体现党纪国法的统一。《党纪处分条例》中明确规定了本人的配偶、子女及其配偶等亲属、身边工作人员和其他特定关系人的概念，明确将特定关系人扩大到姻亲、身边工作人员，这就为刑事司法提供了一定参考，即刑法中"关系密切的人"也不应只限于近亲属或与近亲属具有相似程度的密切关系人。

从近年来查办的案件来看，国家工作人员身边的人有的通过攀远亲、姻亲形成亲密关系，有的通过同学、战友关系形成稳定的利益共同体，有的因上下级关系而结成利益联盟，有的因长期为领导服务而成为所谓"亲信"，这些人与国家工作人员之间的关系已经到了一种非常密切的程度。所以，不宜将这些姻亲、上下级、同学、围绕和攀附在国家工作人员周围的小团体组成人员等排除在关系密切的人之外，否则会使对这些人贿赂犯罪的查处受限。

客观上能够通过国家工作人员职务上的行为，或者利用国家工作人员职权或者地位形成的便利条件，通过其他国家工作人员职务上的行为，为请托人谋取不正当利益的人，基本上都是与国家工作人员有密切关系的人，而不仅仅限于有身份关系的近亲属、情妇（夫）等。特别要注意的是，共同利益关系不仅包括物质利益，而且包括其他方面的利益，即由于某种原因，国家工作人员容易为其不正当行使职权，亦即具体哪些人属于与国家工作人员关系密切的人，并不需要司法机关特别明确规定,而应在个案的具体评价中,由行为主体与国家工作人员的关系来进行实质判断。

◎杨某为他人办理机动车号牌提供帮助的行为,是谋取不正当利益吗?

根据最高人民法院、最高人民检察院《关于办理行贿刑事案件具体应用法律若干问题的解释》相关规定,行贿犯罪中的"谋取不正当利益",是指行贿人谋取的利益违反法律、法规、规章、政策规定,或者要求国家工作人员违反法律、法规、规章、政策、行业规范的规定,为自己提供帮助或者方便条件。违背公平、公正原则,在经济、组织人事管理等活动中,谋取竞争优势的,应当认定为"谋取不正当利益"。

根据最高人民法院、最高人民检察院《关于办理商业贿赂刑事案件适用法律若干问题的意见》相关规定,行贿犯罪中的"谋取不正当利益",是指行贿人谋取违反法律、法规、规章或者政策规定的利益,或者要求对方违反法律、法规、规章、政策、行业规范的规定,为自己提供帮助或者方便条件。在招标投标、政府采购等商业活动中,违背公平原则,给予相关人员财物以谋取竞争优势的,属于"谋取不正当利益"。

2012年中华人民共和国公安部发布的《机动车登记规定》第五十三条确定了机动车号牌号码需采用计算机自动选取和由机动车所有人按照机动车号牌标准规定自行编排的方式。第六十一条规定,"交通警察有下列情形之一的,按照国家有关规定给予处分;对聘用人员予以解聘;构成犯罪的,依法追究刑事责任:……(四)违反本规定第五十三条的规定,采取其他方式确定机动车号牌号码的；……（八）利用职务上的便利索取、收受他人财物或者谋取其他利益的；……"。本案中，杨某通过甲市交管局其他主管领导职务上的行为，为请托人违规审批办理机动车号牌，属于要求国家工作人员违反规章规定为其提供帮助或者方便条件，符合有关谋取不正当利益的规定。所以，杨某为他人办理机动车号牌提供帮助的行为，是为其谋取不正当利益。

◎杨某利用宋某的影响力受贿，那么宋某构成违纪吗？

宋某是否构成违纪，关键在于宋某是否知道杨某利用自己的影响力收受贿赂，如果宋某知道这些情况，就构成《党纪处分条例》规定的纵容、默许身边工作人员利用职权或职务影响谋利行为。

纵容、默许亲属、身边工作人员和其他特定关系人利用职权或职务影响谋利行为，是指党和国家机关、国有企业、事业单位、人民团体、基层群众性自治组织中从事公务活动的党员的亲属、身边工作人员和其他特定关系人利用其职权或职务上的影响谋取私利，本人得知后，仍纵容、默许的行为。本违纪行为的主观方面为故意，即行为人明知该行为违反规定，会侵犯职务行为的廉洁性，损害党的清正廉洁形象，仍放任该行为的发生。

这里的"纵容和默许"，是指行为人明知亲属，身边工作人员和其他特定关系人利用本人职权或者职务上的影响谋取私利，仍然不管不问，不予以纠正。这里的"身边工作人员"，是指同事、下属等，如秘书、司机等。这里的"私利"，是指全部或部分归上述人员取得的利益,既包括合法利益,也包括非法利益,如明显超出同职级标准的薪酬,既包括财产性利益,也包括其他非财产性利益。这里的"谋取",包括承诺、实施和实现三个阶段,只要具备其一,即可认定。本违纪行为不需要较重的后果和影响,只要实施上述行为,一般即可认定违纪。

根据《党纪处分条例》第八十七条第一款规定,纵容、默许配偶、子女及其配偶等亲属、身边工作人员和其他特定关系人利用党员干部本人职权或者职务上的影响谋取私利,情节较轻的,给予警告或者严重警告处分;情节较重的,给予撤销党内职务或者留党察看处分;情节严重的,给予开除党籍处分。

知识扩展

◎关于纵容、默许亲属、身边工作人员和其他特定关系人利用职权或职务上的影响谋利行为与利用影响力受贿罪的区分

纵容、默许亲属、身边工作人员和其他特定关系人利用职权或职务上的影响谋利行为与利用影响力受贿罪的区别主要有以下三点:

一是主体不同。纵容、默许亲属、身边工作人员和其他特定关系人利用职权或职务上的影响谋利行为的主体是在党和国家机关、国有企业、事业单位、人民团体、基层群众性自治组织中从事公务活动的党员;利用影响力受贿罪的主体是国家工作人员的近亲属或者其他与该国家工作人员关系密切的人。

二是主观方面不同。纵容、默许亲属、身边工作人员和其他特定关系人利用职权或职务上的影响谋利行为的主观方面为

间接故意，即纵容、默许或者不予纠正；利用影响力受贿罪的主观方面为故意，既包括间接故意，也包括直接故意。

三是客观方面不同。纵容、默许亲属、身边工作人员和其他特定关系人利用职权或职务上的影响谋利行为的客观方面主要表现为纵容、默许亲属、身边工作人员和其他特定关系人利用本人的职权或职务上的影响谋取私利，或得知后不予纠正；利用影响力受贿罪的客观方面主要表现为利用该国家工作人员职务行为、职权或者地位形成的便利条件，通过其他国家工作人员职务行为，为请托人谋取不正当利益，索取请托人财物或者收受请托人财物。

◎关于斡旋受贿和利用影响力受贿的区分

斡旋受贿是国家工作人员利用本人职权或地位形成的便利条件，通过其他国家工作人员职务上的行为，为请托人谋取不正当利益，索取或收受请托人财物；利用影响力受贿罪是国家工作人员的近亲属、关系密切的人，通过该国家工作人员职务上的行为，或者利用该国家工作人员的职权或者地位形成的便利条件，通过其他国家工作人员职务上的行为，为请托人谋取不正当利益，索取或收受财物。同时，利用影响力受贿罪也将离职的国家工作人员及其近亲属、关系密切的人实施上述行为纳入规制范围。斡旋受贿和利用影响力受贿的区别主要有以下三点：

一是主体不同。斡旋受贿规制的主体是国家工作人员；而利用影响力受贿规制的主体是国家工作人员的近亲属以及与其关系密切的人、离职的国家工作人员或者其近亲属及与其关系密切的人。

二是客观方面不同,斡旋受贿要求行为人利用"本人职权和地位形成的便利条件",通过其他国家工作人员的职务行为为请托人谋取不正当利益;而在利用影响力受贿中,行为人是利用其既有身份(如是国家工作人员近亲属或关系密切的人的身份),实施上述行为。

三是法定刑不同。斡旋受贿依照受贿罪定罪处罚;利用影响力受贿罪依照该罪罪名定罪处罚。对比来看,斡旋受贿罪的法定刑要高于利用影响力受贿罪的法定刑。

纪法依据

1. 《中华人民共和国刑法》第三百八十八条之一

国家工作人员的近亲属或者其他与该国家工作人员关系密切的人,通过该国家工作人员职务上的行为,或者利用该国家工作人员职权或者地位形成的便利条件,通过其他国家工作人员职务上的行为,为请托人谋取不正当利益,索取请托人财物或者收受请托人财物,数额较大或者有其他较重情节的,处三年以下有期徒刑或者拘役,并处罚金;数额巨大或者有其他严重情节的,处三年以上七年以下有期徒刑,并处罚金;数额特别巨大或者有其他特别严重情节的,处七年以上有期徒刑,并处罚金或者没收财产。

离职的国家工作人员或者其近亲属以及其他与其关系密切的人,利用该离职的国家工作人员原职权或者地位形成的便利条件实施前款行为的,依照前款的规定定罪处罚。

2. 最高人民法院《全国法院审理经济犯罪案件工作座谈会纪要》

三、关于受贿罪

(三)"利用职权或地位形成的便利条件"的认定

刑法第三百八十八条规定的"利用本人职权或者地位形成的便利条件",是指行为人与被其利用的国家工作人员之间在职务上虽然没有隶属、制约关系,但是行为人利用了本人职权或者地位产生的影响和一定的工作联系,如单位内不同部门的国家工作人员之间、上下级单位没有职务上隶属、制约关系的国家工作人员之间、有工作联系的不同单位的国家工作人员之间等。

20 逆向量刑情节竞合时如何规范量纪量刑？

主旨提示

这是一起既有从重处罚情节又有从轻处罚情节的案例。

案情回顾

叶某，原系甲市国土资源和房屋管理局A分局公职人员，2009年因犯行贿罪被开除公职，并被甲市A区人民法院判处有期徒刑二年，缓刑三年。

2014年，叶某通过时任甲市A区M镇"三旧"改造办公室主任的曾某、时任甲市A区M镇"三旧"改造办公室副主任商某收受江某送的24万元，利用A区国土房管局工作人员陈某、魏某等人的职务便利，帮助江某处理违法用地图斑。2015年至2017年，叶某通过曾某、商某收受江某某、高某送的26万元，利用A区国土房管局工作人员陈某、赵某等人的职务便利，帮助江某某、高某处理违法用地图斑。2018年6月24日，叶某到A区廉政教育管理中心投案。2018年8月20日，叶某退赃50万元。

办案过程

2018年6月，叶某被纪检监察机关立案审查调查，并被采取留置措施；

2019年3月，叶某被移送检察机关审查起诉；

2019年7月，检察机关以叶某涉嫌利用影响力受贿罪向人民法院提起公诉；

2019年10月，一审人民法院以犯利用影响力受贿罪，判处叶某有期徒刑三年，并处罚金30万元。

2019年12月，二审人民法院以叶某犯利用影响力受贿罪，判处其有期徒刑二年，并处罚金20万元。

难点解析

◎在逆向量刑情节竞合情况下，应该怎么量刑？

根据刑法规定，被判处有期徒刑以上刑罚的犯罪分子，刑罚执行完毕或者赦免以后，在五年以内再犯应当判处有期徒刑以上刑罚之罪的，是累犯，应当从重处罚；对于自首的犯罪分子，可以从轻或者减轻处罚。本案中，叶某有职务犯罪前科，可酌情从重处罚，但也有自首、主动退赃等从轻处罚情节，同一案件中具有若干作用相反的量刑情节，被称为逆向量刑情节的竞合。

犯罪的危害程度大小往往会使从宽情节或从严情节对量刑的影响力受到一定的抑制。在逆向量刑情节竞合的情况下，应根据具体犯罪的轻重程度来考虑逆向量刑情节的适用。首先要对具体犯罪的社会危害性作出整体评价,具体犯罪较轻或一般的,在适当兼顾从严情节的同时,应多体现从宽情节的作用;具体犯罪严重或特别严重的,在适当兼顾从宽情节的同时,则应多体现从严情节的作用,然后再对从宽情节与从严情节分别作出整体评价,这种评价实际上是对从宽情节与从严情节对量刑作用程度的总体比较。如果从宽情节的程度大于从严情节的程度,应对全案进行从宽处理,从轻、减轻或免除处罚;如果从严情节的程度大于从宽情节的程度,应对全案进行从严处理,从重处罚;若二者的程度相当,则既不应从严,也不应从宽,按照同类案件正常适用刑罚。

本案中,叶某伙同他人,利用其离职前的国家工作人员职权形成的便利条件,通过其他国家工作人员职务上的行为,为请托人谋取不正当利益,收受请托人财物,数额巨大,其行为已构成利用影响力受贿罪,依法应当对叶某适用"三年以上七年以下有期徒刑,并处罚金"的量刑幅度予以处罚。本案查明的量刑情节包括:叶某有职务犯罪前科,可酌情从重处罚;叶某主动至办案机关投案,并如实供述自己的罪行,是自首,依法可以从轻或者减轻处罚;叶某已退赃,可酌情从轻处罚。一审法院综合考量叶某的犯罪行为、作用、认罪态度等情节,决定对叶某从轻处罚,判处其有期徒刑三年,并处罚金30万元。二审法院认为叶某利用影响力受贿的社会危害性一般,在适当兼顾其职务犯罪前科从严情节的同时,应多体现从宽情节的作用,决定对叶某减轻处罚,判处其有期徒刑二年,并处罚金20万元。

◎与同案人曾某、商某相比，对叶某的量刑是否过重？

法律面前人人平等是我国法律的基本原则，其要求同等案件同等情节同等对待，同案应同判。本案有曾某、商某等多个公职人员涉案，叶某上诉的一个重要理由是，对自己的量刑与同案人曾某、商某的量刑相较过重。

任何一个案件作为一定时间地点中的事件都是唯一的，不可重复的，但在所有细节上都绝对相同的"同等情况"几乎不可能存在，即使是以法定情节为框从具体个案的唯一性中过滤掉那些没有意义的相似性与相异性，以适应法律规范的普适性，也未必使"同等情况"的判断获得唯一确定的结果。因为具体案件是多个法定情节的多种排列组合的结果，两个案件之间在此方面具有共同的法定情节，而在彼方面则可能不具有共同的法定情节。

本案中，江某某等人因承租土地上出现违法用地图斑而找到曾某、商某帮忙处理，商某找到叶某，叶某利用其原来工作的甲市国土资源和房屋管理局A分局工作人员职务上的行为，帮助请托人处理违法用地图斑以保留相关违法建筑，并通过曾某、商某收受请托人贿送的钱款，叶某利用影响力收受贿赂的行为已完成，且在共同犯罪中，叶某与同案人曾某、商某各有分工，相互配合，共同帮助请托人处理涉案的请托事项，叶某与同案人的行为均已构成利用影响力受贿罪。虽然是同一个案件，但是不同犯罪人的犯罪情节及所起的作用并不相同，所以既要考虑同案同判的因素，也要考虑各个犯罪人影响案件的各种细节，对表面类似的案件作出不同的量刑。

本案收受贿赂款的是叶某，利用甲市国土资源和房屋管理局 A 区分局工作人员职务上的行为帮助请托人处理违法用地图斑的也是叶某，叶某在利用影响力受贿行为的过程中发挥的作用比曾某、商某大。所以，对叶某的处罚也比曾某、商某严厉，不应该对叶某处以与曾某、商某相同的刑罚。

◎如何做到量刑规范？

根据最高人民法院量刑指导意见，量刑情节主要包括未成年犯罪、自首、当庭自愿认罪、认罪认罚、累犯、前科、犯罪对象为弱势人员、老年人犯罪、又聋又哑的人或盲人犯罪、认罪认罚以及被告人羁押期间表现等。对于被告人认罪认罚的，综合考虑犯罪的性质、罪行的轻重、认罪认罚的阶段、程度、价值、悔罪表现等情况，可以减少基准刑的 30% 以下；具有自首、重大坦白、退赃退赔、赔偿谅解、刑事和解等情节的，可以减少基准刑的 60% 以下；犯罪较轻的，可以减少基准刑的 60% 以上或者依法免除处罚。认罪认罚与自首、坦白、当庭自愿认罪、退赃退赔、赔偿谅解、刑事和解、羁押期间表现好等量刑情节不作重复评价。

认罪认罚情节是一个法定的"可以型"从宽处罚情节，法定"可以型"量刑情节，意味着一般应当体现从宽，但不是一律从宽，有的罪行严重的案件也可以不予从宽；"从宽"处罚情节，也就意味着可以从轻、减轻或者免除处罚，但对于减轻、免除处罚，应于法有据。犯罪情节轻微不需要判处刑罚的，可以依法免予刑事处罚；不具备减轻处罚情节的，就只能在法定刑幅度内量刑。

在确定认罪认罚情节的适用和从宽调节比例时，要综合考虑被告人的犯罪事实和罪行轻重，认罪认罚情节的阶段、程度、价值、悔罪表现等具体情况，结合法定、酌定量刑情节，以及被告人的主观恶性、人身危险性等因素，依法决定是否从宽、如何从宽，并合理确定从宽调节比例。

如果认罪认罚与自首、坦白、当庭自愿认罪、退赃退赔、赔偿谅解、刑事和解、羁押期间表现好等量刑情节存在交叉，认罪认罚情节与这些情节同时存在时，应该一并作为认罪认罚的因素考虑，给予相对更大的从宽幅度，而不再作独立评价、重复评价。

◎**如何做好量纪平衡？**

就本案而言，本案既涉及叶某，也有曾某、商某、陈某、魏某等多个公职人员涉案，涉案人员情况复杂，平衡处理难度较大，这就要求纪检监察机关综合把握当地一个时期的党风廉政建设和反腐败斗争形势，对同一时期涉案情况相近或类似的案件做到处理基本均衡，实现"同案同惩、类案类处"。当然，也不能"一刀切"，在保证总体均衡的情况下，还要区分具体情况，做到宽严相济、区别对待。

根据《党纪处分条例》规定，对党组织和党员违犯党纪的行为，应准确认定违纪性质，区别不同情况，恰当予以处理。做到处理恰当，需要充分考虑案件的具体情况，做好量纪平衡。量纪平衡并不是指各违纪行为要给予一样的处分，而是要根据违纪的具体情况，实行区别对待，做到该宽则宽，当严则严，宽严相济。

对存在同案人的案件，需要在各违纪人员之间对主要责任和次要责任、领导责任和直接责任等作出区分，根据责任大小精准提出量纪意见。一般情况下，要根据违纪行为对危害后果所起的作用以及违纪的危害程度区分主要责任和次要责任，根据被处分人的工作职责区分领导责任和直接责任，工作职责起直接、决定性作用的是直接责任，承担监督、管理等职责的是领导责任。对于常见的违纪行为，要充分考虑同类型案件的处理结果，对同时期、同类型、同情节差异不大的案件，一般应保持量纪稳定。如果遇到疑难复杂案件，难以找到完全类似的同时期已处理案件作为参照，则需要对违纪行为的本质进行解构，再利用大数据对违纪类型进行筛选，确定参照性案例。如果要适用从重、加重或从轻、减轻情节，则应当充分阐释量纪理由，对不同案件中相同情节所导致的从轻减轻、从重加重幅度等，也要注意平衡把握。

知识扩展

◎关于逆向量纪情节的处理

2018年《党纪处分条例》对从轻或减轻处分使用的是"可以"，对从重或加重处分使用的是"应当"。对于从重或加重情节，只要查证属实便应当适用；而从轻或减轻情节规定的"可以"便具有适用上的选择性，给量纪留下自由裁量的空间。在执纪实践中，同时具备两种量纪情节时，对规定的可以从轻或减轻处分情节，应坚持"以适用为原则，不适用为例外"，综合评判量纪情节，力求定性、量纪精准，实现政治效果、纪法效果、社会效果相统一。

◎关于量刑情节情况说明材料的内容

监察机关出具的有关量刑情节的情况说明材料应客观全面地反映有关量刑事实，主要包括以下内容：

第一，案发经过和被审查调查人到案经过。一是要简述案件线索来源及线索内容。二是要说明初步核实的经过，初步核实掌握的被审查调查人涉嫌犯罪问题，初步核实期间是否接触被审查调查人。三是要说明立案依据以及立案、留置时间等。四是要客观描述被审查调查人到案经过，包括到案时间、到案方式等。如果是抓捕到案，应叙述抓捕的地点、时间；如果是通知到案，应说明通知人以及陪送人；如果是被审查调查人主动投案，应说明投案接受单位和人员。

第二，被审查调查人交代涉嫌犯罪问题的情况。一是按照涉嫌犯罪类型，详列被审查调查人到案后如实供述监察机关已经掌握的涉嫌犯罪问题。二是详列被审查调查人到案后如实供述监察机关未掌握的涉嫌犯罪问题。

第三，检举揭发及查证情况。一是被检举人已被立案审查调查的，应说明立案时间、立案单位以及检举查证情况。二是被检举人虽未被立案，但是被审查调查人检举的内容已被核实不属实的，应说明检举内容、核实的经过和结果。三是被审查调查人检举的内容尚未立案但正在核实或者已立案但尚在调查的，考虑到案件保密的需要，应说明被审查调查人检举的他人犯罪问题线索正在核实或调查，待相关问题查明后及时向司法机关予以说明。

第四，退缴赃款赃物情况。一是说明被审查调查人涉嫌犯罪的金额、个人所得金额。二是监察机关查封、扣押、冻结赃款赃物情况，包括被审查调查人及其亲友主动退缴赃款赃物情况以及积极配合监察机关追缴赃款赃物情况。三是随案移送检察机关的涉案财物情况。

第五，被审查调查人的认识和态度。主要说明被审查调查人在监察机关调查期间是否主动交代和坦白监察机关所认定的涉嫌犯罪事实，是否表示认罪认罚或拒不供认其涉嫌的犯罪问题。

第六，应附相关证据材料。监察机关在向司法机关出具有关量刑情节的情况说明材料时，应附被审查调查人到案后的首次交代笔录、自书材料以及相关证人询问笔录、被检举人立案决定书、扣押物品清单等与量刑情节有关的证据材料。

◎关于出具量刑情节情况说明材料的程序

监察机关出具有关量刑情节的情况说明材料应符合相关程序要求：一是审查调查部门应在案件移送审理时将有关量刑情节的情况说明及证据材料一并移送审理。《监察机关监督执法工作规定》及《国家监察委员会与最高人民检察院办理职务犯罪案件工作衔接办法》均明确规定，审查调查部门应将全部案卷材料移送审理，其中就包括有关量刑情节的情况说明及证据材料。二是审理部门不仅要对审查调查部门移送的有关量刑情节的情况说明及证据材料进行审核，还应在审理谈话时向被审查调查人核实有关量刑情节的真实性，听取被审查调查人的供述和辩解，深刻、全面地了解被审查调查人思想和认识转变过程。三是审理部门应将被审查调查人到案经过、如实供述、检举揭发等情况客观地反映在审理报告中，提交纪委常委会会议审议，作为给予被审查调查人处分的重要依据。

纪法依据

1.《中华人民共和国刑法》第六十五条

被判处有期徒刑以上刑罚的犯罪分子，刑罚执行完毕或者赦免以后，在五年以内再犯应当判处有期徒刑以上刑罚之罪的，是累犯，应当从重处罚，但是过失犯罪和不满十八周岁的人犯罪的除外。

前款规定的期限，对于被假释的犯罪分子，从假释期满之日起计算。

2.《中华人民共和国刑法》第六十七条第一款、第二款

犯罪以后自动投案，如实供述自己的罪行的，是自首。对于自首的犯罪分子，可以从轻或者减轻处罚。其中，犯罪较轻的，可以免除处罚。

被采取强制措施的犯罪嫌疑人、被告人和正在服刑的罪犯，如实供述司法机关还未掌握的本人其他罪行的，以自首论。

3.《中国共产党纪律处分条例》第十七条

有下列情形之一的，可以从轻或者减轻处分：

（一）主动交代本人应当受到党纪处分的问题的；

（二）在组织核实、立案审查过程中，能够配合核实审查工作，如实说明本人违纪违法事实的；

（三）检举同案人或者其他人应当受到党纪处分或者法律

追究的问题,经查证属实的;

(四)主动挽回损失、消除不良影响或者有效阻止危害结果发生的;

(五)主动上交违纪所得的;

(六)有其他立功表现的。

4.《中国共产党纪律处分条例》第二十条

有下列情形之一的,应当从重或者加重处分:

(一)强迫、唆使他人违纪的;

(二)拒不上交或者退赔违纪所得的;

(三)违纪受处分后又因故意违纪应当受到党纪处分的;

(四)违纪受到党纪处分后,又被发现其受处分前的违纪行为应当受到党纪处分的;

(五)本条例另有规定的。

21 怎样把握行贿犯罪情节较轻不移送起诉？

主旨提示

这是一起为了建设、使用小产权房而向公职人员行贿的案件。

案情回顾

孙某，建筑工人，其在与黄某、洪某、周某等人合作建设位于甲市A区某街道一块面积约730平方米的违法建设（即小产权房）时，签订了《合作建房合同书》。根据该合同，该小产权房建成后，孙某分得房屋的三至六层加五个地下停车位，黄某、洪某获得200万元的"中介费"并负责协调A区执法局等有关管理部门及四周邻居的关系，周某与黄某参与销售利润分成。2015年10月，孙某为了让该小产权房能够顺利施工和使用，分别送给时任甲市城市管理行政执法局A分局局长的林某人民币3万元，以及时任A分局规划中队中队长的陈某人民币2万元。

办案过程

2018 年 8 月，孙某被纪检监察机关立案审查调查；

2019 年 1 月，孙某被移送检察机关审查起诉；

2019 年 3 月，检察机关以孙某涉嫌行贿罪向人民法院提起公诉；

2019 年 5 月，一审人民法院以犯行贿罪，判处孙某有期徒刑六个月，并处罚金人民币 10 万元。

2019 年 8 月，二审法院判决维持一审判决对孙某的定罪部分，撤销一审判决对孙某的量刑部分，以犯行贿罪，判处孙某有期徒刑六个月。

难点解析

◎怎样把握行贿犯罪情节较轻不予移送起诉？

《监察法实施条例》第二百零七条第一款规定，对于涉嫌行贿等犯罪的非监察对象……情节较轻，经审批不予移送起诉的，应当采取批评教育、责令具结悔过等方式处置；应当给予行政处罚的，依法移送有关行政执法部门。该条款的适用对象为涉嫌行贿等犯罪的非监察对象，即除公职人员以外的行贿人。如果行贿人是公职人员，行贿情节较轻，经审批不予移送起诉的，可按程序对其作出党纪政务处分决定；已退休的可按程序调整其享受的待遇；有违法所得的按程序相应作出没收、追缴、责令退赔处理决定；因违法行为获得非财产性不正当利益的按程序予以纠正。

对于是否适用行贿犯罪情节较轻不予移送起诉，要综合考虑行为性质、手段、后果、时间节点、认罪悔罪态度等具体情况，全面客观准确认定。《刑法》第三百九十条第二款规定，行贿人在被追诉前主动交待行贿行为的，可以从轻或者减轻处罚。其中，犯罪较轻的，对侦破重大案件起关键作用的，或者有重大立功表现的，可以减轻或者免除处罚。上述可以减轻或者免除处罚的三种情形可作为理解"情节较轻"的参考。根据2016年《解释》第十四条的规定，"犯罪较轻"，是指根据行贿犯罪的事实、情节，可能被判处三年有期徒刑以下刑罚的。"对侦破重大案件起关键作用"，是指主动交待办案机关未掌握的重大案件线索的；主动交待的犯罪线索不属于重大案件的线索，但该线索对于重大案件侦破有重要作用的；主动交待行贿事实，对于重大案件的证据收集有重要作用的；主动交待行贿事实，对于重大案件的追逃、追赃有重要作用的。另外，行贿人系因国家工作人员索贿等情况不得已行贿，没有谋取不正当利益的，也不应移送起诉。

根据中央纪委国家监委与中央组织部、中央统战部、中央政法委、最高人民法院、最高人民检察院联合印发的《关于进一步推进受贿行贿一起查的意见》，要重点查处以下行贿案件：多次行贿、巨额行贿以及向多人行贿，特别是党的十八大后不收敛不收手的；党员和国家工作人员行贿的；在国家重要工作、重点工程、重大项目中行贿的；在组织人事、执纪执法司法、生态环保、财政金融、安全生产、食品药品、帮扶救灾、养老社保、教育医疗等领域行贿的；实施重大商业贿赂的。对于上述行贿行为要坚决予以查处,不能擅自以"情节较轻"为由,不移送司法机关处理。

本案中,孙某的行贿行为发生在党的十八大后,而且向两人行贿,并不存在从轻、减轻或者免除处罚的法定情形,所以不属于行贿犯罪情节较轻不予移送起诉的情形。

◎孙某在主观上有没有谋取不正当利益的目的?

按照刑法规定,为谋取不正当利益,给予国家工作人员以财物的,是行贿罪。可见,为谋取不正当利益,是行贿人的犯罪目的。因此,认定行贿罪时,要求行贿人必须具备谋取不正当利益的主观罪过。

本案中,孙某认为自己没有谋取不正当利益的原因在于,根据其与他人签订的《合作建房合同书》,孙某只负责出地,并不负责协调关系,也不参与投资和销售利润的分配。其向林某和陈某送钱时,该小产权房已装修封顶,孙某依据合同可以分得其中的四层外加五个地下停车位,并不存在不行贿就得不到约定房产的情况。孙某就此认为,即使自己不向林某和陈某送钱,自己也能按约定拿到房产,自己向二人送钱并不是为了谋取不正当利益。

事实上,孙某与他人合作所建的涉案房屋是未取得建设工程规划许可证的违法建设,该房屋在施工过程中已多次受到A区执法局查处,建成封顶后又受到执法部门的强制拆除,部分房屋结构受损,影响销售和入住。虽然孙某与他人约定了自己不负责协调关系,但是执法部门执法导致房屋结构受损并影响其入住和销售,所以孙某才出钱疏通与执法部门的关系。因此,孙某在主观上想通过向国家工作人员行贿，利用国家工作人员的职务行为停止对其违法建设执法，使违法建设得以顺利销售和入住。所以，孙某存在谋取不正当利益的目的，构成行贿罪。

◎应如何认定行贿罪中的不正当利益？

根据最高人民法院、最高人民检察院《关于办理行贿刑事案件具体应用法律若干问题的解释》相关规定，行贿犯罪中的"谋取不正当利益"，是指行贿人谋取的利益违反法律、法规、规章、政策规定，或者要求国家工作人员违反法律、法规、规章、政策、行业规范的规定，为自己提供帮助或者方便条件。违背公平、公正原则，在经济、组织人事管理等活动中，谋取竞争优势的，应当认定为"谋取不正当利益"。

根据最高人民法院、最高人民检察院《关于办理商业贿赂刑事案件适用法律若干问题的意见》相关规定，行贿犯罪中的"谋取不正当利益"，是指行贿人谋取违反法律、法规、规章或者政策规定的利益，或者要求对方违反法律、法规、规章、政策、行业规范的规定，为自己提供帮助或者方便条件。在招标投标、政府采购等商业活动中，违背公平原则，给予相关人员财物以谋取竞争优势的，属于"谋取不正当利益"。

行贿和受贿围绕着权力的收买和出卖而展开，但是，在"权钱交易"的本质下，行贿罪和受贿罪中"权"的内涵却是不一致的。受贿罪中，"权钱交易"的"权"是指国家工作人员的职务行为，包含正当的职务行为和不正当的职务行为，只要国家工作人员收受与职务相关的财物，不管其是否正当履职，都是将职务行为作为交易的筹码，都符合受贿罪的构成要件，应当认定为受贿犯罪。但对于行贿罪而言，其成立需要具备"谋取不正当利益"要件，当行为人收买国家工作人员的不正当履职时，公权力的行使就会与国家的正常管理职能和职务行为的公正性发生偏离，进而产生为行为人所谋取的不正当利益，构成行贿罪。相反，如果行为人仅仅是为了促使国家工作人员正常履职而给付财物，收买的是国家工作人员的正常履职行为，没有影响国家的正常管理职能和职务行为的公正性，也就不构成行贿罪。也就是说，只有部分"权钱交易"行为才能进入行贿罪的评价范围，行贿罪实质上是行为人以财物收买国家工作人员不正当履职的行为。

实践中，"不正当利益"包括：一是违法的利益，即行为人谋取的利益违反法律、法规、规章的规定；二是违背政策的利益，即根据相关政策不应当获得的利益；三是违背行业规范的利益，即按照相关行业规范不应当获得的利益；四是程序上的不正当利益，即要求国家工作人员违反法律、法规、规章、政策、行业规范的规定，通过非正常途径、程序提供帮助或者方便条件而获取的利益；五是违背公平、公正原则的利益，即在经济、组织人事管理等活动中谋取竞争优势而获取的利益。综上，"不正当利益"可以分为两大类：一类是从法律、法规、规章、政策、行业规范的规定中能够找到不正当依据的利益，另一类是发生在竞争性活动中的不公平利益。

本案中，孙某为了让未取得建设工程规划许可证的违法建筑不被执法机关强制拆除而向执法人员行贿，显然其谋取的利益违反法律、法规、规章的规定，属于谋取不正当利益。

◎ 二审判决为什么撤销了罚金？

刑法适用的一项重要原则是从旧兼从轻原则。从旧兼从轻原则，是指除了对非犯罪化（除罪化）、弱化惩罚或有利于行为人的规定之外，刑法不得有溯及既往的效力，这也是"有利于被告人"的原则。例如，当一个人的行为，根据行为发生时的法律规定，不认为是犯罪，或者处罚较轻，但根据审判时的法律规定，被认为是犯罪，或者处罚较重，此时要考虑的是先适用旧法，即行为时的法律规定（从旧原则）。但是，如果适用新的法律规定更有利于被告人的话，比如新法不认为是犯罪，或者是新法处罚较轻的话，则应该对被告人使用新法（从轻原则）。

孙某于 2015 年 10 月行贿，数额为人民币 5 万元。而《中华人民共和国刑法修正案（九）》[以下简称《刑法修正案（九）》]是自 2015 年 11 月 1 日起施行，比较孙某行为时的《刑法》，两者主刑相同，对孙某的犯罪数额，均是处五年以下有期徒刑或者拘役，但《刑法修正案（九）》第三百九十条增加"并处罚金"的规定，故现行刑法的处刑规定重于孙某实施犯罪行为时的刑法规定，根据从旧兼从轻的原则，不应对孙某并处罚金。所以，二审判决撤销了一审判决中关于罚金的部分。

知识扩展

◎ 关于非监察对象的处置

对于涉嫌行贿等犯罪的非监察对象，案件调查终结后依法移送起诉。综合考虑行为性质、手段、后果、时间节点、认罪悔罪态度等具体情况，对于情节较轻，经审批不予移送起诉的，应当采取批评教育、责令具结悔过等方式处置;应当给予行政处罚的,依法移送有关行政执法部门。

对于有行贿行为的涉案单位和人员,按规定记入相关信息记录,可以作为信用评价的依据。

对于涉案单位和人员通过行贿等非法手段取得的财物及孳息,应当依法予以没收、追缴或者责令退赔。对于违法取得的其他不正当利益,依照法律法规及有关规定予以纠正处理。

◎关于从旧兼从轻原则在《党纪处分条例》中的延续

溯及力虽然是一个法律术语,但从旧兼从轻原则在《党纪处分条例》中得以借鉴并延续。2018年修订的《党纪处分条例》自2018年10月1日起施行,之前有2015年《党纪处分条例》和2003年《党纪处分条例》,对于跨越2018年条例施行日期的违纪行为,在具体适用条例时,应特别注意把握好以下三项原则:一是对2018年10月1日后发生的违纪行为,一律适用新条例。二是对2018年10月1日前发生的违纪行为,应遵循"从旧兼从轻"原则,一般情况下适用违纪行为发生时的规定处理,只有2018年条例不认为是违纪或者处理较轻的,才适用2018年条例处理。三是对开始于2018年10月1日以前,继续或者连续到2018年10月1日以后的行为,应当适用2018年条例。

纪法依据

1.《中华人民共和国刑法》第三百八十九条

为谋取不正当利益,给予国家工作人员以财物的,是行贿罪。

在经济往来中，违反国家规定，给予国家工作人员以财物，数额较大的，或者违反国家规定，给予国家工作人员以各种名义的回扣、手续费的，以行贿论处。

因被勒索给予国家工作人员以财物，没有获得不正当利益的，不是行贿。

2. 最高人民法院、最高人民检察院《关于办理贪污贿赂刑事案件适用法律若干问题的解释》第十四条

根据行贿犯罪的事实、情节，可能被判处三年有期徒刑以下刑罚的，可以认定为刑法第三百九十条第二款规定的"犯罪较轻"。

根据犯罪的事实、情节，已经或者可能被判处十年有期徒刑以上刑罚的，或者案件在本省、自治区、直辖市或者全国范围内有较大影响的，可以认定为刑法第三百九十条第二款规定的"重大案件"。

具有下列情形之一的，可以认定为刑法第三百九十条第二款规定的"对侦破重大案件起关键作用"：

（一）主动交待办案机关未掌握的重大案件线索的；

（二）主动交待的犯罪线索不属于重大案件的线索，但该线索对于重大案件侦破有重要作用的；

（三）主动交待行贿事实，对于重大案件的证据收集有重要作用的；

（四）主动交待行贿事实，对于重大案件的追逃、追赃有重要作用的。

22 为单位利益而行贿，构成行贿罪还是单位行贿罪？

主旨提示

这是一起为单位利益而行贿的案件。

案情回顾

张某，甲市 A 房地产开发有限公司 B 分公司法定代表人、第一大股东。范某，B 分公司总经理。

2013 年，张某以甲市 A 房地产开发有限公司的名义拍得原 E 县竹胶板厂破产清算组的两宗土地，之后与郭某等 4 名股东成立甲市 A 房地产开发有限公司 B 分公司，开发该两宗土地，并以该公司第一大股东及公司股东大会召集人的身份参与公司经营管理。

2013 年 5 月，B 分公司在项目开发建设中认为 E 县竹胶板厂地面建筑物市场评估价 528 万余元太高，张某找到时任 E 县竹胶板厂破产清算组组长及项目指挥部主要负责人的何某等清算组人员商量调减，并表示如果清算组同意核减无房产证部分的评估价 170 万元，并同意地面建筑物处置享受 30% 的价款返还优惠政策（减免 158 万元），则 B 分公司送 100 万元给清算组成员何某等人。何某等人未按规定重新评估，直接以清算组名义作出《关于确定县竹胶板厂地面建筑物转让价格的请示》并报请 E 县人民法院裁定，为 B 分公司核减了 328 万余元，仅以 200 万元及 20 万元供电设施转让费转让成功。此后，B 分公司股东会安排范某将 100 万元现金送给何某。何某将其中 5 万元给了范某，将剩下的 95 万元分给担任 E 县竹胶板厂破产清算案件主审法官的邓某，以及参与清算日常事务的郭某某、张某某每人 20 万元，自己得赃款 35 万元。事后，范某将 5 万元上交给 B 分公司财务。

2013 年下半年，张某为了让项目能够获得何某更多的关照，经过公司股东会商议以邀请何某担任公司顾问的名义，每月给其发放 5900 元工资，何某表示同意。此后，范某安排公司财务在 2013 年 10 月至 2016 年 8 月期间，每月定期向何某支付 5900 元，共计 35 个月 20.65 万元。

2014 年 7 月，张某和范某因项目资金周转困难，经股东会同意后，范某向何某、郭某某提出从清算组的账户中借款 1700 万元周转，借期 2 个月，并承诺支付 6% 的月利息并另外给好处费。何某、邓某和郭某某商议后表示同意。为了感谢何某、邓某、郭某某在借款上的关照，2014 年 11 月，B 分公司归还了该笔借款及利息 35 万余元后，安排范某送给何某 33 万元。何某、邓某、郭某某每人分得 11 万元。

2013 年 4 月，B 分公司以拍卖地块上的"三通一平"应由政府负责的名义向 E 县竹胶板厂破产清算组提出解决"三通一平"费用的请求,清算组同意 B 分公司先垫资组织施工,完工后由清算组补偿 B 分公司"三通一平"费用 50 万元。B 分公司对项目的"三通一平"工程全部完工并已垫付了工程款。事后经股东会决定以支付"三通一平"工程款的名义将 50 万元送给何某个人。

2013 年上半年,B 分公司应何某要求,将项目的土方工程承包给何某的亲戚黄某,之后又将废弃土场工程分包给黄某。在此期间,张某与何某约定,B 分公司以超出工程量的造价决定拨款 40 万元给黄某,超出部分的钱是用来感谢何某的。事后,黄某将剩下的 20 万元工程款以废弃土场道路建设和机械设备维护的名义,加上自己单独给何某的 5 万元,共计人民币 25 万元通过银行转账的方式送给了何某。

张某、范某被传唤到案后,均如实交代了自己的主要犯罪事实。

办案过程

2018 年 3 月,张某、范某因涉嫌行贿犯罪被纪检监察机关立案审查调查;

2018 年 6 月,张某、范某被移送检察机关审查起诉;

2018 年 8 月,检察机关以 A 房地产开发有限公司 B 分公司、张某、范某涉嫌单位行贿罪向人民法院提起公诉;

2018 年 10 月,人民法院以 A 房地产开发有限公司 B 分公司犯单位行贿罪,判处罚金人民币 60 万元;以张某犯单位行贿罪,判处其有期徒刑二年,缓刑三年,并处罚金人民币 10 万元；以范某犯单位行贿罪，判处其有期徒刑一年，缓刑一年，并处罚金人民币10万元。

难点解析

◎张某、范某的行为构成行贿罪还是单位行贿罪？

行贿罪，是指为谋取不正当利益，给予国家工作人员以财物的行为。单位行贿罪，是指单位为谋取不正当利益而行贿，或者违反国家规定，给予国家工作人员以回扣、手续费，情节严重的行为。

单位行贿罪与行贿罪的法定刑相差较大，需要合理区分。根据《刑法》第三百九十三条的规定，在形式上是单位行贿的情况下，如果因行贿取得的违法所得归个人所有的，应以行贿罪论处，而不认定为单位行贿罪。这里的"归个人所有"，是指归个别人、少数人（不限于单位成员）所有；倘若归本单位全体个人所有（如集体私分）的，仍应认定为单位行贿罪。由此不难看出，刑法是根据因行贿取得的利益归属区分单位行贿罪与行贿罪的。

但实践中不能简单地以因行贿而获得的利益归属判断是行贿罪还是单位行贿罪，还需要综合相关事实并按照单位犯罪的成立条件进行判断。换言之，利益归属只是一个事实，还需要考虑财物的来源以及行为人是基于什么身份作出的决定（能否认定为单位行为）。

司法实践中常见的单位行贿行为主要有：经单位研究决定的由有关人员实施的行贿行为；经单位主管人员批准，由有关人员实施的行贿行为；单位主管人员以法定代表人的身份实施的行贿行为。

本案中，虽然张某是 B 分公司第一大股东，但是张某的利益与 B 分公司并不是完全重合的。张某多次安排范某向清算小组和项目指挥部成员何某、邓某、郭某某、张某某等人行贿，是为了低价受让原竹胶板厂地面建筑物资产、从清算组的账户中借款周转资金，以及让项目获得何某更多的关照，这些行为都是为了分公司的利益，而且这些行为都是经过分公司股东会决议的，张某以分公司法定代表人的身份安排分公司总经理范某实施的。所以，张某、范某的行为构成单位行贿罪。

◎ 如何界定单位行贿罪与行贿罪？

单位行贿罪的主体是单位，根据《刑法》第三十条的规定，"单位"是指公司、企业、事业单位、机关、团体。1999年6月最高人民法院《关于审理单位犯罪案件具体应用法律有关问题的解释》规定，具有法人资格的独资公司，即自然人独资的一人公司可以成为单位犯罪的主体。2000年12月最高人民检察院《关于行贿罪立案标准的规定》明确规定，单位行贿罪的追诉标准远高于行贿罪的追诉标准，所以在办案实践中，行贿人往往主张自己是单位行贿罪而非行贿罪。由于自然人独资一人公司中其自然人意志和单位意志之间、自然人利益和单位利益之间的关系更为紧密，时常会在这两个罪名之间产生混淆。

刑法根据因行贿取得的利益归属区分单位行贿罪与行贿罪，因此，私营企业的负责人为了给企业谋取不正当利益，而将个人的财物作为贿赂交付给国家工作人员的,宜认定为单位行贿罪。反之,单位负责人为了谋取个人利益,而将单位财物作为贿赂交付给国家工作人员的,除成立行贿罪之外,还对单位财物成立财产犯罪(或者贪污罪),应当实行数罪并罚。在办案实践中,一些自然人独资的一人公司,财务制度混乱,公司财产与个人财产混同,如果行贿取得的违法所得归个人所有,则不构成单位行贿罪。最高人民法院《关于审理单位犯罪案件具体应用法律有关问题的解释》第二条、第三条分别规定:个人为进行违法犯罪活动而设立的公司、企业、事业单位实施犯罪的,或者公司、企业、事业单位设立后,以实施犯罪为主要活动的,不以单位犯罪论处;盗用单位名义实施犯罪,违法所得由实施犯罪的个人私分的,依照刑法有关自然人犯罪的规定定罪处罚。

此外,区分行贿罪与单位行贿罪,还要看体现了谁的意志。单位行贿罪体现的是单位意志,行贿罪体现的是自然人个人意志。在单位行贿罪中,单位意志主要有以下三种表现形式:一是经单位研究决定,由有关人员实施的行贿行为;二是经单位主管人员批准,由有关人员实施的行贿行为;三是单位主管人员以法定代表人的身份实施的行贿行为。需要注意的是,单位行贿罪应该是真实地体现了单位意志,否则不能认定构成单位行贿罪。比如,自然人独资的一人公司中,业务员为了贪图个人私利向老板做虚假汇报,然后将老板批准的经费用于行贿,这种情况下,老板是基于被蒙蔽而作出的决定,不能认定为体现了单位真实意志,而应认定为业务员的个人行为。

如果行贿是为了个人利益，体现了个人意志，即使将犯罪收益放在公司账户上也不能认定为单位行贿罪，或者仅是通过公司走账的形式，将犯罪收益转为投资人个人所有，仍应认定为行贿罪，而不是单位行贿罪。

◎张某、范某的自首情节，是否适用于其单位 A 房地产开发有限公司 B 分公司？

本案的犯罪事实及线索均来源于张某、范某自我交代，应认定张某、范某系自首，依法可以从轻或者减轻处罚。但张某、范某个人自首的意志和行为，并不等于单位自首的意志和行为。

单位犯罪的自首与自然人犯罪的自首一样，必须同时符合"自动投案"和"如实供述罪行"两个条件。但是，单位的自动投案与如实供述罪行在认定上不能完全等同于自然人，而应根据单位的实际加以认定。

具体来说，区分单位的自动投案与被动归案的标准也是看单位的归案是不是因犯罪被传讯或被采取了强制措施。如果单位不是因犯罪被传讯或被采取了强制措施而归案，而是在犯罪后，自行投案承认实施了犯罪，并愿意置于所投机关的控制之下，则属自动投案；如果单位是因犯罪被传讯或被采取了强制措施而归案，则单位就不存在自动投案了，这种情况下如果要成立自首，只能是就司法机关尚未掌握即其他犯罪而成立特殊自首。

此外，单位的法律人格是拟制的，正确认定单位投案，还要看投案者能否代表单位的意志，即能否代表单位投案。单位的犯罪意志是由其决策者作出的，在单位决定并实施犯罪后，其决策者仍是单位意志的代表者,因此他们的自动投案,完全能代表单位投案,因而应认定为单位自动投案。单位实施犯罪以后,决策机构变更的,变更后的决策机构的自动投案,即应认定为单位自动投案。这里强调的必须是变更后的单位决策机构投案,才能视为单位自动投案。因为只有单位的决策机构才能代表单位。

关于"如实供述罪行",如果由原决定实施犯罪的决策机构和其他直接责任人员投案的,其如实供述罪行应是供述全部的犯罪事实,必须是将全部单位犯罪的事实交代清楚,才成立如实供述。如果由变更后的单位决策机构投案的,由于存在对犯罪决策和实施过程不完全了解的可能,因而此时不必要求供述全部犯罪事实,更不必要求彻底、全面地供述所有的犯罪情节,只要投案者承认单位实施了某种犯罪即可视为如实供述罪行。

本案在开庭审理时,张某、范某如果代表A房地产开发有限公司B分公司的意志自动投案、如实供述罪行,那么可以认定单位自首。但是,B分公司有独立的诉讼代表人,该诉讼代表人无正当理由拒不到庭,也拒不认罪、悔罪。所以,张某、范某的自首就不能代表B分公司,对B分公司不适用从轻处罚。

◎对张某、范某是否适用罚金刑?

《刑法修正案(九)》第三百九十条增加了"并处罚金"的规定,该规定是自2015年11月1日起施行的。如果本案所有行为均是2015年11月1日前完成的,那么按照从旧兼从轻的原则,将依法不适用《刑法修正案(九)》,不对单位行贿的主管人员和其他直接责任人并处罚金刑。

但是,根据刑法的相关规定,犯罪行为有连续或者继续状态的,从犯罪行为终了之日起计算。A房地产开发有限公司B分公司及张某、范某的犯罪事实系多次行贿,向多人行贿,尤其是向何某发个人工资从2013年10月延续至2016年8月止,其行为延续至《刑法修正案(九)》实施之后,依法应当适用《刑法修正案(九)》的相关规定,对张某、范某并处罚金刑。

知识扩展

◎关于一人公司是否可以构成单位行贿罪

根据最高人民法院《关于审理单位犯罪案件具体应用法律有关问题的解释》的相关规定,单位行贿罪的主体应当包括一人公司,但因一人公司的特殊性,公司的决策常常会被个人行为所取代,公司财产与个人财产也极易混同。这种情况下,一人公司的行贿行为是否构成单位行贿罪,要看该公司是否具有独立的公司人格。具体应从两方面进行认定,其一,是否有独立的财产利益,即公司的财务制度是否完整,与个人的财产是否混同,因行贿所得利益是否归属于公司;其二,是否有独立的意志,即公司的决策及行为是否依程序作出。如果一人公司具有独立的财务制度,且是以公司名义承接的相关项目,因行贿所得利益也由公司支配,就应当认定为单位行贿罪。

◎关于单位自首

一般而言,单位集体决定或者单位负责人自动投案,如实供述单位罪行的,应当认定单位自首。对于直接负责的主管人员,由于其在单位犯罪中一般起到决定、批准或指挥的作用,体现了单位意志,其自首行为亦应被认定为单位意志的体现。对此,2009年《意见》也明确规定,单位直接负责的主管人员自动投案,如实交代单位犯罪事实的,应当认定为单位自首。可见,成立单位自首必须是能够代表单位意志的自然人所实施的自首行为。因此,单位犯罪中的直接责任人员(如具体经办人等),由于不能代表单位意志,其自动投案,如实交代自己所知道的犯罪事实的,一般不成立单位自首,仅成立个人自首。

需要特别说明的是,单位自首的效力能够及于实施单位犯罪的其他责任人员,即单位自首一旦成立,其他直接负责的主管人员及直接责任人员只要如实供述其参与的全部罪行的,即可认定为个人自首,而不需要以自动投案为前提。

纪法依据

1.《中华人民共和国刑法》第三十条

公司、企业、事业单位、机关、团体实施的危害社会的行为,法律规定为单位犯罪的,应当负刑事责任。

2.《中华人民共和国刑法》第八十九条

追诉期限从犯罪之日起计算;犯罪行为有连续或者继续状态的,从犯罪行为终了之日起计算。

在追诉期限以内又犯罪的,前罪追诉的期限从犯后罪之日起计算。

3. 《中华人民共和国刑法》第三百八十九条

为谋取不正当利益,给予国家工作人员以财物的,是行贿罪。

在经济往来中,违反国家规定,给予国家工作人员以财物,数额较大的,或者违反国家规定,给予国家工作人员以各种名义的回扣、手续费的,以行贿论处。

因被勒索给予国家工作人员以财物,没有获得不正当利益的,不是行贿。

4. 《中华人民共和国刑法》第三百九十条

对犯行贿罪的,处五年以下有期徒刑或者拘役,并处罚金;因行贿谋取不正当利益,情节严重的,或者使国家利益遭受重大损失的,处五年以上十年以下有期徒刑,并处罚金;情节特别严重的,或者使国家利益遭受特别重大损失的,处十年以上有期徒刑或者无期徒刑,并处罚金或者没收财产。

行贿人在被追诉前主动交待行贿行为的,可以从轻或者减轻处罚。其中,犯罪较轻的,对侦破重大案件起关键作用的,或者有重大立功表现的,可以减轻或者免除处罚。

5. 《中华人民共和国刑法》第三百九十三条

单位为谋取不正当利益而行贿,或者违反国家规定,给予国家工作人员以回扣、手续费,情节严重的,对单位判处罚金,并对其直接负责的主管人员和其他直接责任人员,处五年以下有期徒刑或者拘役,并处罚金。因行贿取得的违法所得归个人所有的,依照本法第三百八十九条、第三百九十条的规定定罪处罚。

6. 最高人民法院《关于审理单位犯罪案件具体应用法律有关问题的解释》第一条

刑法第三十条规定的"公司、企业、事业单位",既包括国有、集体所有的公司、企业、事业单位,也包括依法设立的合资经营、合作经营企业和具有法人资格的独资、私营等公司、企业、事业单位。

7. 最高人民法院《关于审理单位犯罪案件具体应用法律有关问题的解释》第二条

个人为进行违法犯罪活动而设立的公司、企业、事业单位实施犯罪的,或者公司、企业、事业单位设立后,以实施犯罪为主要活动的,不以单位犯罪论处。

8. 最高人民法院《关于审理单位犯罪案件具体应用法律有关问题的解释》第三条

盗用单位名义实施犯罪,违法所得由实施犯罪的个人私分的,依照刑法有关自然人犯罪的规定定罪处罚。

9. 最高人民检察院《关于行贿罪立案标准的规定》

三、单位行贿案

涉嫌下列情形之一的,应予立案:

1. 单位行贿数额在 20 万元以上的;

2. 单位为谋取不正当利益而行贿,数额在 10 万元以上不满 20 万元,但具有下列情形之一的:

(1) 为谋取非法利益而行贿的;

(2) 向三人以上行贿的;

(3) 向党政领导、司法工作人员、行政执法人员行贿的;

（4）致使国家或者社会利益遭受重大损失的。

因行贿取得的违法所得归个人所有的，依照本规定关于个人行贿的规定立案，追究其刑事责任。

10. 最高人民检察院《关于行贿罪立案标准的规定》

六、行贿罪

涉嫌下列情形之一的，应予立案：

1. 行贿数额在1万元以上的；

2. 行贿数额不满1万元，但具有下列情形之一的：

（1）为谋取非法利益而行贿的；

（2）向3人以上行贿的；

（3）向党政领导、司法工作人员、行政执法人员行贿的；

（4）致使国家或者社会利益遭受重大损失的。

因被勒索给予国家工作人员以财物，已获得不正当利益的，以行贿罪追究刑事责任。

23 巨额财产来源不明的数额如何认定？

✓ 主旨提示

这是一起收受贿赂后又退回的案件。

📄 案情回顾

韦某，甲市人民检察院公诉科原科长。

2014年10月22日，甲市公安局将A公司业务员罗某（已判决）涉嫌诈骗国家农机补贴资金案件移送甲市检察院审查起诉。在案件审查起诉期间，A公司经理陈某（已判决）找到林某（已判决），请林某帮忙疏通关系，使罗某案件作不起诉处理。2014年12月至2015年1月间，陈某先后转账给林某27万元，作为林某疏通关系的费用。林某通过麦某（已判决）找到韦某并向其提出对罗某作不起诉处理的请求，并将9万元交给麦某。2015年1月的一天，麦某将装有人民币4万元的信封送给韦某，但韦某最后以罗某涉案金额大，不可能作不起诉处理为由将4万元退回给麦某。随后，麦某将9万元退回给林某，甲市人民检察院以罗某涉嫌诈骗罪向甲市人民法院提起公诉。

此外，纪检监察机关还查明，韦某的财产和支出共计人民币 3265997.28 元，减去其收入共计人民币 2814924.78 元，差额为人民币 451072.5 元。

办案过程

2018 年 3 月，韦某因严重违纪违法涉嫌受贿犯罪被纪检监察机关立案审查调查，并被采取留置措施；

2018 年 6 月，韦某被移送检察机关审查起诉；

2018 年 8 月，检察机关以韦某涉嫌受贿罪、巨额财产来源不明罪向人民法院提起公诉；

2018 年 10 月，一审法院以韦某犯受贿罪，判处其有期徒刑八个月，并处罚金 10 万元；犯巨额财产来源不明罪，判处其有期徒刑八个月。合处有期徒刑一年四个月，并处罚金 10 万元；决定执行有期徒刑一年，并处罚金 10 万元。

2018 年 12 月，二审法院撤销了一审法院判决关于韦某犯巨额财产来源不明罪的定罪、量刑和决定执行的刑期，维持一审法院关于韦某犯受贿罪的定罪和量刑，判决韦某犯受贿罪，判处其有期徒刑八个月，并处罚金 10 万元。

难点解析

◎韦某收受麦某 4 万元钱又退还的行为，是否构成受贿罪？

《意见》第九条第一款"国家工作人员收受请托人财物后及时退还或者上交的，不是受贿"的规定，主要针对的是国家工作人员客观上收受了他人财物（或者客观上财物已经由国家工作人员占有），但没有受贿主观故意的情形。在本案中，根据韦某的供述以及麦某的证言，能够认定韦某在收受麦某4万元的时候已经清楚知道麦某送钱的目的是因为罗某的案件，也即其有受贿的主观故意；韦某收受麦某4万元后发现罗某案不可能作不起诉处理，才将钱退还给麦某。可见，韦某主观上是具有受贿的故意的，且客观上也利用职务上的便利收受了麦某所送的4万元，其行为符合受贿罪中"为他人谋取利益"的要件，故在其收受了请托人麦某4万元的那一刻起便已经构成受贿罪既遂，即便其后来因为无法满足麦某的要求而将钱退还，也不影响对其受贿罪的认定。

◎二审法院为什么撤销了一审法院判决关于韦某犯巨额财产来源不明罪的定罪、量刑？

根据最高人民检察院《关于人民检察院直接受理立案侦查案件立案标准的规定（试行）》，巨额财产来源不明罪是指国家工作人员的财产或者支出明显超出合法收入，差额巨大，而本人又不能说明其来源是合法的行为。涉嫌巨额财产来源不明，数额在30万元以上的，应予立案。在该类案件的调查中，对巨额财产来源不明的数额计算、认定及取证工作至关重要。

根据《刑法》第三百九十五条对于巨额财产来源不明罪的界定，结合最高人民法院《全国法院审理经济犯罪案件工作座谈会纪要》中相关计算说明，目前常用计算公式为：巨额财产来源不明数额=（现有财产+所有支出）-有来源的收入。上述公式中，被减数是现有财产和所有支出的合计数，即一个家庭的全部财产。正常情况下，家庭全部财产来源于共同生活的家庭成员的全部收入，所以家庭各成员的收入总和同样等于现有财产和所有支出的合计数。以上公式的扣减额中，有来源的收入包括了两项，合法收入和已查明的违纪违法犯罪所得。如被调查人能够如实说明所有收入来源，那么扣减额和被减数应该相等，作为差额的巨额财产来源不明数额应为零。

本案中，纪检监察机关查明韦某的现有财产+所有支出共计人民币 3265997.28 元，减去有来源的收入共计人民币 2814924.78 元，差额为人民币 451072.5 元，达到了巨额财产来源不明罪的立案标准。该数额也得到了一审法院的认定。

二审法院经过审理查明，韦某的现有财产和所有支出包括自己的银行存款以及其他用于家庭生活消费支出共计 2818253.31 元。韦某有来源的收入与其他人合伙投资获利、购买土地，购买股票获利，以及工资收入合计 2814924.78 元。

二审法院认定的现有财产和所有支出之所以比一审法院认定得少，是因为一审法院将某些股票、股权进行了重复计算。房屋、车辆、股票、股权等收益性资产可以作为现有财产，也可作为购买性支出，但是这些资产只能选择一种归类方式，如果归入现有财产就不在支出中体现，如果归入支出，就不在现有财产中体现，不得重复计算。

二审法院计算出的韦某所有财产和所有支出与韦某有来源的收入差额只有几千元，没有达到 30 万元的立案标准，所以不认定韦某构成巨额财产来源不明罪。

◎来源不明的巨额财产数额应该如何认定？

对来源不明的巨额财产的计算，不能简单机械地套用公式，而要结合案情进行全面、客观取证，科学确定每一个要素的数额，最后进行计算和认定。

所有财产主要包括被调查人及共同生活的家庭成员的财产总和。一是扣押的现金及物品。其中，扣押的外汇现金如有证据证明为自购并有购买时间的，按照购买时间为基准日进行汇率折算后计入现有财产，无法查明时间和来源的外币以扣押日为基准日进行汇率折算后计入现有财产。扣押的贵重物品，如有证据证明自购以及购买时的价格，按照购买价格计入现有财产，无法查明时间和来源的，以扣押日为基准日进行价格鉴定，鉴定价格计入财产总额。二是银行存款、房产、车辆、股票、债券、股权、保险等财产。不仅包括登记在被调查人本人及共同生活的家庭成员名下的，还包括以他人名义持有、实际归被调查人家庭拥有和控制的财产。其中，房产及车辆按照购入时的价格计入现有财产，银行存款按照立案日的余额统一计入现有财产。股票、债券、股权、保险等权益性财产，如果投入本金数额明确的，按照投入本金数额计入财产数额；本金不明确的，如反复操作的股票账户，一般在进行会计核算后，将查封冻结时（或截止立案日）股票账户账面财产列入现有财产，盈利数额计入有来源的收入部分予以扣减。

所有支出主要包括六类：一是家庭日常支出。以国家统计部门公布的被调查人居住地的居民消费性支出数据为准，按照被调查人和共同生活的家庭成员人数和消费年度综合计算。二是大额看病支出。从医疗保险部门或者相关医院调取除医保统筹部分外的个人支付部分。三是大额旅游支出、子女留学费用支出。如果无法提供明确支付凭证，可以结合银行流水资料印证或者相关人员笔录证言的彼此对应来印证。四是房屋装修及家电支出。在实践中，此部分支出如有明确支出凭证则以凭证为准，如没有，则以装修和购买时间为基准日，由鉴定部门出具鉴定意见确定价格后，再计入支出项。五是赠予他人或向他人行贿的钱款支出。六是借出且尚未归还的款项支出，但是借出并已经归还的款项不计入支出项，相关出借款收益经确定可以计入有来源的收入部分。

有来源的收入主要包括六类：一是家庭成员的工资奖金补贴等工作性收入。实践中，某些单位可能早年账务凭证缺失，可由单位对工资进行测算，单位已不存在的，可向当地人社部门调取相关年度的工资收入测算数据，缺失部分按照测算数据计算。二是稿酬等劳务性收入。三是提取公积金收入。只包括直接提取的数额，使用公积金贷款的数额不计入。四是房屋出租收入、卖房收益、炒股收益、股权分红、银行存款利息收入。五是出借款利息收入、父母遗赠、投资经营公司收入。六是已查明的违纪违法犯罪所得。

◎对来源不明的巨额财产调查取证时，应该注意哪些方面？

巨额财产来源不明罪原本是作为贪污贿赂犯罪的兜底补充，量刑低于贪污贿赂罪，且在事实无法查清又不能排除合理怀疑的情况下，还要遵循有利于被调查人的原则。实践中，一些被调查人为了通过巨额财产来源不明罪从轻量刑、逃避惩处，闭口不谈或少谈贪污贿赂事实，人为造成巨额财产来源不明的状况。

有来源的收入作为巨额财产来源不明罪计算的扣减数,通常是争议的焦点,往往会因为案卷中对有来源的收入的认定不够充分全面,而对前期的查办工作产生质疑。所以,在对有来源的收入正式取证之前要与被调查人及其共同生活的家庭成员充分沟通,让其逐一写出有来源的收入项目、金额并签字。待有来源收入的书证全部取得后,还应采取出示证据的方式与被调查人进行最终笔录确认。为了避免后续程序中被调查人否认的情况,对现有资产和以往支出的取证也应该依照此模式进行。

对于股票、保险、股权等金融资产或权益类资产支出及收益的认定,尤其是反复操作的股票和股权类资产、险种及收益模式多样化的保险投资等,由于专业性比较强,办案人员很难快速准确地理解把握证据资料的内容,对此我们可以请专业机构和专业人士提供比较明确的支出及收益数额。

需要特别注意的是,被调查人家属上交违纪款的,如果资金来源和立案日的银行存款余额没有直接关系,不存在重复计算的问题,则上交款项一并计入现有财产。如果该项资金是立案日之后从银行存款中取出,之前银行存款余额已经作了财产统计的,则上交款不应作为现有财产重复计算。房屋、车辆、股票、股权等收益性资产也可作为购买性支出,购买价格即支出数额。但是这些资产只能选择一种归类方式,如果归入现有财产就不在支出中体现,如果归入支出,就不在现有财产中体现,不得重复计算。曾经买入、当前已经卖出的房屋、车辆、股权等,其第一次购买时的支出不计入支出项,因第一次的支出在卖出后已经转为其他形态的财产或支出,不能重复计算。

居民日常消费支出是一个概括性数字，综合代表日常零星支出。在调查取证中，例如水电费、物业费等，虽有具体消费凭证，其实已经在日常消费支出中涵盖，为避免重复计算，一般不再计入支出。

知识扩展

◎关于对及时退还或者上交的"及时"的理解

《意见》第九条第一款规定，国家工作人员收受请托人财物后及时退还或者上交的，不是受贿。对于"及时"的把握，目前没有明确规定。有观点认为，"及时"不应仅限于当时当刻，如果主观上有归还或者上交的意思，但因为客观方面的原因未能立即归还或者上交，在客观障碍消除后立即归还或者上交的，同样应当理解为及时。也有学者认为，对"及时"不应该限定具体的时间长短，只要在合理的时间段内，且能够反映出国家工作人员主观上没有受贿的故意，就应当认定属于"及时退还或者上交"。

《国家行政机关及其工作人员在国内公务活动中不得赠送和接受礼品的规定》规定，对接受的礼品必须在一个月内交出并上交。中共中央办公厅、国务院办公厅《关于严禁党政机关及其工作人员在公务活动中接受和赠送礼金、有价证券的通知》规定，各级党政机关及其工作人员在涉外活动中，由于难以谢绝而接受的礼金和有价证券，必须在一个月内全部交出并上缴。有观点认为，受贿较之收受礼品、礼金危害性更大，其上交的时限应当参考现有规定从严把握。但实践中，有时不能要求行为人当即完成退还、上交事宜，还要考察行为人还款是否真实存在客观上的困难，以致其不能及时退还，在客观障碍消除后立即归还或者上交的也应属于及时。因此，对是否属于及时归还，应综合考虑收钱时间、数额、退还条件等各种因素判定。

◎关于巨额财产来源不明罪中"不能说明"的理解

根据最高人民法院《全国法院审理经济犯罪案件工作座谈会纪要》关于巨额财产来源不明罪的解释，行为人不能说明巨额财产来源合法的认定，《刑法》第三百九十五条第一款规定的"不能说明"，包括以下情况：（1）行为人拒不说明财产来源；（2）行为人无法说明财产的具体来源；（3）行为人所说的财产来源经司法机关查证并不属实；（4）行为人所说的财产来源因线索不具体等原因，司法机关无法查实，但能排除存在来源合法的可能性和合理性的。

◎关于"非法所得"的数额计算

《刑法》第三百九十五条规定的"非法所得"，一般是指行为人的全部财产与能够认定的所有支出的总和减去能够证实的有真实来源的所得。在具体计算时，应注意以下问题：（1）应把国家工作人员个人财产和与其共同生活的家庭成员的财产、支出等一并计算，而且一并减去他们所有的合法收入以及确属与其共同生活的家庭成员个人的非法收入。（2）行为人所有的财产包括房产、家具、生活用品、学习用品及股票、债券、存款等动产和不动产；行为人的支出包括合法支出和不合法支出，即日常生活、工作、学习费用、罚款及向他人行贿的财物等；

行为人的合法收入包括工资、奖金、稿酬、继承等法律和政策允许的各种收入。(3) 为了便于计算犯罪数额，对于行为人的财产和合法收入，一般可以从行为人有比较确定的收入和财产时开始计算。

纪法依据

1.《中华人民共和国刑法》第三百八十五条

国家工作人员利用职务上的便利，索取他人财物的，或者非法收受他人财物，为他人谋取利益的，是受贿罪。

国家工作人员在经济往来中，违反国家规定，收受各种名义的回扣、手续费，归个人所有的，以受贿论处。

2.《中华人民共和国刑法》第三百九十五条第一款

国家工作人员的财产、支出明显超过合法收入，差额巨大的，可以责令该国家工作人员说明来源，不能说明来源的，差额部分以非法所得论，处五年以下有期徒刑或者拘役；差额特别巨大的，处五年以上十年以下有期徒刑。财产的差额部分予以追缴。

3. 最高人民法院、最高人民检察院《关于办理受贿刑事案件适用法律若干问题的意见》

九、关于收受财物后退还或者上交问题

国家工作人员收受请托人财物后及时退还或者上交的，不是受贿。

国家工作人员受贿后，因自身或者与其受贿有关联的人、事被查处，为掩饰犯罪而退还或者上交的，不影响认定受贿罪。

4. 最高人民检察院《关于人民检察院直接受理立案侦查案件立案标准的规定（试行）》

一、贪污贿赂犯罪案件

（九）巨额财产来源不明案（第395条第1款）

巨额财产来源不明罪是指国家工作人员的财产或者支出明显超出合法收入，差额巨大，而本人又不能说明其来源是合法的行为。

涉嫌巨额财产来源不明，数额在30万元以上的，应予立案。

24 乱收费私设私分"小金库",如何定性处分?

主旨提示

这是一起通过乱收费私设私分"小金库"的案件。

案情回顾

廖某,中共党员,甲县道路运输管理所原法定代表人、所长。

廖某在任甲县道路运输管理所所长期间,利用甲县某服务部擅自向前来办理客货运车辆开业许可、车辆营运证以及车辆营运证年审的车主或者客户收取费用共计60万元,擅自安排社会人员潘某、陆某在甲县道路运输管理所从事道路运输驾驶员诚信考核工作,向前来办理诚信考核档案的从业驾驶员收取每本45元或50元不等的"代办费",且未出具任何收据或者发票,上述款项均纳入了单位"小金库"管理使用。同时,廖某授意道路运输管理所运管员黄某甲采取虚开发票和虚列单位开支的方法,套取国有资金,以发放各种补助的名义分给单位的领导、职员。

办案过程

2018年8月,廖某因严重违纪违法涉嫌贪污犯罪被纪检监察机关立案审查调查,并被采取留置措施;

2019年1月,廖某被开除党籍、开除公职,并被移送检察机关审查起诉;

2021年3月,检察机关以廖某涉嫌贪污罪、滥用职权罪向人民法院提起公诉;

2021年5月,人民法院以犯私分国有资产罪,判处廖某有期徒刑一年六个月,缓刑二年,并处罚金1万元。

难点解析

◎**为什么廖某构成私分国有资产罪而非贪污罪?**

根据刑法规定,贪污罪是指国家工作人员利用职务上的便利,侵吞、窃取、骗取或者以其他手段非法占有公共财物;私分国有资产罪是指国家机关、国有公司、企业、事业单位、人民团体,违反国家规定,以单位名义将国有资产集体私分给个人,数额较大的行为。

贪污罪与私分国有资产罪有许多相同或相近之处,两罪同时被规定在《刑法》分则第八章贪污贿赂罪之中。由于私分国有资产罪在主体上肯定不是一人而是数人所为,所以,私分国有资产罪与数个国家工作人员构成的共同贪污罪容易被混淆。区分私分国有资产罪与共同贪污罪,可以从以下三点来把握:一是从主体和主观方面来看,私分国有资产的主体是单位,表现为一种群体犯罪意志；共同贪污的主体是国家工作人员，并且还可以是受国家机关、国有公司、企业、事业单位、人民团体委托管理、经营国有财产的人员，体现的是贪污人的个体犯罪意志，是为了个人中饱私囊，具有将公共财产非法据为己有的目的。二是从客观方面来看，私分国有资产表现为违反国家规定，以单位名义为单位成员谋利；共同贪污在客观上则表现为利用职务上的便利，以侵吞、窃取、骗取等手段，非法将公共财物占为己有。三是犯罪对象不同，私分国有资产罪的犯罪对象是国有资产，侵犯国有资产所有权；而贪污罪的犯罪对象是公共财物，其范围要大于国有资产。

根据本案案情，从主体和主观方面来看，廖某作为甲县道路运输管理所法定代表人、所长，给干部职工发放各种补助，体现的是为干部职工谋福利的单位意志；从客观方面来看，给干部职工发放的各种补助是以甲县道路运输管理所的名义发放的，而非廖某个人给大家发放的；从犯罪对象来看，甲县道路运输管理所用来发放补助的钱款来源于财政拨款或者罚没款财政返还，属于国有资产。所以，甲县道路运输管理所违反国家规定，以单位名义将国有资产集体私分给个人，构成私分国有资产罪。私分国有资产罪是单位犯罪，但根据法律规定只处罚私分国有资产的直接负责的主管人员和其他直接责任人员。廖某作为直接负责的主管人员，应该以私分国有资产罪定罪处罚。

◎廖某为何不构成滥用职权罪？

根据刑法规定，滥用职权罪是指国家机关工作人员故意逾越职权，不按或违反法律决定处理其无权决定、处理的事项，或者违反规定处理公务，致使公共财产、国家和人民利益遭受重大财产损失等行为。构成滥用职权罪，既要求有滥用职权的行为，又要求有致使公共财产、国家和人民利益遭受重大损失的结果，而且要求滥用职权的行为与公共财产、国家和人民利益遭受重大损失的结果之间有因果关系。

根据最高人民法院、最高人民检察院《关于办理渎职刑事案件适用法律若干问题的解释（一）》规定，国家机关工作人员滥用职权或者玩忽职守，具有下列情形之一的，应当认定为《刑法》第三百九十七条规定的"致使公共财产、国家和人民利益遭受重大损失"：一是造成死亡1人以上，或者重伤3人以上，或者轻伤9人以上，或者重伤2人、轻伤3人以上，或者重伤1人、轻伤6人以上的；二是造成经济损失30万元以上的；三是造成恶劣社会影响的；四是其他致使公共财产、国家和人民利益遭受重大损失的情形。

廖某在担任甲县道路运输管理所所长期间，利用甲县某服务部向车主或者客户违规收取各种费用，并将此纳入运管所"小金库"管理使用，但该服务部是已通过工商部门依法登记成立，按照物价局的批示收费，依法纳税，合法经营的中介部门，中介服务收费适用市场调节价，由经营者自主依法制定。因此，该服务部的收费没有违反法律的禁止性规定，而甲县道路运输管理所利用其职责掌管该服务部所得的收益，所以该行为不符合滥用职权罪的构成要件。廖某擅自安排社会人员潘某、陆某向前来办理诚信考核档案的从业驾驶员收取每本45元或50元不等的"代办费"，由于没有"致使公共财产、国家和人民利益遭受重大损失",所以,廖某的行为不构成滥用职权罪。

◎廖某乱收费的行为违纪吗?

廖某作为共产党员,向前来办理诚信考核档案的从业驾驶员收取每本 45 元或 50 元不等的"代办费",属于超范围向群众摊派费用,加重群众负担,构成侵害群众利益行为。根据《党纪处分条例》第一百一十二条的规定,有其他侵害群众利益行为的,对直接责任者和领导责任者,情节较轻的,给予警告或者严重警告处分;情节较重的,给予撤销党内职务或者留党察看处分;情节严重的,给予开除党籍处分。

廖某作为公职人员,违反规定向管理服务对象收取费用,根据《政务处分法》第三十八条,违反规定向管理服务对象收取、摊派财物,情节较重的,予以警告、记过或者记大过;情节严重的,予以降级或者撤职。

◎甲县道路运输管理所将违规收取的钱款纳入单位"小金库"管理使用,如果因此给予该单位负责人政务处分,其处分依据是什么?

"小金库",是指违反法律法规及其他有关规定,应列入而未列入符合规定的单位账簿的各项资金(含有价证券)及其形成的资产。

根据 2000 年 2 月 12 日国务院公布的《违反行政事业性收费和罚没收入收支两条线管理规定行政处分暂行规定》(以下简称《罚没收入暂行规定》),不按照规定将行政事业性收费缴入国库或者预算外资金财政专户的,对直接负责的主管人员和其他直接责任人员给予记大过处分;情节严重的,给予降级或者撤职处分。

2010年1月5日，监察部、人力资源社会保障部、财政部、审计署联合公布的《设立"小金库"和使用"小金库"款项违法违纪行为政纪处分暂行规定》（以下简称《"小金库"暂行规定》）第四条规定，"有设立'小金库'行为的，对有关责任人员，给予记过或者记大过处分；情节严重的，给予降级或者撤职处分"。同时，《"小金库"暂行规定》第九条规定，以单位名义将"小金库"财物集体私分给单位职工的，对有关责任人员，给予记过或者记大过处分；情节较重的，给予降级或者撤职处分；情节严重的，给予开除处分。

甲县道路运输管理所将违规收取的钱款不上缴国库、安排由财务人员直接保管并用于单位日常开支的行为，既违反了行政法规《罚没收入暂行规定》，又违反了部门规章《"小金库"暂行规定》，属于法条竞合，应当适用作为上位法的《罚没收入暂行规定》。

知识扩展

◎关于国有公司、企业在改制过程中私分国有资产罪与贪污罪的区分

根据最高人民法院、最高人民检察院《关于办理国家出资企业中职务犯罪案件具体应用法律若干问题的意见》的规定，国有公司、企业违反国家规定，在改制过程中隐匿公司、企业财产，转为职工集体持股的改制后公司、企业所有的，对其直接负责的主管人员和其他直接责任人员，依照《刑法》第三百九十六条第一款的规定，以私分国有资产罪定罪处罚。国家出资企

业中的国家工作人员在公司、企业改制或者国有资产处置过程中徇私舞弊，将国有资产低价折股或者低价出售给特定关系人持有股份或者本人实际控制的公司、企业，致使国家利益遭受重大损失的，依照《刑法》第三百八十二条、第三百八十三条的规定，以贪污罪定罪处罚。贪污数额以国有资产的损失数额计算。

◎私分国有资产给个别人与贪污的界定

有观点认为，私分国有资产给个别人是贪污行为，其实这是一个误解，贪污罪是建立在个别人自己私自私分给自己的前提上，而不是单位私分给个人。从主体上讲，私分国有资产罪的主体是单位，是以单位名义私分的；贪污罪的主体是个人，并不体现单位意志。从财物的流向来看，私分国有资产罪中被私分的财物未必是给了作出私分决定的人；而贪污罪中被贪污的财物则是到了贪污人手中。

纪法依据

1.《中华人民共和国刑法》第三百八十二条

国家工作人员利用职务上的便利，侵吞、窃取、骗取或者以其他手段非法占有公共财物的，是贪污罪。

受国家机关、国有公司、企业、事业单位、人民团体委托管理、经营国有财产的人员，利用职务上的便利，侵吞、窃取、骗取或者以其他手段非法占有国有财物的，以贪污论。

与前两款所列人员勾结，伙同贪污的，以共犯论处。

2.《中华人民共和国刑法》第三百九十六条第一款

国家机关、国有公司、企业、事业单位、人民团体，违反国家规定，以单位名义将国有资产集体私分给个人，数额较大的，对其直接负责的主管人员和其他直接责任人员，处三年以下有期徒刑或者拘役，并处或者单处罚金；数额巨大的，处三年以上七年以下有期徒刑，并处罚金。

3.《中华人民共和国刑法》第三百九十七条

国家机关工作人员滥用职权或者玩忽职守，致使公共财产、国家和人民利益遭受重大损失的，处三年以下有期徒刑或者拘役；情节特别严重的，处三年以上七年以下有期徒刑。本法另有规定的，依照规定。

国家机关工作人员徇私舞弊，犯前款罪的，处五年以下有期徒刑或者拘役；情节特别严重的，处五年以上十年以下有期徒刑。本法另有规定的，依照规定。

4. 最高人民检察院《关于人民检察院直接受理立案侦查案件立案标准的规定（试行）》

二、渎职犯罪案件

（一）滥用职权案（第397条）

滥用职权罪是指国家机关工作人员超越职权，违法决定、处理其无权决定、处理的事项，或者违反规定处理公务，致使公共财产、国家和人民利益遭受重大损失的行为。

……

5. 最高人民法院、最高人民检察院《关于办理渎职刑事案件适用法律若干问题的解释（一）》第一条

国家机关工作人员滥用职权或者玩忽职守，具有下列情形之一的，应当认定为刑法第三百九十七条规定的"致使公共财产、国家和人民利益遭受重大损失"：

（一）造成死亡1人以上，或者重伤3人以上，或者轻伤9人以上，或者重伤2人、轻伤3人以上，或者重伤1人、轻伤6人以上的；

（二）造成经济损失30万元以上的；

（三）造成恶劣社会影响的；

（四）其他致使公共财产、国家和人民利益遭受重大损失的情形。

具有下列情形之一的，应当认定为刑法第三百九十七条规定的"情节特别严重"：

（一）造成伤亡达到前款第（一）项规定人数3倍以上的；

（二）造成经济损失150万元以上的；

（三）造成前款规定的损失后果，不报、迟报、谎报或者授意、指使、强令他人不报、迟报、谎报事故情况，致使损失后果持续、扩大或者抢救工作延误的；

（四）造成特别恶劣社会影响的；

（五）其他特别严重的情节。

6. 监察部、人力资源社会保障部、财政部、审计署《设立"小金库"和使用"小金库"款项违法违纪行为政纪处分暂行规定》第二条

本规定所称"小金库"，是指违反法律法规及其他有关规定，应列入而未列入符合规定的单位账簿的各项资金（含有价证券）及其形成的资产。

7. 监察部、人力资源社会保障部、财政部、审计署《设立"小金库"和使用"小金库"款项违法违纪行为政纪处分暂行规定》第四条

有设立"小金库"行为的，对有关责任人员，给予记过或者记大过处分；情节严重的，给予降级或者撤职处分。

8. 监察部、人力资源社会保障部、财政部、审计署《设立"小金库"和使用"小金库"款项违法违纪行为政纪处分暂行规定》第七条

使用"小金库"款项提高福利补贴标准或者扩大福利补贴范围、滥发奖金实物或者有类似支出行为的，对有关责任人员，给予警告处分；情节较重的，给予记过或者记大过处分；情节严重的，给予降级或者撤职处分。

9. 监察部、人力资源社会保障部、财政部、审计署《设立"小金库"和使用"小金库"款项违法违纪行为政纪处分暂行规定》第九条

以单位名义将"小金库"财物集体私分给单位职工的，对有关责任人员，给予记过或者记大过处分；情节较重的，给予降级或者撤职处分；情节严重的，给予开除处分。

10.《违反行政事业性收费和罚没收入收支两条线管理规定行政处分暂行规定》第十三条

不按照规定将行政事业性收费纳入单位财务统一核算、管理的，对直接负责的主管人员和其他直接责任人员给予记过处分；情节严重的，给予记大过或者降级处分。

11. 《违反行政事业性收费和罚没收入收支两条线管理规定行政处分暂行规定》第十四条

不按照规定将行政事业性收费缴入国库或者预算外资金财政专户的，对直接负责的主管人员和其他直接责任人员给予记大过处分；情节严重的，给予降级或者撤职处分。

不按照规定将罚没收入上缴国库的，依照前款规定给予处分。

12. 《中国共产党纪律处分条例》第一百零四条

违反有关规定自定薪酬或者滥发津贴、补贴、奖金等，对直接责任者和领导责任者，情节较轻的，给予警告或者严重警告处分；情节较重的，给予撤销党内职务或者留党察看处分；情节严重的，给予开除党籍处分。

13. 《中国共产党纪律处分条例》第一百一十二条

有下列行为之一，对直接责任者和领导责任者，情节较轻的，给予警告或者严重警告处分；情节较重的，给予撤销党内职务或者留党察看处分；情节严重的，给予开除党籍处分：

（一）超标准、超范围向群众筹资筹劳、摊派费用，加重群众负担的；

（二）违反有关规定扣留、收缴群众款物或者处罚群众的；

（三）克扣群众财物，或者违反有关规定拖欠群众钱款的；

（四）在管理、服务活动中违反有关规定收取费用的；

（五）在办理涉及群众事务时刁难群众、吃拿卡要的；

（六）有其他侵害群众利益行为的。

在扶贫领域有上述行为的，从重或者加重处分。

14.《中华人民共和国公职人员政务处分法》第三十八条

有下列行为之一,情节较重的,予以警告、记过或者记大过;情节严重的,予以降级或者撤职:

(一)违反规定向管理服务对象收取、摊派财物的;

(二)在管理服务活动中故意刁难、吃拿卡要的;

(三)在管理服务活动中态度恶劣粗暴,造成不良后果或者影响的;

(四)不按照规定公开工作信息,侵犯管理服务对象知情权,造成不良后果或者影响的;

(五)其他侵犯管理服务对象利益的行为,造成不良后果或者影响的。

有前款第一项、第二项和第五项行为,情节特别严重的,予以开除。

25 经集体研究决定的滥用职权行为是否构成犯罪？

主旨提示

这是一起因镇政府工作人员做虚假报告导致国家征地补偿款重大损失的案例。

案情回顾

柳某，甲县 A 镇原党委委员、副镇长。叶某，甲县 A 镇城建办原主任。

2013 年 6 月，J 省发改委批复同意修建的某高速公路途经甲县 A 镇，甲县涉及需要征地拆迁的花炮企业有 40 家。

位于甲县 A 镇的金某花炮厂，因该厂老板叶某某不准省交通设计院进厂丈量，省交通设计院在沿线花炮厂一览表中对该花炮厂的预计拆迁范围标注为"老板不准丈量厂房"，故省高速项目办没有将金某花炮厂进行委托安全鉴定。

为了确保高速征迁工作顺利进行，在工期紧、上级下达任务重的情况下，考虑到金某花炮厂老板叶某某提出要整体拆迁并阻挠征地拆迁工作，柳某、叶某等人经过商量后，在明知金某花炮厂未经安全鉴定的情况下,以甲县 A 镇人民政府名义发文《关于请求对红线内土地、房屋等进行复查复核的报告》,虚构了金某花炮厂已经过市花炮科研所和县花炮安监局的安全鉴定需整厂搬迁的事实。县高速指挥部办公室根据该报告向省高速项目办进行了上报。省高速项目办根据报告认定甲县金某花炮厂进行了安全鉴定需整体搬迁,将甲县金某花炮厂列为整体征收对象。2015 年 1 月 29 日,高速公路建设项目指挥部与金某花炮厂签订征收补偿协议,花炮厂老板叶某某以整体征收名义获取了征地拆迁补偿款 1100 万元。经司法鉴定机构鉴定,甲县金某花炮厂只需部分拆迁,拆迁部分的征地补偿款为 300 余万元。

办案过程

2018 年 3 月,柳某、叶某因严重违纪违法涉嫌滥用职权犯罪被纪检监察机关立案审查调查;

2018 年 8 月,柳某、叶某被开除党籍、开除公职,并被移送检察机关审查起诉;

2018 年 10 月,检察机关以柳某、叶某涉嫌滥用职权罪向人民法院提起公诉;

2018 年 12 月,一审法院以柳某、叶某滥用职权的行为与国家征地补偿款重大损失之间没有刑法意义上的因果关系为由,判决二人无罪;

2018 年 12 月,检察机关提出抗诉;

2019 年 2 月,二审法院判决柳某犯滥用职权罪,免予刑事处罚；判决叶某犯滥用职权罪，免予刑事处罚。

📝 难点解析

◎本案一审法院判决柳某、叶某二人无罪，二审法院改判二人构成滥用职权罪，对此应如何理解？

根据刑法规定，滥用职权罪是指国家机关工作人员故意逾越职权，不按或违反法律决定、处理其无权决定、处理的事项，或者违反规定处理公务，致使公共财产、国家和人民利益遭受重大财产损失等行为。

一审法院认为，柳某、叶某作为政府工作人员，在负责高速公路征地拆迁工作中，虚构金某花炮厂经市花炮科研所和县花炮安监局的安全鉴定需整厂搬迁的事实，没有正确履行职务，有滥用职权的行为。但是，国家征迁补偿款重大损失的造成，在于金某花炮厂领取了整体征迁补偿款而实际上只需部分拆迁，而造成金某花炮厂部分征迁的责任并不在于柳某、叶某。因此，金某花炮厂整体征迁并不必然造成国家征迁补偿款的重大损失，即柳某、叶某滥用职权的行为与国家征地补偿款重大损失之间没有刑法意义上的因果关系，所以认定二人无罪。

而二审法院认为，没有柳某、叶某二人《关于请求对红线内土地、房屋等进行复查复核的报告》虚构金某花炮厂已经过安全鉴定需整体搬迁的事实，省高速项目办就不会根据报告认定甲县金某花炮厂进行了安全鉴定需整体搬迁并拨付整体征收补偿款，高速项目办就不会在整体征迁的基准下对金某花炮厂的征迁进行谈判，这环环相扣的行为之间符合事实因果关系中的"若无前者,即无后者"的条件性因果关系。且结合柳某、叶某的阅历、职责,应该认识到虚构金某花炮厂已经过安全鉴定要整体征收的行为可能导致金某花炮厂被整体征收的结果。所以,国家超额支付给金某花炮厂补偿款与柳某、叶某二人滥用职权的行为具有刑法上的因果关系,二人构成滥用职权罪。

◎滥用职权罪中的因果关系应如何确定?

确定刑法上的因果关系,首先应该确定危害行为与危害结果之间存在着事实因果关系。事实因果关系是指对危害结果的发生起到促进作用的所有因果关系(一般排除刑法上无意义的行为),是一种事实判断;法律因果关系则是指能够纳入刑法评价的,对危害结果的发生具有法律意义上可归责的因果关系,是一种价值判断。

事实因果关系是法律因果关系判断的基础,在具体认定中,应当首先对事实因果关系进行判断,从客观事实的联系方面划定造成损害后果的原因范围,进而筛选出对危害结果起决定作用、关键作用的行为作为法律上的因果关系,并以此作为追究刑事责任的依据。

渎职犯罪作为法定犯,其危害行为和危害结果都应当是法律明文规定的,危害行为和危害结果之间的因果关系也应蕴含在法条之中。因此,通过刑法条文的具体规定,我们首先可以在形式上判断渎职行为与危害结果之间是否存在符合法条所预设的因果关系类型。当符合构成要件的危害结果出现时,如果渎职行为符合法条规定的行为样态,就可以从形式上被认定行为与危害结果具有法律上的因果关系。

渎职犯罪因果关系判断的难点在于通常要掺杂对介入因素（主要是第三人行为）的判断。因为单个方面的内容并不能必然中断因果关系，如介入因素虽然异常，但对结果发生的作用很小，则不能中断因果关系；同样，对结果起重要作用的介入因素，如果在行为人的监管职责范围内，也不能中断因果关系。只有行为人监管范围之外的异常性介入因素，并合乎规律地引起了危害结果的产生，才能够中断行为与介入因素造成的结果之间的因果关系。

本案中，柳某、叶某二人滥用职权，虚构金某花炮厂已经过安全鉴定需要整体搬迁的事实，直接导致省高速项目办认定金某花炮厂进行了安全鉴定需整体搬迁并拨付整体征收补偿款，从而导致了国家征地补偿款的损失，符合刑法关于滥用职权罪的明文规定，而且几乎没有介入因素的干扰。所以，应当以滥用职权罪追究柳某、叶某的刑事责任。

◎经集体研究决定的滥用职权行为是否构成犯罪？

在滥用职权案中，个人作出错误的决定并造成重大损失的，个人负直接责任。如果错误决定是经集体研究作出，《关于办理渎职刑事案件适用法律若干问题的解释（一）》明确追究负有责任的人员的刑事责任。对于多数人特别是上下级共同实施的渎职犯罪，违法决定的负责人员往往以仅负有间接的领导责任为自己开脱罪责，或者以经集体研究为托辞推诿责任，实践当中有的只追究了具体执行人员的刑事责任。这种"抓小放大"现象违背了问责机制的基本要求，既不公平，也不利于预防和惩处犯罪。因此，《关于办理渎职刑事案件适用法律若干问题的解释（一）》首次明确以"集体研究"形式实施渎职犯罪，应依法追究负有责任人员的刑事责任；而对于具体执行人员，应当在综合认定其行为性质、是否提出反对意见、危害结果大小等情节的基础上决定是否追究刑事责任和应当判处的刑罚。

本案中，虚构金某花炮厂已经过市花炮科研所和县花炮安监局的安全鉴定需作整厂搬迁的事实，主要是由柳某、叶某提出的，也是由二人具体执行的，不能以经集体研究决定为由否定其犯罪的事实。

◎**对于滥用职权行为应如何作出党纪政务处分？**

根据《政务处分法》的相关规定，滥用职权，危害国家利益、社会公共利益或者侵害公民、法人、其他组织合法权益，造成不良后果或者影响的，予以警告、记过或者记大过；情节较重的，予以降级或者撤职；情节严重的，予以开除。具体的履行公职行为，一般由相关的法律法规规范，通常在法律责任的章节中规定了公职人员滥用职权、玩忽职守或徇私舞弊等失职渎职行为的法律责任，应当根据具体的违纪违法情况，准确适用。

公职人员中的党员如果违反了工作纪律，既要受到相应的政务处分，也要承担党纪责任。党组织在纪律审查中，如果基本掌握了党员有失职渎职等刑法规定的行为，且涉嫌犯罪，应当直接适用《党纪处分条例》第二十七条规定，给予党员重处分后移送司法机关依法处理。如果行为人的失职渎职行为没有达到刑事立案标准，但需追究党纪责任，则根据《党纪处分条例》第二十八条，视具体情节给予警告直至开除党籍处分。

📖 知识扩展

◎关于党员失职渎职行为的处理

党组织在纪律审查中，如果基本掌握了党员有失职渎职等刑法规定的行为，且涉嫌犯罪，应当直接适用《党纪处分条例》第二十七条规定，给予党员重处分后移送司法机关依法处理。如果行为人的失职渎职行为没有达到刑事立案标准，但需追究党纪责任，则根据《党纪处分条例》第二十八条，视具体情节给予警告直至开除党籍处分。

◎关于滥用职权罪的立案标准

刑法上的渎职类犯罪一般都是结果犯，其构成要件一般都包含致使国家和人民利益遭受重大损失。

根据最高人民检察院《关于渎职侵权犯罪案件立案标准的规定》，滥用职权涉嫌下列情形之一的，应予立案：

（1）造成死亡1人以上，或者重伤2人以上，或者重伤1人、轻伤3人以上，或者轻伤5人以上的；

（2）导致10人以上严重中毒的；

（3）造成个人财产直接经济损失10万元以上，或者直接经济损失不满10万元，但间接经济损失50万元以上的；

（4）造成公共财产或者法人、其他组织财产直接经济损失20万元以上，或者直接经济损失不满20万元，但间接经济损失100万元以上的；

（5）虽未达到3、4两项数额标准，但3、4两项合计直接经济损失20万元以上，或者合计直接经济损失不满20万元，但合计间接经济损失 100 万元以上的；

（6）造成公司、企业等单位停业、停产 6 个月以上，或者破产的；

（7）弄虚作假，不报、缓报、谎报或者授意、指使、强令他人不报、缓报、谎报情况，导致重特大事故危害结果继续、扩大，或者致使抢救、调查、处理工作延误的；

（8）严重损害国家声誉，或者造成恶劣社会影响的；

（9）其他致使公共财产、国家和人民利益遭受重大损失的情形。

国家机关工作人员滥用职权，符合《刑法》第九章所规定的特殊渎职罪构成要件的，按照该特殊规定追究刑事责任；主体不符合《刑法》第九章所规定的特殊渎职罪的主体要件，但滥用职权涉嫌前款第 1 项至第 9 项规定情形之一的，按照《刑法》第三百九十七条的规定以滥用职权罪追究刑事责任。

◎关于滥用职权罪与其他犯罪重合情况的处理

根据最高人民法院、最高人民检察院《关于办理渎职刑事案件适用法律若干问题的解释（一）》相关规定，渎职犯罪与其他犯罪有重合的，按照以下规则处理：

国家机关工作人员实施渎职犯罪并收受贿赂，同时构成受贿罪的，除刑法另有规定外，以渎职犯罪和受贿罪数罪并罚。

国家机关工作人员实施渎职行为，放纵他人犯罪或者帮助他人逃避刑事处罚，构成犯罪的，依照渎职罪的规定定罪处罚。

国家机关工作人员与他人共谋，利用其职务行为帮助他人实施其他犯罪行为，同时构成渎职犯罪和共谋实施的其他犯罪共犯的，依照处罚较重的规定定罪处罚。

国家机关工作人员与他人共谋，既利用其职务行为帮助他人实施其他犯罪，又以非职务行为与他人共同实施该其他犯罪行为，同时构成渎职犯罪和其他犯罪的共犯的，依照数罪并罚的规定定罪处罚。

纪法依据

1.《中华人民共和国刑法》第三百九十七条

国家机关工作人员滥用职权或者玩忽职守，致使公共财产、国家和人民利益遭受重大损失的，处三年以下有期徒刑或者拘役；情节特别严重的，处三年以上七年以下有期徒刑。本法另有规定的，依照规定。

国家机关工作人员徇私舞弊，犯前款罪的，处五年以下有期徒刑或者拘役；情节特别严重的，处五年以上十年以下有期徒刑。本法另有规定的，依照规定。

2. 最高人民法院、最高人民检察院《关于办理渎职刑事案件适用法律若干问题的解释（一）》第一条

国家机关工作人员滥用职权或者玩忽职守，具有下列情形之一的，应当认定为刑法第三百九十七条规定的"致使公共财产、国家和人民利益遭受重大损失"：

（一）造成死亡1人以上，或者重伤3人以上，或者轻伤9人以上，或者重伤2人、轻伤3人以上，或者重伤1人、轻伤6人以上的；

（二）造成经济损失30万元以上的；

（三）造成恶劣社会影响的；

（四）其他致使公共财产、国家和人民利益遭受重大损失的情形。

具有下列情形之一的，应当认定为刑法第三百九十七条规定的"情节特别严重"：

（一）造成伤亡达到前款第（一）项规定人数3倍以上的；

（二）造成经济损失150万元以上的；

（三）造成前款规定的损失后果，不报、迟报、谎报或者授意、指使、强令他人不报、迟报、谎报事故情况，致使损失后果持续、扩大或者抢救工作延误的；

（四）造成特别恶劣社会影响的；

（五）其他特别严重的情节。

3. 最高人民法院、最高人民检察院《关于办理渎职刑事案件适用法律若干问题的解释（一）》第五条

国家机关负责人员违法决定，或者指使、授意、强令其他国家机关工作人员违法履行职务或者不履行职务，构成刑法分则第九章规定的渎职犯罪的，应当依法追究刑事责任。

以"集体研究"形式实施的渎职犯罪，应当依照刑法分则第九章的规定追究国家机关负有责任的人员的刑事责任。对于具体执行人员，应当在综合认定其行为性质、是否提出反对意见、危害结果大小等情节的基础上决定是否追究刑事责任和应当判处的刑罚。

4.《中国共产党纪律处分条例》第二十七条

党组织在纪律审查中发现党员有贪污贿赂、滥用职权、玩忽职守、权力寻租、利益输送、徇私舞弊、浪费国家资财等违反法律涉嫌犯罪行为的，应当给予撤销党内职务、留党察看或者开除党籍处分。

5.《中国共产党纪律处分条例》第一百二十一条

工作中不负责任或者疏于管理，贯彻执行、检查督促落实上级决策部署不力，给党、国家和人民利益以及公共财产造成较大损失的，对直接责任者和领导责任者，给予警告或者严重警告处分；造成重大损失的，给予撤销党内职务、留党察看或者开除党籍处分。

贯彻创新、协调、绿色、开放、共享的发展理念不力，对职责范围内的问题失察失责，造成较大损失或者重大损失的，从重或者加重处分。

6.《中华人民共和国公职人员政务处分法》第三十九条

有下列行为之一，造成不良后果或者影响的，予以警告、记过或者记大过；情节较重的，予以降级或者撤职；情节严重的，予以开除：

（一）滥用职权，危害国家利益、社会公共利益或者侵害公民、法人、其他组织合法权益的；

（二）不履行或者不正确履行职责，玩忽职守，贻误工作的；

（三）工作中有形式主义、官僚主义行为的；

（四）工作中有弄虚作假，误导、欺骗行为的；

（五）泄露国家秘密、工作秘密，或者泄露因履行职责掌握的商业秘密、个人隐私的。

26 玩忽职守罪的因果关系如何认定？

主旨提示

这是一起一审二审都判决无罪直到再审才改判有罪的案件。

案情回顾

黄某，中共党员，原系甲县司法局 A 司法所聘用的社区矫正工作人员。罪犯张某于 2018 年 5 月被甲县人民法院以危险驾驶罪宣告判处拘役六个月，缓刑一年，缓刑考验期自 2018 年 5 月 23 日至 2019 年 5 月 22 日。甲县社区矫正局通知张某到 A 司法所报到，由 A 司法所对其进行监管、矫正。2018 年 5 月 28 日，甲县 A 司法所对张某的社区矫正工作成立矫正小组，并与矫正小组签订责任书，根据社区矫正的相关规定，制定了张某的《矫正方案》，由黄某具体负责对张某的监管、矫正工作。

在对张某进行实际矫正工作中，在张某没有每周电话汇报自己的生活、工作的情况下，黄某却在记录簿上登记了张某电话汇报，对张某没有电话汇报的情况未作出处理；黄某在没有按规定每半个月对张某进行走访一次的情况下，填写了走访登记表；张某在社区矫正人员半月度、月度考察表、季度考察表书写了本人小结后，黄某在矫正办意见栏签署表现稳定评为较好的意见，并加盖了甲县A镇社区矫正工作领导小组办公室公章。此外，张某在社区矫正期间多次未请假外出，该情况未能被及时发现。

2018年10月30日，张某在某酒店向在此打工的前妻李某要求复婚，双方发生争执，张某持刀将李某砍成重伤，自己跳楼自杀身亡。

办案过程

2018年11月，黄某因严重违纪违法涉嫌玩忽职守罪被纪检监察机关立案审查调查；

2019年3月，黄某被开除党籍、解除聘用合同，并被移送检察机关审查起诉；

2019年4月，甲县人民检察院以黄某涉嫌玩忽职守罪向人民法院提起公诉；

2019年6月，甲县人民法院以公诉机关指控黄某的玩忽职守行为造成恶劣社会影响的证据不足、黄某的行为与本案结果不具有刑法上的因果关系为由判决黄某无罪；

2019年6月，市检察院对本案向市人民法院提出抗诉；

2019年8月，市人民法院驳回抗诉，维持原判；

2019年9月，省检察院对本案向省高级人民法院提出抗诉，省人民法院指令市人民法院再审；

2019年10月，市人民法院判决黄某犯玩忽职守罪，免予刑事处罚。

📝 难点解析

◎一审二审法院都判决黄某无罪，直到再审才改判黄某有罪，其各自的理由是什么？

玩忽职守罪，是指国家机关工作人员严重不负责任，不履行或者不认真履行职责，致使公共财产、国家和人民利益遭受重大损失的行为。本罪要求行为人主观上出于职务上的过失，如疏忽大意、过于自信、擅离职守等，客观上表现为因行为人不履行或不正确履行应负的职责，致使公共财产、国家和人民利益遭受重大损失。根据相关司法解释，涉嫌下列情形之一的，应予立案：造成死亡1人以上，或者重伤3人以上，或者轻伤10人以上的；造成直接经济损失30万元以上的，或者直接经济损失不满30万元，但间接经济损失超过100万元的；徇私舞弊，造成直接经济损失20万元以上的；造成有关公司、企业等单位停产、严重亏损、破产的；严重损害国家声誉，或者造成恶劣社会影响的；海关、外汇管理部门的工作人员严重不负责任，造成巨额外汇被骗或者逃汇的；其他致使公共财产、国家和人民利益遭受重大损失的情形；徇私舞弊，具有上述情形之一的。

一审法院认为，黄某在负责张某社区矫正工作中，对张某没有按规定每周电话汇报自己情况未及时作出处理，以及未定期实际走访的行为，是未完全、正确履行职责的行为，所以黄某具有玩忽职守行为。但黄某对张某没有按规定每周电话汇报自己情况未及时作出处理，以及未定期实际走访的行为，只是张某多次不请假外出未被及时发现的原因之一，且所起作用甚微，不属履职严重不负责任，张某脱管是自身原因以及未对其手机进行定位导致的。而且公诉机关指控黄某的玩忽职守行为造成恶劣社会影响，证据不足。法院认为，黄某对本案结果的发生不具有过失，其行为与本案结果不具有刑法上的因果关系，所以判决黄某无罪。

二审法院认为，黄某玩忽职守行为使张某从心理上和行为上没有受到矫正和约束，是造成张某脱管的原因之一。黄某作为社区矫正工作人员，对监管对象脱管可能产生的后果应当预见而没有预见，主观上存在过失。正是其玩忽职守行为造成张某脱管，扩大再犯罪的可能性，故黄某玩忽职守行为与张某再犯罪之间具有刑法上的因果关系。本案出现一死一伤的严重后果以及造成的恶劣社会影响是张某的个人行为直接导致的，系他人无法预见和控制的。张某再犯罪的直接原因在于其个人主观恶性大，是多因结合下产生的一果，虽与黄某玩忽职守行为造成监管不力有刑法上的因果关系，但这种因果关系是间接的、偶然的，原因与结果之间的引起与被引起关系（原因力）较弱。换言之，即使黄某认真履行监管职责，也不必然能阻止本案严重后果的发生。故本案一死一伤的严重后果及产生的恶劣社会影响，不是黄某玩忽职守行为直接致使的。所以，黄某在本案中的玩忽职守行为，情节显著轻微危害不大，根据《刑法》第十三条规定，可不认为是犯罪。

再审法院认为，黄某身为国家机关聘用从事社区矫正工作人员，在对罪犯张某进行社区矫正过程中疏于职守，工作严重不负责任，以致罪犯张某脱管，经常私自外出，直到持刀故意重伤他人，自己也自杀死亡，并在当地造成了一定的社会影响；如果黄某切实按照规章制度履行工作职责，缓刑罪犯张某就不能私自外出，或者依程序报请撤销缓刑收监执行，黄某玩忽职守行为与危害结果之间具有一定的因果关系，符合玩忽职守罪的犯罪构成要件，应当承担刑事责任。所以，判决黄某犯玩忽职守罪。鉴于黄某玩忽职守行为是危害结果的原因之一，犯罪情节轻微，其到案后对犯罪事实也予以供认，法院量刑时酌情予以考虑，对其免予处罚。

◎**在存在介入因素的情况下，应如何认定玩忽职守行为与危害后果之间的因果关系？**

实践中，不能机械地坚持玩忽职守行为与危害后果之间必须存在单一的、直接的联系，从而将大量的玩忽职守行为排除在犯罪之外，也不能无限制放宽因果关系的认定条件，将只需问责的行为升格为刑事犯罪。尤其是存在介入因素的情况下，介入因素不仅直接产生了危害结果，而且使得某些本来不会产生这种结果的先行行为与最终危害结果发生了某种联系。这里的介入因素主要包括他人行为、被害人自身行为或者自然事件。此时，我们应该根据社会生活一般经验进行判断，如条件行为足以发生结果，就成立刑法上的因果关系。具体可从三个方面综合考虑：一是行为导致结果发生的概然性，即最早出现的实行行为导致最终危害结果发生概率的高低，如果发生概率高，那么因果关系就存在；反之，因果关系就不存在。二是介入因素的异常性,如果介入因素过于异常,超出了一般人日常生活经验认知范围,那么实行行为和最终危害结果之间的因果关系不存在;反之,因果关系就存在。三是介入因素对结果发生的作用力,如果介入因素对最终危害结果发生较先前行为影响力明显更大、发挥主要作用的,那么先前的行为与危害结果之间的因果关系就不存在;反之,因果关系就存在。此外,如果介入行为与先前行为对于危害结果的发生作用相当或者互为条件时,那么两者都应该认定为导致结果发生的原因行为,两者同时成立因果关系。

本案中,黄某在对缓刑人员张某进行矫正过程中弄虚作假、不作为,是玩忽职守的先行行为,虽然张某与前妻李某发生争执直接导致张某持刀将李某砍成重伤、自己跳楼自杀身亡的危害后果,但是黄某严重渎职行为是危害结果得以发生重要的不可忽视的原因。张某因危险驾驶罪被判处拘役六个月,说明其对社会有一定的人身危险性,作为张某的社区矫正工作人员,黄某应该对其家庭关系有所了解,所以张某与前妻李某发生争执这一介入因素的出现并非异常。而黄某的玩忽职守行为导致了张某长期处于脱管状态无法被发现,从而与危害结果之间存在合乎规律的引起与被引起的关系。二审裁定确认了渎职行为与危害结果之间具有刑法上的因果关系,但注重强调"原因力较弱"是不正确的。

从社会效果来看,本案如作无罪处理,那么对社区矫正制度的规范运行将起到负面效果。黄某在履行期间严重怠于职守并弄虚作假,使得社区矫正工作完全失去了其应具有的作用,使得接受社区矫正的罪犯完全处于不可控的状态下，其人身危险性无法得到任何监督和管理，特殊预防的目的无从实现。另外，本案若以"情节显著轻微，不作为犯罪处理"将会对社区矫正工作起到不良的示范引领作用，其恶性将不局限于此个案。

◎在认定玩忽职守罪的因果关系时需要考虑哪些因素？

玩忽职守罪属于不纯正不作为犯，因此在判定因果关系时有必要通过对作为义务的来源进行实质化分析以限定其义务范围。根据国家机关工作人员不履行监督或者管理职责导致的法益侵害结果，将其义务来源分为两种类型，即负有特定职责的监督者基于对危险源的支配而产生相应的监督义务，以及负有特定职责的管理者具有防止危害结果发生的阻止义务。在认定玩忽职守行为时，一方面要从形式上判断公职人员的履职义务是否符合特定的职务或业务的要求，另一方面要从实质上判断其不履行或不认真履行职责的行为对危害结果是否有原因力或者支配力。在多数情况下，行为人不履行监督或管理义务与最终危害结果之间是通过被监督者的行为传导所致。如果行为对危害结果的发生无支配力，则行为无实质危害性，行为人即可免责。如果发生危害后果是各种因素综合作用所致，则每一环节的行为对危害结果的发生都具有原因力。

但是，如果一旦发生危害后果就认定具有原因力的每一环节的行为都构成犯罪也是不妥的，而应该着重判断行为人是否已经尽到了谨慎的注意义务，防止将因果关系扩大化。

要摒弃以危害结果为源头向前溯及原因的做法，直接对国家机关工作人员的过失行为进行否定性评价。只要国家机关工作人员的过失行为对最终结果的发生具有一定的原因力，就必须与介入的主体共同承担责任。国家机关工作人员只要对可能造成的危害结果具有预见可能性即可，无须具体预见危害结果的种类、范围等。在认定具体案件过程中，不能因为国家机关工作人员的玩忽职守行为不是导致危害后果发生的直接原因，就否定其对结果的原因力，而应判断行为人是否有监督或管理义务，是否有能力以及是否实际履行了这种义务，来决定是否就其结果承担刑事责任。

◎黄某是在司法所所长领导下工作，所有工作均是所长安排并向所长汇报的，那么该司法所所长是否构成玩忽职守犯罪呢？

在实践工作中，应该避免以原则性的职责规定把只需问责的玩忽职守升格为刑事处罚，对没有具体矫正职责的主体追究刑事责任，也不能超越该职责范围内一般人的预测可能性来考量发生危害后果的可能性。司法所所长领导社区矫正工作人员，但具体到每一个社区矫正的个案则是由社区矫正工作人员来具体实施的。所以，不能要求司法所所长对张某的情况完全知晓，其对黄某的领导不力与张某持刀将李某砍成重伤、自己跳楼自杀身亡的危害后果之间的因果关系相对较远。所以，不宜追究司法所所长的刑事责任。

但是，根据《中国共产党问责条例》"权责一致、错责相当"的问责原则，领导班子主要负责人和直接主管的班子成员在职责范围内承担主要领导责任。司法所所长对社区矫正公职人员没有尽到应有的管理职责，对工作纪律执行不力，导致职责范围内发生严重事故，应当予以问责。

知识扩展

◎关于玩忽职守罪的立案标准

玩忽职守罪，是指国家机关工作人员严重不负责任，不履行或者不认真履行职责，致使公共财产、国家和人民利益遭受重大损失的行为。

根据最高人民检察院《关于渎职侵权犯罪案件立案标准的规定》相关规定，玩忽职守涉嫌下列情形之一的，应予立案：

（1）造成死亡1人以上，或者重伤3人以上，或者重伤2人、轻伤4人以上，或者重伤1人、轻伤7人以上，或者轻伤10人以上的；

（2）导致20人以上严重中毒的；

（3）造成个人财产直接经济损失15万元以上，或者直接经济损失不满15万元，但间接经济损失75万元以上的；

（4）造成公共财产或者法人、其他组织财产直接经济损失30万元以上，或者直接经济损失不满30万元，但间接经济损失150万元以上的；

（5）虽未达到3、4两项数额标准，但3、4两项合计直接经济损失30万元以上，或者合计直接经济损失不满30万元，但合计间接经济损失150万元以上的；

（6）造成公司、企业等单位停业、停产1年以上，或者破产的；

（7）海关、外汇管理部门的工作人员严重不负责任，造成

100万美元以上外汇被骗购或者逃汇1000万美元以上的;

（8）严重损害国家声誉，或者造成恶劣社会影响的;

（9）其他致使公共财产、国家和人民利益遭受重大损失的情形。

国家机关工作人员玩忽职守，符合《刑法》第九章所规定的特殊渎职罪构成要件的，按照该特殊规定追究刑事责任；主体不符合刑法第九章所规定的特殊渎职罪的主体要件，但玩忽职守涉嫌前款第1项至第9项规定情形之一的，按照《刑法》第三百九十七条的规定以玩忽职守罪追究刑事责任。

◎关于玩忽职守罪犯罪主观方面的认定

玩忽职守罪主观方面为过失，即应当预见自己的行为可能发生危害后果，因疏忽大意而没有预见或已经预见但轻信能够避免。这里的过失仅针对造成的危害结果即"重大损失"而言，并不排斥其对涉嫌犯罪行为违反工作纪律和制度规章存在故意。而且，如果行为人因认识能力有限无法预见或客观条件限制无法避免危害结果的发生，那么其主观上没有过错，不能追究其刑事责任。

◎关于玩忽职守罪客观方面的认定

玩忽职守罪客观方面表现为严重不负责任，不履行或不正确履行工作职责。

实践中，国家工作人员职责来源主要有四类：一是法定职责，即法律法规中明确规定的职责。需收集法律法规相关一般性和特殊性规定。二是基本职责，即该工作岗位应遵守的具体规定。需收集相关行业领域、上级主管部门、单位内部制定的规章制度等。三是授权性职责，即因有权机关或人员授权而获得的职责和权限。需收集相关机关或人员的授权文件、说明或证言等。四是依照惯例应履行的职责，即虽没有明文规定，但按照约定俗成的惯例或工作习惯应遵守的职责。需收集相关领导、同事及同类岗位人员的证言。

不履行职责或不正确履行职责主要有三种表现：一是擅离职守，即未按要求的时间或未在要求的场所行事；二是完全不履行职责，即虽未擅离职守但根本没有履行职责要求的行为；三是不完全履行职责，即虽然履行了职责，但敷衍了事，违反相关规定履职。

纪法依据

1.《中华人民共和国刑法》第三百九十七条

国家机关工作人员滥用职权或者玩忽职守，致使公共财产、国家和人民利益遭受重大损失的，处三年以下有期徒刑或者拘役；情节特别严重的，处三年以上七年以下有期徒刑。本法另有规定的，依照规定。

国家机关工作人员徇私舞弊，犯前款罪的，处五年以下有期徒刑或者拘役；情节特别严重的，处五年以上十年以下有期徒刑。本法另有规定的，依照规定。

2.《中国共产党问责条例》第三条

党的问责工作应当坚持以下原则：

（一）依规依纪、实事求是；

（二）失责必问、问责必严；

（三）权责一致、错责相当；

（四）严管和厚爱结合、激励和约束并重；

（五）惩前毖后、治病救人；

（六）集体决定、分清责任。

3.《中国共产党问责条例》第六条第一款

问责应当分清责任。党组织领导班子在职责范围内负有全面领导责任，领导班子主要负责人和直接主管的班子成员在职责范围内承担主要领导责任，参与决策和工作的班子成员在职责范围内承担重要领导责任。

4.《中国共产党问责条例》第七条

党组织、党的领导干部违反党章和其他党内法规，不履行或者不正确履行职责，有下列情形之一，应当予以问责：

（一）党的领导弱化，"四个意识"不强，"两个维护"不力，党的基本理论、基本路线、基本方略没有得到有效贯彻执行，在贯彻新发展理念，推进经济建设、政治建设、文化建设、社会建设、生态文明建设中，出现重大偏差和失误，给党的事业和人民利益造成严重损失，产生恶劣影响的；

（二）党的政治建设抓得不实，在重大原则问题上未能同党中央保持一致，贯彻落实党的路线方针政策和执行党中央重大决策部署不力，不遵守重大事项请示报告制度，有令不行、有禁不止，阳奉阴违、欺上瞒下，团团伙伙、拉帮结派问题突出，党内政治生活不严肃不健康，党的政治建设工作责任制落实不到位，造成严重后果或者恶劣影响的；

（三）党的思想建设缺失，党性教育特别是理想信念宗旨教育流于形式，意识形态工作责任制落实不到位，造成严重后果或者恶劣影响的；

（四）党的组织建设薄弱，党建工作责任制不落实，严重违反民主集中制原则，不执行领导班子议事决策规则，民主生活会、"三会一课"等党的组织生活制度不执行，领导干部报告个人有关事项制度执行不力，党组织软弱涣散，违规选拔任用干部等问题突出，造成恶劣影响的；

（五）党的作风建设松懈，落实中央八项规定及其实施细则精神不力，"四风"问题得不到有效整治，形式主义、官僚主义问题突出，执行党中央决策部署表态多调门高、行动少落实差，脱离实际、脱离群众，拖沓敷衍、推诿扯皮，造成严重后果的；

（六）党的纪律建设抓得不严，维护党的政治纪律、组织纪律、廉洁纪律、群众纪律、工作纪律、生活纪律不力，导致违规违纪行为多发，造成恶劣影响的；

（七）推进党风廉政建设和反腐败斗争不坚决、不扎实，削减存量、遏制增量不力，特别是对不收敛、不收手，问题线索反映集中、群众反映强烈，政治问题和经济问题交织的腐败案件放任不管，造成恶劣影响的；

（八）全面从严治党主体责任、监督责任落实不到位，对公权力的监督制约不力，好人主义盛行，不负责不担当，党内监督乏力，该发现的问题没有发现，发现问题不报告不处置，领导巡视巡察工作不力，落实巡视巡察整改要求走过场、不到位，该问责不问责，造成严重后果的；

（九）履行管理、监督职责不力，职责范围内发生重特大生产安全事故、群体性事件、公共安全事件，或者发生其他严重事故、事件，造成重大损失或者恶劣影响的；

（十）在教育医疗、生态环境保护、食品药品安全、扶贫脱贫、社会保障等涉及人民群众最关心最直接最现实的利益问题上不作为、乱作为、慢作为、假作为，损害和侵占群众利益问题得不到整治，以言代法、以权压法、徇私枉法问题突出，群众身边腐败和作风问题严重，造成恶劣影响的；

（十一）其他应当问责的失职失责情形。

27 三审翻供，捏造虚构证明材料，为什么不适用缓刑？

主旨提示

这是一起破产清算组副组长在处理破产企业财产过程中收受贿赂的案件。

案情回顾

曾某，原系某会计师事务所经理。

2011年3月19日，甲公司（中外合资企业，中方占40%股权、外方占60%股权）因严重亏损，不能清偿到期债务，向A市中级人民法院申请破产。同年5月8日，A市中级人民法院裁定宣告甲公司破产还债，并依法成立清算组，指定曾某为破产清算组副组长。由于清算组组长未实际到位，曾某系清算组的实际负责人，主持清算组日常工作。

2012年10月16日，丁公司以2600万元竞得甲公司西部厂区的土地、房屋、机器设备等财产，已支付清算组2020万元，尚欠580万元。因甲公司原在中国建设银行A市分行以房产抵押贷款，建行将该贷款作为不良资产剥离给戊公司武汉办事处，甲公司的房产证质押在戊公司武汉办事处，故房屋产权未过户到丁公司名下。

2014年8月，A市中级人民法院裁定终结甲公司破产还债程序，但由于还有少量收尾工作，清算组还需继续保留。

2015年7月，丁公司与庚公司达成房屋及土地转让协议，成交价为1850万元。因涉及土地、房产过户等事宜，买卖双方找到曾某帮忙办理此事，丁公司副总经理苏某及庚公司经理张某承诺给曾某一定"辛苦费"。曾某遂找人为上述房屋所有权交易出具了一份变卖成交确认书。曾某以清算组名义与丁公司签订了《房产过户委托协议书》并加盖清算组公章，约定委托费用为5万元；以其妻王某的名义与庚公司签订了《委托办证合同》，约定报酬10万元，合同相对方和担保方均为曾某签名。合同签订后，庚公司代为支付戊公司武汉办事处220万元，曾某向戊公司武汉办事处出具了盖有甲公司破产清算组印章的收据，取回了房产证。后庚公司经理张某汇给曾某之妻王某10万元，丁公司副总经理苏某给曾某现金5万元。庚公司考虑到房产过户花费较大，决定暂不过户，但又担心丁公司房产可能会因债主起诉被法院查封，张某遂向曾某提出设法找A市中级人民法院先将房产查封，再适时解封。曾某遂以丁公司尚欠清算组580万元土地出让金为由，先后找A市中级人民法院民四庭，要求对上述房产先查封再适时解封，以需要费用为由向张某索取8万元，张某于2015年8月1日以现金方式给付曾某8万元。曾某向A市中级人民法院缴纳了冻结房产的案件受理费和财产保全费52475元，庚公司另向曾某支付了上述诉讼费。

2019年7月，A市纪委监委收到群众反映曾某涉嫌违纪违法的问题线索，并指定M县纪委监委对该案进行管辖。

M县纪委监委电话通知曾某到指定地点接受询问，曾某如实供述了收受23万元的事实。但是，曾某在二审阶段先后向法庭提交了三份收据，意图证实自己虽然收受了贿赂，但都用于清算组的正常支出，不应构成犯罪。

办案过程

2019年8月，曾某因涉嫌受贿犯罪被M县纪委监委立案审查调查；

2020年1月，曾某被移送M县人民检察院审查起诉；

2020年3月，M县人民检察院以曾某涉嫌受贿罪向M县人民法院提起公诉；

2020年5月，M县人民法院以曾某犯非国家工作人员受贿罪，判处其有期徒刑三年，缓刑五年；

2020年6月，M县人民检察院就本案向A市中级人民法院提出抗诉；

2020年8月，A市中级人民法院撤销M县人民法院关于曾某犯非国家工作人员受贿罪，判处其有期徒刑三年，缓刑五年的判决，判决曾某犯受贿罪，判处其有期徒刑三年，缓刑五年；

2020年9月，A市人民检察院提请H省人民检察院按照审判监督程序向H省高级人民法院提出抗诉；

2020年11月，H省高级人民法院维持A市中级人民法院撤销A市中级人民法院关于曾某犯受贿罪，判处其有期徒刑三年，缓刑五年的判决，判决曾某犯受贿罪，判处其有期徒刑五年。

难点解析

◎为什么认定曾某犯受贿罪而不是非国家工作人员受贿罪？

受贿罪，是指国家工作人员利用职务上的便利，索取他人财物，或者非法收受他人财物，为他人谋取利益的行为，属于贪污贿赂罪的一种。非国家工作人员受贿罪是指公司、企业或者其他单位的工作人员利用职务上的便利，索贿和受贿，数额较大的行为，属于妨害对公司、企业管理秩序罪的一种。

由于受贿罪的刑罚比非国家工作人员受贿罪严厉，而立案标准比非国家工作人员受贿罪低，所以，在不少受贿案件中，行为人会以自己不是国家工作人员为由，主张自己犯的是非国家工作人员受贿罪，而不是受贿罪。区分受贿罪与非国家工作人员受贿罪，可以从以下三个方面考量：从主体方面来看，受贿罪的犯罪主体是国家工作人员；而非国家工作人员受贿罪的犯罪主体是公司、企业或者其他单位的工作人员。从客体方面来看，受贿罪侵害的法益是国家工作人员职务行为的廉洁性，也可以说是国家工作人员职务行为的不可收买性；而非国家工作人员受贿罪侵害的法益则是公司、企业及其他组织的正常管理秩序，同时也破坏了社会主义经济秩序。从表现形式方面来看，受贿罪的表现形式包括国家工作人员利用职务上的便利，索取他人财物和国家工作人员利用职务上的便利，非法收受他人财物为他人谋取利益两种。在认定是否构成受贿罪时，在索取贿赂这一情形下，只需要利用职务上的便利就成立受贿罪，不要求为他人谋取利益。但在收受贿赂的情形下，只有行为人利用职务上的便利为他人谋取利益才成立受贿罪。非国家工作人员受贿罪的表现形式也包括非国家工作人员利用职务上的便利，索取他人财物和非国家工作人员利用职务上的便利，非法收受他人财物为他人谋取利益两种。但在非国家工作人员受贿罪中，非国家工作人员无论是索贿还是被动收受他人财物，皆需要为他人谋取利益，才构成非国家工作人员受贿罪。

曾某主张，自己虽然由法院指定其担任清算组副组长，但甲公司系股份制企业而非国有企业，曾某并非是对国有财产进行监督和管理，自己不属于"国家机关委派到非国有单位的工作人员"，不符合受贿罪的构成要件，其行为应认定为非国家工作人员受贿罪。该意见得到了一审法院的支持。

《中华人民共和国企业破产法》第二十四条规定，"管理人可以由有关部门、机构的人员组成的清算组或者依法设立的律师事务所、会计师事务所、破产清算事务所等社会中介机构担任。人民法院根据债务人的实际情况，可以在征询有关社会中介机构的意见后，指定该机构具备相关专业知识并取得执业资格的人员担任管理人"。清算组成员由人民法院指定，并向人民法院报告工作，清算组系代表国家对破产企业的事务进行监督和管理，具有公务性质。所以，二审和再审法院都认为曾某属于"国家机关、国有公司、企业、事业单位委派到非国有公司、企业、事业单位、社会团体从事公务的人员"，应"以国家工作人员论"，系受贿罪的适格主体，其行为符合受贿罪的犯罪构成，以此判决曾某犯受贿罪，而不是非国家工作人员受贿罪。

◎曾某是否利用了担任清算组副组长的职务便利收受贿赂？

根据《中华人民共和国企业破产法》的有关规定，破产程序终结后，应由清算组向破产企业原登记机关办理企业注销登记。但是，清算组并未为甲公司办理注销登记，且曾某在2015年7月还以清算组的名义与丁公司签订《房产过户委托协议书》并加盖了清算组公章，后又以丁公司尚欠清算组580万元土地出让金为由，要求法院对房产先查封再适时解封。通过曾某以清算组名义实施的以上种种行为，可以认定清算组未被撤销。

由于甲公司原以房产向银行抵押贷款，银行将该贷款作为不良资产剥离给戊公司武汉办事处，房产证仍在戊公司武汉办事处，在丁公司与庚公司达成房屋交易协议时，房屋产权仍然登记在甲公司的名下。清算组只能在向戊公司武汉办事处偿还贷款的前提下，以清算组的名义取回房屋产权证。因此，丁公司与庚公司才会找到曾某，希望通过曾某以清算组的名义取回房屋产权证，并分别以与清算组或者曾某之妻王某签订委托协议的名义给予共计15万元的费用。作为房地产的出售方，清算组有职责协助丁公司办理房产过户手续，尽管在帮助丁公司过户的过程中，清算组收回了丁公司尚欠的580万元，但是并不意味着曾某收受15万元的行为正当。曾某在帮助丁公司将涉案房产过户过程中，利用清算组副组长职务上的便利，收受他人财物，为他人谋取利益，构成受贿。另外，庚公司为了规避缴纳土地出让金，希望通过曾某找 A 市中级人民法院先将房产查封后适时解封，曾某遂以丁公司尚欠清算组 580 万元土地出让金为由，以清算组副组长的身份向 A 市中级人民法院提出上述要求，属于"国家工作人员利用本人职权或者地位形成的便利条件，通过其他国家工作人员职务上的行为，为请托人谋取不正当利益"的情形，曾某为庚公司谋取不正当利益，并索取庚公司 8 万元，应以受贿论处。

而且，与丁公司的房产过户委托协议书是曾某以清算组名义签订的，由曾某之妻王某收取劳务费依法无据，曾某收受丁公司的 5 万元构成受贿；与庚公司的委托办证合同是曾某以其妻王某的名义签订的，但庚公司之所以愿意给曾某 18 万元，一是为了曾某帮助丁公司顺利过户，二是希望曾某出面找拍卖行出具变卖成交确定书，解决丁公司与庚公司对于涉案房产土地的买卖问题。同时，庚公司为了规避房产过户时所必须向房地产相关部门缴纳的巨额契税，决定暂不过户，还通过曾某在 A 市中级人民法院进行了虚假的诉讼及财产保全。因此，所谓"给予王某劳务费委托其办理房产过户手续"只是曾某规避法律的一种手段，曾某收受庚公司的 18 万元，亦构成受贿。

◎为什么不能对曾某适用缓刑？

本案在审查调查过程中，曾某如实交代了其在任甲公司破产清算组副组长期间收受他人给予的钱款的事实。最高人民法院《关于处理自首和立功具体应用法律若干问题的解释》第一条第（一）项规定，"自动投案，是指犯罪事实或者犯罪嫌疑人未被司法机关发觉，或者虽被发觉，但犯罪嫌疑人尚未受到讯问、未被采取强制措施时，主动、直接向公安机关、人民检察院或者人民法院投案"。纪检监察机关虽已掌握曾某的犯罪线索，但曾某在未被采取强制措施，并在纪检监察机关电话通知其接受询问时，如实供述了收受 23 万元的事实，且供述稳定，应视为曾某具有自首情节。

但是，此案在二审阶段曾某先后向法庭提交了三份收据，意图证实自己虽然收了 23 万元，但都用于清算组的正常支出，其不构成犯罪。A 市中级人民法院依法对曾某进行讯问，其依然坚称自己没有犯罪，收钱是事实，但不是收取贿赂款，而是以清算组的名义合理收取的。最高人民法院《关于对贪污、受贿、挪用公款犯罪分子依法正确适用缓刑的若干规定》明确规定，没有退赃、无悔改表现的受贿犯罪分子不适用缓刑。而且，曾某在二审阶段全面翻供，提交给法庭的三份收据均是其用来证明自己无罪的，但该三份证据后又被证明是捏造虚构的。可见其在主观方面没有任何悔罪表现，依法不能适用缓刑。

◎应如何认识审查调查对象认错悔错问题？

审查调查对象认错悔错一般包含三层含义：一是对违纪违法事实没有异议；二是正确认识自己的错误性质及影响；三是对可能受到的处分处罚表示愿意接受。实践中，要仔细甄别审查调查对象是否真正认错悔错，同时也应注意不能将审查调查对象认错与"事实清楚、证据确凿"画等号；不能简单地认为审查调查对象已经认错悔错了，没有必要纠缠于案件细枝末节，这样易导致忽略对关键证据的收集。另外，不是对所有认错悔错案件都必须予以从轻、减轻处分处罚。在精准适用"四种形态"时，审查调查对象的认错态度是评估对其适用何种形态的重要因素，是否予以从轻、减轻处罚，要根据违纪违法事实本身，结合认错悔错表现，依规依纪依法而定。

需要特别注意的是，对于不认错案件是否予以从重或加重处分，应当个案分析，实事求是，不能搞"一刀切"。对于不认错悔错的被审查调查人是否从重或加重处分应注意以下三点：一是根据《党纪处分条例》第二十条，应当从重或加重处分的情形，并不包括不认错的情形。二是审查调查对象拒不认错悔错的，可将其拒不悔改情况写入审理报告，作为纪律处分的情节予以考虑。三是审查调查对象拒不认错悔错、拒不交代问题，对党不忠诚不老实的，还可能违反政治纪律和政治规矩，如果审查调查对象有对抗组织审查行为，经查证属实的，也应认定其违反政治纪律，与其他违纪违法行为合并处理。

知识扩展

◎关于受贿罪中"利用职务上的便利"的理解

2003年最高人民法院《全国法院审理经济犯罪案件工作座谈会纪要》指出："刑法第三百八十五条第一款规定的'利用职务上的便利'，既包括利用本人职务上主管、负责、承办某项公共事务的职权，也包括利用职务上有隶属、制约关系的其他国家工作人员的职权。担任单位领导职务的国家工作人员通过不属于自己主管的下级部门的国家工作人员的职务为他人谋取利益的，应当认定为'利用职务上的便利'为他人谋取利益。"由此可见，利用职务上的便利主要表现为两种形式：一是直接利用职权,即利用本人职务范围内直接处理某项事务的权力;二是利用职务上存在隶属、制约关系的其他国家工作人员的职权。对于第一种情况,是典型的受贿行为,理论和实践中不存在争议。对于第二种情况,一般认为应当重点从以下几个方面进行审查判断:一是行为人是否利用自己主管、分管的下属国家工作人员的职权;二是行为人是否利用不属于自己主管、分管的下级部门国家工作人员的职权,即利用与自己没有直接分管、隶属关系但客观上存在制约关系的下级部门国家工作人员职务上的行为;三是行为人是否利用自己居于上级领导机关的地位而形成的对下级部门国家工作人员的制约力;四是行为人是否利用自己居于监管地位所形成的对被监管对象(非国家工作人员)的制约力。这种制约应作严格限制,所谋利事项必须是国家工作人员职权的直接延伸即可实现的,在其职权范围内国家工作人员对非国家工作人员具有直接约束力,可以令非国家工作人员实现该谋利事项。

需要注意的是,现行刑法中,受贿犯罪"利用职务便利"比贪污犯罪"利用职务便利"内涵宽泛,在受贿犯罪中,凡是一切可以用来换取他人财物的职务都可以被利用,而贪污罪中能利用的"职务便利"往往限于行为人正在主管、管理、经手公共财物的便利。

◎关于缓刑的适用条件

缓刑,是对于判处一定刑罚的犯罪分子,在其具备法定条件的情况下,在一定期间附条件地不执行原判刑罚的制度。《刑法》第七十二条规定,对于被判处拘役、三年以下有期徒刑的犯罪分子,根据犯罪分子的犯罪情节和悔罪表现,认为适用缓刑确实不致再危害社会的,可以宣告缓刑。所以,适用缓刑需要有两个条件:一是适用缓刑的对象必须是被判处拘役,或者三年以下有期徒刑的犯罪分子;二是犯罪分子确有悔改表现,适用缓刑确实不致再危害社会,即法院认为不关押也不致于再危害社会。此外,刑法规定,对累犯,不论其刑期长短,一律不能适用缓刑。

◎关于缓刑的考验期

《刑法》第七十三条规定,拘役的缓刑考验期限为原判刑期以上一年以下,但是不能少于二个月。有期徒刑的缓刑考验期限为原判刑期以上五年以下,但是不能少于一年。缓刑考验期限,从判决确定之日起计算。被宣告缓刑的犯罪分子,如果被判处附加刑,附加刑仍须执行。

被宣告缓刑的犯罪分子,在缓刑考验期限内犯新罪或者发现判决宣告以前还有其他罪没有判决的,应当撤销缓刑,对新犯的罪或者新发现的罪作出判决,把前罪和后罪所判处的刑罚,依照《刑法》第六十九条的规定,决定执行的刑罚。被宣告缓刑的犯罪分子,在缓刑考验期限内,违反法律、行政法规或者国务院公安部门有关缓刑的监督管理规定,情节严重的,应当撤销缓刑,执行原判刑罚。

纪法依据

1.《中华人民共和国刑法》第一百六十三条

公司、企业或者其他单位的工作人员,利用职务上的便利,索取他人财物或者非法收受他人财物，为他人谋取利益，数额较大的，处三年以下有期徒刑或者拘役，并处罚金；数额巨大或者有其他严重情节的，处三年以上十年以下有期徒刑，并处罚金；数额特别巨大或者有其他特别严重情节的，处十年以上有期徒刑或者无期徒刑，并处罚金。

公司、企业或者其他单位的工作人员在经济往来中，利用职务上的便利，违反国家规定，收受各种名义的回扣、手续费，归个人所有的，依照前款的规定处罚。

国有公司、企业或者其他国有单位中从事公务的人员和国有公司、企业或者其他国有单位委派到非国有公司、企业以及其他单位从事公务的人员有前两款行为的，依照本法第三百八十五条、第三百八十六条的规定定罪处罚。

2.《中华人民共和国刑法》第三百八十五条

国家工作人员利用职务上的便利，索取他人财物的，或者非法收受他人财物，为他人谋取利益的，是受贿罪。

国家工作人员在经济往来中，违反国家规定，收受各种名义的回扣、手续费，归个人所有的，以受贿论处。

3. 最高人民法院《关于对贪污、受贿、挪用公款犯罪分子依法正确适用缓刑的若干规定》

三、对下列贪污、受贿、挪用公款犯罪分子不适用缓刑：

（一）犯罪行为使国家、集体和人民利益遭受重大损失的；

（二）没有退赃，无悔改表现的；

（三）犯罪动机、手段等情节恶劣，或者将赃款用于投机倒把、走私、赌博等非法活动的；

（四）属于共同犯罪中情节严重的主犯，或者犯有数罪的；

（五）曾因经济违法犯罪行为受过行政处分或刑事处罚的；

（六）犯罪涉及的财物属于国家救灾、抢险、防汛、优抚、救济款项和物资，情节严重的。

4.《中华人民共和国监察法》第三十一条

涉嫌职务犯罪的被调查人主动认罪认罚，有下列情形之一的，监察机关经领导人员集体研究，并报上一级监察机关批准，可以在移送人民检察院时提出从宽处罚的建议：

（一）自动投案，真诚悔罪悔过的；

（二）积极配合调查工作，如实供述监察机关还未掌握的违法犯罪行为的；

（三）积极退赃，减少损失的；

（四）具有重大立功表现或者案件涉及国家重大利益等情形的。

5.《中华人民共和国监察法实施条例》第二百一十四条

涉嫌职务犯罪的被调查人有下列情形之一，如实交代自己主要犯罪事实的，可以认定为监察法第三十一条第一项规定的自动投案，真诚悔罪悔过：

（一）职务犯罪问题未被监察机关掌握，向监察机关投案的；

（二）在监察机关谈话、函询过程中，如实交代监察机关未掌握的涉嫌职务犯罪问题的；

（三）在初步核实阶段，尚未受到监察机关谈话时投案的；

（四）职务犯罪问题虽被监察机关立案，但尚未受到讯问

或者采取留置措施,向监察机关投案的;

(五)因伤病等客观原因无法前往投案,先委托他人代为表达投案意愿,或者以书信、网络、电话、传真等方式表达投案意愿,后到监察机关接受处理的;

(六)涉嫌职务犯罪潜逃后又投案,包括在被通缉、抓捕过程中投案的;

(七)经查实确已准备去投案,或者正在投案途中被有关机关抓获的;

(八)经他人规劝或者在他人陪同下投案的;

(九)虽未向监察机关投案,但向其所在党组织、单位或者有关负责人员投案,向有关巡视巡察机构投案,以及向公安机关、人民检察院、人民法院投案的;

(十)具有其他应当视为自动投案的情形的。

被调查人自动投案后不能如实交代自己的主要犯罪事实,或者自动投案并如实供述自己的罪行后又翻供的,不能适用前款规定。

28 行贿数额应该如何认定？

✅ 主旨提示

这是两起单位行贿案。

📖 案情回顾

王某，甲市 A 房地产开发有限公司股东、法定代表人，甲市 B 实业有限公司股东、法定代表人。

2016 年 8 月，王某入股成为甲市 B 实业有限公司的股东。王某向该公司建议购买 C 药业公司位于 G 区的仓库等待开发拆迁赔偿，后经公司股东会研究决定，由王某代表本公司购买 C 药业公司的仓库。2016 年至 2017 年期间，王某多次找到 C 药业公司总经理唐某，提出欲购买该仓储房产并要求唐某支持。王某通过与唐某协商沟通并提出收购方案，后经 C 药业公司董事会决定，2017 年 9 月 11 日，唐某代表 C 药业公司将该处房产以 400 万元的价格卖给王某。后来，B 实业有限公司经王某建议，为感谢唐某的帮助，送给唐某现金人民币 5 万元。

2018 年 1 月，王某为了参与甲市 G 区 M 片区的旧城改造工程，与他人合伙成立了甲市 A 房地产开发有限公司。在此之前，王某等人为了顺利取得 M 片区的旧城拆迁改造工程项目的开发权，在项目启动、招投标等过程中，找到时任甲市 G 区区委书记苏某，分管住房建设、国土等工作的时任甲市 G 区副区长汪某帮忙，最终通过违法手段取得了甲市 G 区 M 片区的旧城拆迁改造工程项目的开发权。为了感谢时任 G 区区委书记的苏某等人的关照，经王某提议，公司股东同意，由王某出面代表甲市 A 房地产开发有限公司送给苏某一个翡翠吊坠和一张存有 50 万元人民币的银行卡（该卡实际开户人为 A 房地产开发有限公司下属员工赵某），同时将该银行卡密码告知了苏某（苏某用此卡消费了 5 万元）。该翡翠吊坠经专业机构鉴定，价值人民币 3.5 万元。但在庭审过程中，王某找到了当时购买该吊坠的付款凭证，付款凭证上写明该吊坠的价格是 3 万元。

办案过程

2019 年 8 月，王某因涉嫌行贿犯罪被纪检监察机关立案审查调查；

2020 年 1 月，王某被移送检察机关审查起诉；

2020 年 3 月，检察机关以 A 房地产开发有限公司涉嫌单位行贿，甲市 B 实业有限公司涉嫌对非国家工作人员行贿罪，王某涉嫌单位行贿罪、对非国家工作人员行贿罪向人民法院提起公诉；

2020 年 5 月，人民法院判决甲市 A 房地产开发有限公司犯单位行贿罪，判处罚金 20 万元，对 A 房地产开发有限公司违法所得人民币 2600 万元予以追缴，上缴国库；判决王某犯单位行贿罪，免予刑事处罚；判决甲市 B 实业有限公司无罪。

📝 难点解析

◎甲市 A 房地产开发有限公司送给苏某的是一张以自己下属员工为开户人的银行卡，案发时，苏某只用该卡消费了 5 万元。也就是说，开户人可以随时取走剩下的 45 万元。那么，A 房地产开发有限公司送该银行卡行为的行贿数额是 5 万元还是 50 万元呢？

根据最高人民法院、最高人民检察院《关于办理商业贿赂刑事案件适用法律若干问题的意见》相关规定，收受银行卡的，不论受贿人是否实际取出或者消费，卡内的存款数额一般应全额认定为受贿数额。使用银行卡透支的，如果由给予银行卡的一方承担还款责任，透支数额也应当认定为受贿数额。也就是说，一般情况下，收受银行卡应将卡内数额全额认定为受贿数额，对于行贿人来说，卡内数额也应全额认定为行贿数额。

行受贿行为的本质是权钱交易，一般情况下，只要行贿人与受贿人双方的行贿、受贿意思明确（包括明示或暗示）、真实，并将财物交付受贿方占有，行受贿行为即已完成。

具体到以送银行卡方式行贿时，一旦行贿人、受贿人对以送卡的方式行贿、受贿的意思明确、真实，且行贿人提供了完全充分的信息足以保证受贿人可以完全取出卡内存款或者进行消费的，不论受贿人是否实际取出或消费，卡内的存款数额都应全额认定为行贿、受贿数额。

所以，本案中，A 房地产开发有限公司将存有 50 万元人民币的银行卡送给苏某，苏某接受了该银行卡，并知道卡内存有50万元人民币，即使苏某尚未实际全部取出或消费该卡内存款，但A房地产开发有限公司给予苏某钱款的行为已经实施终了，已构成行贿罪，且原则上卡内的全部资金50万元皆应认定为行贿数额。

◎王某既代表甲市A房地产开发有限公司行贿，也代表甲市B实业有限公司行贿，法院为什么判决A房地产开发有限公司犯单位行贿罪，而判决甲市B实业有限公司无罪？

单位为谋取不正当利益而行贿，或者违反国家规定，给予国家工作人员以回扣、手续费，情节严重的，是单位行贿罪。单位行贿数额在20万元以上的，应当立案。本案中，A房地产开发有限公司为了顺利取得M片区的旧城拆迁改造工程项目的开发权，送给时任甲市G区区委书记苏某翡翠吊坠和人民币50万元，符合单位行贿罪的构成要件，也达到了单位行贿罪的追诉标准，所以构成单位行贿罪。

单位行贿罪的对象是国家工作人员，本案中，B实业有限公司为感谢C药业公司总经理唐某帮助购买到C药业公司的仓储房产，送给唐某现金人民币5万元，由于唐某不是国家工作人员，所以不构成单位行贿罪。

那么，B实业有限公司是否构成对非国家工作人员行贿罪呢？为谋取不正当利益，给予公司、企业或者其他单位的工作人员以财物，数额较大的，是对非国家工作人员行贿罪。

根据相关司法解释，对非国家工作人员行贿罪中的"数额较大"的数额起点，按照关于行贿罪的数额标准规定的二倍执行，行贿罪"数额较大"的起点为 3 万元。所以，对非国家工作人员行贿罪中的"数额较大"的数额起点为 6 万元。本案中，B 实业有限公司对非国家工作人员行贿的事实清楚，证据确实、充分，但其行贿数额为 5 万元，尚未达到追究刑事责任的标准，所以，B 实业有限公司的行为不构成犯罪，公诉机关指控 B 实业有限公司犯对非国家工作人员行贿罪的罪名不能成立，依法应当宣告 B 实业有限公司无罪。

◎对翡翠等物品，应以鉴定结论还是以购物凭证认定其价格？

鉴定是纪检监察机关经常使用的调查措施，对于某些涉案物品，如果没有其他证据能够直接证明它的价值，或者对相关证据的证明效力存在疑问的，就应当提请有关部门进行鉴定。

鉴定主要有两种，第一种是真伪鉴定，不仅对涉案物品可以进行真伪鉴定，而且对相关合同、协议、书证、笔迹等材料或内容也可以进行真伪鉴定；第二种是价值鉴定，主要是对办案中涉及的房产、车辆、金银首饰、翡翠玉石等贵重物品等进行价值鉴定。本案审查调查过程中对吊坠的鉴定，首先是鉴定其材质、真伪，其次才是评估其价值。如果没有其他证据更能直接证明或否认该吊坠的价值，那么相关部门就应该以鉴定的吊坠的价值为准，认定 A 房地产开发有限公司送给苏某翡翠吊坠行为的行贿数额是 3.5 万元。但在后来的庭审过程中，王某找到了当时购买该吊坠的付款凭证，付款凭证比鉴定意见的证明效力更高、更为直接，因此应当实事求是按照该数额认定此笔行贿的数额为 3 万元。

这也说明，在案件调查过程中，不仅要关注单个证据的合法形式和证明效力，更要关注多个证据之间证明力的比较，一方面要尽可能全面地从多个角度去获取证据、完善证据链条；另一方面也要及时对从多个角度获取的证据进行比对分析研究，科学合理地采信证据，这样才能形成相互印证、完整稳定的证据链。

◎审核鉴定意见时应该注意哪些问题？

鉴定意见是对案件专门性问题所作的判断，不是鉴定人就其所了解的案件事实所作的陈述，本质上具有意见证据和言词证据的属性，仅仅属于一种证据材料，并不具有预定的法律效力，依然要经过法定程序查证属实，才能作为定案的根据。在审核鉴定意见时应该着重审核以下六个方面：一是对鉴定机构和鉴定人是否具有法定资质以及对鉴定人是否存在应当回避及执业禁止的情形进行审核。二是审核《委托鉴定书》是否包括该物品的品名、规格、种类、数量、来源，鉴定书中的物品与涉案人员交代笔录、相关提取笔录、扣押物品清单等记载的内容是否相符。三是审核检材是否充足、可靠，检材的来源、取得、保管、送检、接收、使用、退还等行为是否符合法律法规和鉴定技术操作规范。四是审核鉴定意见的形式要件是否完备，是否注明提起鉴定的事由、鉴定委托人、鉴定机构、鉴定要求、鉴定过程、鉴定方法、鉴定日期等相关内容，是否由鉴定机构加盖司法鉴定专用章并由鉴定人签名、盖章，鉴定意见是否明确等。五是审核鉴定基准日是否准确合理，往往以不同的鉴定基准日鉴定出来的物品价格差别很大。需要特别注意的是，在无法查清犯罪时间的情况下，应当选择有利于被审查调查人的认定方法，在价格认定方面体现为认定违纪违法或犯罪时间段内的最低值。六是审核鉴定意见告知程序是否规范，既要告知真伪鉴定情况，也要告知价格认定情况；既要告知鉴定结论，也要告知鉴定的内容和经过；既要告知被调查人、行贿人，也要结合个案情况告知其他利害关系人。

知识扩展

◎关于收受银行卡行为的认定

根据最高人民法院、最高人民检察院《关于办理商业贿赂刑事案件适用法律若干问题的意见》相关规定，不论受贿人是否实际取出或者消费，卡内的存款数额一般应全额认定为受贿数额。这是因为，银行卡作为金融凭证，具有消费信用、转账结算、存取现金等功能，凭有存款余额的银行卡既可在银行的自动取款机上提取现金，又可在商场、超市消费，故收受此类银行卡无异于收受等额的货币，应以受贿认定。至于行为人收受银行卡后丢失的情况，则与收受钱款后丢失并无本质不同，也应认定为受贿。

◎在行贿人抽回银行卡内存款情况下受贿形态的认定

现实生活中，行贿人（卡主）将银行卡送出后，还能通过存折、手机银行、网上银行、挂失补卡等诸多方式将卡内存款取出或消费，从而阻碍受贿人对卡内钱款的控制占有。也就是说，在一些情况下受贿人占有银行卡后，其对卡内的钱款并未实现刑法意义上的完全控制，此时行贿人（卡主）实际上是和受贿人共同控制卡内的钱款。

对于送卡后行贿人（卡主）抽回存款或者以挂失等方式阻

碍受贿人取款或者消费的，受贿数额虽然仍为收卡时卡内的全部钱款，但是受贿既遂的数额应扣除因行贿人（卡主）的原因致使受贿人客观上无法占有、控制的部分。这部分数额宜按受贿未遂论，只有这样才能避免主观归罪，达到主客观一致的要求。

◎对于接受无法折算价值的财物、服务等行为的定性

行贿人与国家工作人员（党员）交往中，为了获得国家工作人员的帮助，除了直接给予财物外，往往还通过安排宴请、旅游、给予贵重礼品等方式，联络情感。在双方已经具备请托事项和其他大额经济往来、被认定为存在受贿行贿关系的情况下，根据2016年《解释》"国家工作人员利用职务上的便利为请托人谋取利益前后多次收受请托人财物，受请托之前收受的财物数额在一万元以上的，应当一并计入受贿数额"的规定，理论上对于请托前合计超过一万元以及请托后的全部经济往来，均应折算为货币金额并认定为贿赂款，而不宜再作为违纪问题认定。但实践中，一些经济往来在操作层面不具备折算价值的条件。比如，国家工作人员接受行贿人宴请，即使食用了十分昂贵的菜品和酒水，一般也不宜将人均消费价格认定为受贿金额；再比如，接受旅游安排的，行贿人提供车辆、陪同就餐等花费，有时难以折算价值或者调取消费价格，也不宜认定受贿金额。考虑到受贿犯罪主要是以数额来评价危害性，对于国家工作人员和行贿人交往中接受服务不能折算价值的，虽不能作为受贿犯罪数额认定，但可以依照《党纪处分条例》相关规定认定为违纪问题。

纪法依据

1.《中华人民共和国刑法》第一百六十四条第一款、第四款

为谋取不正当利益，给予公司、企业或者其他单位的工作人员以财物，数额较大的，处三年以下有期徒刑或者拘役，并处罚金；数额巨大的，处三年以上十年以下有期徒刑，并处罚金。

行贿人在被追诉前主动交待行贿行为的，可以减轻处罚或者免除处罚。

2.《中华人民共和国刑法》第三百九十三条

单位为谋取不正当利益而行贿，或者违反国家规定，给予国家工作人员以回扣、手续费，情节严重的，对单位判处罚金，并对其直接负责的主管人员和其他直接责任人员，处五年以下有期徒刑或者拘役，并处罚金。因行贿取得的违法所得归个人所有的，依照本法第三百八十九条、第三百九十条的规定定罪处罚。

3.《中华人民共和国监察法》第二十七条

监察机关在调查过程中，对于案件中的专门性问题，可以指派、聘请有专门知识的人进行鉴定。鉴定人进行鉴定后，应当出具鉴定意见，并且签名。

4.《中华人民共和国监察法实施条例》第一百二十八条

查封、扣押下列物品，应当依法进行相应的处理：

（一）查封、扣押外币、金银珠宝、文物、名贵字画以及其他不易辨别真伪的贵重物品，具备当场密封条件的，应当当场密封,由二名以上调查人员在密封材料上签名并记明密封时间。不具备当场密封条件的,应当在笔录中记明,以拍照、录像等方法加以保全后进行封存。查封、扣押的贵重物品需要鉴定的,应当及时鉴定。

(二)查封、扣押存折、银行卡、有价证券等支付凭证和具有一定特征能够证明案情的现金,应当记明特征、编号、种类、面值、张数、金额等,当场密封,由二名以上调查人员在密封材料上签名并记明密封时间。

(三)查封、扣押易损毁、灭失、变质等不宜长期保存的物品以及有消费期限的卡、券,应当在笔录中记明,以拍照、录像等方法加以保全后进行封存,或者经审批委托有关机构变卖、拍卖。变卖、拍卖的价款存入专用账户保管,待调查终结后一并处理。

(四)对于可以作为证据使用的录音录像、电子数据存储介质,应当记明案由、对象、内容、录制、复制的时间、地点、规格、类别、应用长度、文件格式及长度等,制作清单。具备查封、扣押条件的电子设备、存储介质应当密封保存。必要时,可以请有关机关协助。

(五)对被调查人使用违法犯罪所得与合法收入共同购置的不可分割的财产,可以先行查封、扣押。对无法分割退还的财产,涉及违法的,可以在结案后委托有关单位拍卖、变卖,退还不属于违法所得的部分及孳息;涉及职务犯罪的,依法移送司法机关处置。

(六)查封、扣押危险品、违禁品,应当及时送交有关部门，或者根据工作需要严格封存保管。

5. 最高人民法院、最高人民检察院《关于办理贪污贿赂刑事案件适用法律若干问题的解释》第七条

为谋取不正当利益，向国家工作人员行贿，数额在三万元以上的，应当依照刑法第三百九十条的规定以行贿罪追究刑事责任。

行贿数额在一万元以上不满三万元，具有下列情形之一的，应当依照刑法第三百九十条的规定以行贿罪追究刑事责任：

（一）向三人以上行贿的；

（二）将违法所得用于行贿的；

（三）通过行贿谋取职务提拔、调整的；

（四）向负有食品、药品、安全生产、环境保护等监督管理职责的国家工作人员行贿，实施非法活动的；

（五）向司法工作人员行贿，影响司法公正的；

（六）造成经济损失数额在五十万元以上不满一百万元的。

6. 最高人民法院、最高人民检察院《关于办理贪污贿赂刑事案件适用法律若干问题的解释》第十一条第三款

刑法第一百六十四条第一款规定的对非国家工作人员行贿罪中的"数额较大""数额巨大"的数额起点，按照本解释第七条、第八条第一款关于行贿罪的数额标准规定的二倍执行。

7. 最高人民检察院《关于人民检察院直接受理立案侦查案件立案标准的规定（试行）》

一、贪污贿赂犯罪案件

（八）单位行贿案（第393条）

单位行贿罪是指公司、企业、事业单位、机关、团体为谋取不正当利益而行贿，或者违反国家规定，给予国家工作人员以回扣、手续费，情节严重的行为。

涉嫌下列情形之一的，应予以立案：

1. 单位行贿数额在 20 万元以上的；

2. 单位为谋取不正当利益而行贿，数额在 10 万元以上不满 20 万元，但具有下列情形之一的：

（1）为谋取非法利益而行贿的；

（2）向 3 人以上行贿的；

（3）向党政领导、司法工作人员、行政执法人员行贿的；

（4）致使国家或者社会利益遭受重大损失的。

因行贿取得的违法所得归个人所有的，依照本规定关于个人行贿的规定立案，追究其刑事责任。

8. 最高人民法院、最高人民检察院《关于办理商业贿赂刑事案件适用法律若干问题的意见》

八、收受银行卡的，不论受贿人是否实际取出或者消费，卡内的存款数额一般应全额认定为受贿数额。使用银行卡透支的，如果由给予银行卡的一方承担还款责任，透支数额也应当认定为受贿数额。

29 鉴定意见为什么不被采纳？

✓ 主旨提示

这是一起因鉴定不规范导致有关罪名不能认定的案件。

📋 案情回顾

向某，中共党员，甲县林业局 A 镇林业管理站原站长。

2014 年 7 月，木材商孙某在 A 镇林业管理站申购木材采伐计划，给向某预交了 11600 元相关费用。尔后，向某未给孙某办理木材采伐计划，孙某从甲县森林公安局直接购买了木材，便找向某退钱，向某退给孙某 6000 元，剩余的 5600 元以抽取个人服务费为由，据为己有。

2015 年 9 月，木材商黄某与熊某因购买同一块山林发生纠纷，请求向某调解处理，后熊某将给黄某的补偿金 6000 元交给向某，黄某以给向某服务费为由，将 6000 元送给了向某。

2016 年 6 月，向某接受贲某请求，给木材商龚某办理了 300 立方米的木材计划，约定每立方米给向某好处费 50 元。同年 10 月，向某打电话给贲某要龚某送给朱某 2 万元，贲某和龚某照做。

2016年8月，龚某在A镇购买两处公益林，并通过A镇林业管理站办理了采伐林木的许可证，规定了采伐类型、采伐强度、采伐数量等。同年10月，龚某在组织民工进山采伐过程中，向某发现龚某超过采伐证规定的采伐强度和采伐数量采伐木材，但是其未按照相关规定依法将涉嫌犯罪的刑事案件移送公安机关处理，擅自对龚某以"收费用"的方式作出罚款2万元的处罚。

案发后，向某向纪检监察机关如实供述了其违纪违法犯罪事实。

但在审查调查过程中，向某主张自己从木材商处收受的钱款，大多数用于公务接待，并没有用于个人消费，不应该认定为受贿数额。

本案在庭审过程中，公诉机关提交了鉴定书，拟证明龚某所伐林木蓄积达到了数量巨大的标准，依法应该处三年以上七年以下有期徒刑。该鉴定书落款鉴定人为陈某、杜某，作出该鉴定结论的依据是森林滥伐现场抽样调查表，而该调查表载明的调查人却为杜某，记录人为吴某。

办案过程

2018年8月，向某因严重违纪违法涉嫌受贿犯罪被纪检监察机关立案审查调查，并被采取留置措施；

2019年1月，向某被开除党籍、开除公职，并被移送检察机关审查起诉；

2019年3月，检察机关以向某涉嫌受贿罪、徇私舞弊不移

交刑事案件罪向人民法院提起公诉;

2019年5月,一审法院判决向某犯受贿罪,判处其有期徒刑八个月;犯徇私舞弊不移交刑事案件罪,判处其有期徒刑六个月,决定执行有期徒刑一年,缓刑二年。

2019年7月,二审法院撤销一审法院关于向某犯徇私舞弊不移交刑事案件罪,判处其有期徒刑六个月的判决,判决向某犯受贿罪,判处其有期徒刑八个月,缓刑一年六个月。

难点解析

◎本案在审查调查过程中,向某主张自己从木材商处收受的钱款,大多数用于公务接待,并没有用于个人消费,不应该认定为受贿数额。将受贿的财物用于公务,是否应该从受贿数额中相应扣减?

实践中,一般情况下不予扣减。因为"扣减法"存在较大弊端,在行为人已将部分财物用于公务支出的情况下,难以排除行为人准备将剩余财物继续用于公务的可能,根据疑罪从无的原则,只能认定行为人不构成受贿。由此可见,"扣减法"将导致受贿罪的规定被行为人规避,是不可取的。

但特殊情况下可以予以扣减。这里的特殊情况,一般是指行为人将财物用于正当公务支出,并且公开了财物的来源或性质。具体而言,受贿后将部分财物用于公务的,应当满足以下三个条件,才可以从受贿总额中扣除:一是有充分、确实的证据证实系用于公务支出;二是公务用途本身是合法的;三是行为人在将财物交公或用于公务支出时向本单位的有关工作人员说明财物的性质或来源。如果行为人私自将财物用于公务支出的，只能作为从宽处罚情节考虑，不能扣除。

本案中，向某虽然主张自己将收受的钱款用于公务接待，但并没有证据证实其确实用于合法的公务接待，而且在用于公务支出时也没有向本单位的有关工作人员说明钱款的性质或来源，所以其收受的钱款都应认定为受贿款，不能以受贿的财物用于公务为由而作相应扣减。

◎向某主张贵某和龚某送给朱某的2万元，不应该认定为自己的受贿数额，对此应如何判定？

贵某和龚某本没有义务送给朱某2万元，是应向某的要求才送的，实质是送给向某的，送给朱某，只是向某对受贿钱款的处置。贿赂款物被付予第三人，是受贿者意志所致，贿赂接收人的变换，完全是因为受贿者对贿赂的处分。处分贿赂的人，自然应该承担受贿的责任，因此贵某和龚某按向某要求送给朱某的2万元，应该认定为向某的受贿款。

实践中，受贿者因担心违法行为败露，或者因有处分贿赂款物的意图，会授意行贿人将贿赂款物付予他人。接收贿赂款物的他人与受贿者之间，一般会有亲属关系，或者有特定的利益、情感关系，因而被称作特定关系人。变换贿赂款物接收人，是掩饰受贿的常见方法。以变换接收人为掩饰的受贿特征如下：受贿者有利用职务便利为行贿人谋利益的行为；受贿者与第三人有特定的关系；相关款物由第三人接收和占有，没有行受贿之外的理由。实践中常见的"挂名领薪"就是通过变换贿赂款物接收人来掩饰行受贿关系的，即行贿人将特定关系人列为其公司企业的职工，特定关系人不工作，但领取所谓的薪酬，其领取的薪酬实际上就是行贿人向受贿人给付的贿赂款。

根据相关司法解释，国家工作人员利用职务上的便利为请托人谋取利益，授意请托人将有关财物给予特定关系人的，以受贿论处。受贿者授意行贿人付予贿赂款物的对象，也可能涉及特定关系人以外的人。因为行受贿罪的本质是权钱交易，我们不应把特定关系人作为判断行受贿罪的一个桎梏，只要行贿人是应受贿人要求将贿赂款物给予第三方，都可以认定为行受贿。就像本案中贵某和龚某应向某要求送给朱某2万元，不管朱某是不是向某的特定关系人，这2万元都可以认定为向某的受贿数额。

◎二审法院为什么撤销了一审法院关于向某犯徇私舞弊不移交刑事案件罪的判决？

徇私舞弊不移交刑事案件罪是指工商行政管理、税务、监察等行政执法人员，徇私舞弊，对依法应当移交司法机关追究刑事责任的案件不移交，情节严重的行为。依法应当移交司法机关追究刑事责任的案件不移交，是指行政执法人员在履行职责的过程中，明知违法行为已经构成犯罪，应当移送司法机关追究刑事责任而不移送，予以隐瞒、掩饰；或者大事化小，以行政处罚代替刑事处罚。不移交行为只有情节严重的，才能构成犯罪。

根据最高人民检察院《关于人民检察院直接受理立案侦查案件立案标准的规定（试行）》的规定，涉嫌下列情形之一的，应予立案：一是对依法可能判处3年以上有期徒刑、无期徒刑、死刑的犯罪案件不移交的；二是3次以上不移交犯罪案件，或者一次不移交犯罪案件涉及 3 名以上犯罪嫌疑人的；三是司法机关发现并提出意见后，无正当理由仍然不予移交的；四是以罚代刑，放纵犯罪嫌疑人，致使犯罪嫌疑人继续进行违法犯罪活动的；五是行政执法部门主管领导阻止移交的；六是隐瞒、毁灭证据，伪造材料，改变刑事案件性质的；七是直接负责的主管人员和其他直接责任人员为牟取本单位私利而不移交刑事案件，情节严重的；八是其他情节严重的情形。

本案中，要想认定向某构成徇私舞弊不移交刑事案件罪，就需要证明龚某的违法行为依法应当移交司法机关追究刑事责任，而且达到了立案标准。根据《刑法》规定，违反森林法的规定，滥伐森林或者其他林木，数量较大的，处三年以下有期徒刑、拘役或者管制，并处或者单处罚金；数量巨大的，处三年以上七年以下有期徒刑，并处罚金。根据相关司法解释，盗伐林木"数量较大"，以二至五立方米或者幼树一百至二百株为起点；盗伐林木"数量巨大"，以二十至五十立方米或者幼树一千至二千株为起点；盗伐林木"数量特别巨大"，以一百至二百立方米或者幼树五千至一万株为起点。

本案在庭审过程中，公诉机关当庭提交了鉴定书，拟证明龚某所伐林木达到了数量巨大的标准，依法应该处三年以上七年以下有期徒刑。该鉴定书落款鉴定人为陈某、杜某，作出该鉴定结论的依据是森林滥伐现场抽样调查表，而该调查表载明的调查人却为杜某，记录人为吴某。因此，鉴定人与现场检材人不符，违反《司法鉴定程序通则》第二十四条关于"现场提取鉴定材料应当由不少于二名司法鉴定机构的工作人员进行"

"现场提取鉴定材料时，应当有委托人指派或者委托的人员在场见证并在提取记录上签名"的规定，故对该鉴定书法院不予认定。由于该鉴定书不被法院认定，就不能证明龚某盗伐林木达到了数量巨大的标准，也就不能证明其依法应该处三年以上有期徒刑。所以，公诉机关指控向某犯徇私舞弊不移交刑事案件罪证据不足，其指控的犯罪不能成立。

◎**在使用鉴定措施过程中应该注意哪些问题？**

鉴定，是指鉴定人对鉴定对象的观察、分析和判断，并作出最后客观结论的过程。由于多数专业没有统一的法定技术标准，加之鉴定人对相关标准理解、掌握不准确，有可能导致鉴定存在一定主观空间，各部门、各学科、各地区、各鉴定机构之间，对同一鉴定事项的鉴定要求可能会出现不同的鉴定结果。此外，鉴定活动还可能会受到人为因素干预，如受到案内其他证据引导、迫于社会舆论压力、经济利益驱动等因素，都会造成鉴定人刻意追求特定结果或是降低鉴定标准的可能，导致形成的鉴定意见受到干扰。在审查调查工作中，要注意对鉴定意见严格把关，避免盲目采信鉴定意见。

实践中，一些监察机关存在使用鉴定措施不规范的现象。比如，鉴定机构不具备法定资格，或部分鉴定人未获得鉴定资格证；检验材料来源不明或与扣押物品清单等记载的内容不相符；没有结合具体案情，鉴定基准条件选择不当；鉴定意见未加盖司法鉴定专用章或鉴定人未签名盖章；形成的鉴定意见未告知当事人或未听取当事人和相关单位、人员的意见；鉴定人应当回避而未回避；等等。

鉴于上述情况，在使用鉴定措施过程中，应从以下四个方面进行规范：一是完善委托鉴定手续，正确选择鉴定基准日，确保检材来源清晰，并与其他证据反映的内容相符，充分征求当事人和相关人员的意见，并将告知情况予以书面记载。二是审慎选择鉴定机构和鉴定人，尤其注意审核鉴定机构和鉴定人是否具备相应的鉴定资质，鉴定项目是否符合鉴定机构的项目范围。三是审慎对待、科学处置鉴定中的争议问题，如果初步形成的鉴定意见与现有证据状况存在较大出入或矛盾时，可考虑另选鉴定机构进行鉴定，对不同的鉴定意见充分进行分析比较，视情况咨询相关专家提出意见，同时应当重视当事人对鉴定意见的辩解，对当事人提出的质疑把握不准的，必要时可在调查期间提出补充鉴定或者重新鉴定，经审批后另行指派或聘请鉴定机构进行补充鉴定或者重新鉴定。四是在后续审查起诉阶段和审判阶段，应适时了解检察院和法院对监察机关在调查阶段形成鉴定结论的意见，必要时，可及时采取措施，补充相关证据材料，对调查阶段形成的鉴定意见进行补强，同时对可能再次鉴定的情况做好应对准备。

📖 知识扩展

◎关于受贿款用于公务的认定

对单位领导人员辩称代表单位收受贿赂并用于公务的，不能简单地认定为单位受贿行为。有观点认为，单位受贿所得财物的管理和使用至少有两人到三人以上知晓，单位受贿必须符合单位行为的特征。对单位经集体研究决定，由单位领导人员收受贿赂并交给单位的,应认定单位受贿。对单位领导人员私自代表单位收受他人贿赂,并部分用于单位公务的,只有行为人向本单位的有关工作人员公开说明财物的性质或来源的,公开说明的部分才能以单位受贿论处。否则,仍应以个人受贿论。

◎关于对鉴定机构和鉴定人的要求

鉴定意见是对案件专门性问题所作的判断,不是鉴定人就其所了解的案件事实所作的陈述,本质上具有"意见证据"和言词证据的属性。鉴定意见的科学性、真实性和权威性,很大程度上依赖于鉴定机构和鉴定人的专业资格、鉴定水平。根据《有关司法鉴定管理问题的决定》要求,鉴定机构从事鉴定业务,必须具有在核定业务范围内进行司法鉴定所必需的仪器、设备,以及检测实验室,并且每项司法鉴定业务要有3名以上鉴定人参与。鉴定人应当具有与所申请从事的司法鉴定业务相关的高级专业技术职称,具有相关专业执业资格或者相关专业本科以上学历,从事相关工作5年以下,或者具有所申请的司法鉴定业务相关工作10年以上经历,具有较强的专业技能;且没有受到过刑事处罚、开除公职处分,或被撤销鉴定人登记。鉴定机构和鉴定人必须经过省级人民政府司法行政机关登记、名册编制和公告,鉴定人只能在一个鉴定机构从事鉴定业务,鉴定人符合法定回避条件和事由的,应当依法回避。

纪法依据

1.《中华人民共和国刑法》第三百四十五条

盗伐森林或者其他林木,数量较大的,处三年以下有期徒刑、拘役或者管制，并处或者单处罚金；数量巨大的，处三年以上七年以下有期徒刑，并处罚金；数量特别巨大的，处七年以上有期徒刑，并处罚金。

违反森林法的规定，滥伐森林或者其他林木，数量较大的，处三年以下有期徒刑、拘役或者管制，并处或者单处罚金；数量巨大的，处三年以上七年以下有期徒刑，并处罚金。

非法收购、运输明知是盗伐、滥伐的林木，情节严重的，处三年以下有期徒刑、拘役或者管制，并处或者单处罚金；情节特别严重的，处三年以上七年以下有期徒刑，并处罚金。

盗伐、滥伐国家级自然保护区内的森林或者其他林木的，从重处罚。

2.《中华人民共和国刑法》第四百零二条

行政执法人员徇私舞弊，对依法应当移交司法机关追究刑事责任的不移交，情节严重的，处三年以下有期徒刑或者拘役；造成严重后果的，处三年以上七年以下有期徒刑。

3. 最高人民检察院《关于人民检察院直接受理立案侦查案件立案标准的规定（试行）》

二、渎职犯罪案件

（十）徇私舞弊不移交刑事案件案（第402条）

徇私舞弊不移交刑事案件罪是指行政执法人员，徇私情、私利，伪造材料，隐瞒情况，弄虚作假，对依法应当移交司法机关追究刑事责任的刑事案件，不移交司法机关处理，情节严重的行为。

涉嫌下列情形之一的，应予立案：

1. 对依法可能判处 3 年以上有期徒刑、无期徒刑、死刑的犯罪案件不移交的；

2. 3 次以上不移交犯罪案件，或者一次不移交犯罪案件涉及 3 名以上犯罪嫌疑人的；

3. 司法机关发现并提出意见后，无正当理由仍然不予移交的；

4. 以罚代刑，放纵犯罪嫌疑人，致使犯罪嫌疑人继续进行违法犯罪活动的；

5. 行政执法部门主管领导阻止移交的；

6. 隐瞒、毁灭证据，伪造材料，改变刑事案件性质的；

7. 直接负责的主管人员和其他直接责任人员为牟取本单位私利而不移交刑事案件，情节严重的；

8. 其他情节严重的情形。

4. 最高人民法院《关于审理破坏森林资源刑事案件具体应用法律若干问题的解释》第四条

盗伐林木"数量较大"，以二至五立方米或者幼树一百至二百株为起点；盗伐林木"数量巨大"，以二十至五十立方米或者幼树一千至二千株为起点；盗伐林木"数量特别巨大"，以一百至二百立方米或者幼树五千至一万株为起点。

5.《司法鉴定程序通则》第二十四条

司法鉴定人有权了解进行鉴定所需要的案件材料，可以查阅、复制相关资料，必要时可以询问诉讼当事人、证人。

经委托人同意，司法鉴定机构可以派员到现场提取鉴定材料。现场提取鉴定材料应当由不少于二名司法鉴定机构的工作人员进行，其中至少一名应为该鉴定事项的司法鉴定人。现场提取鉴定材料时，应当有委托人指派或者委托的人员在场见证并在提取记录上签名。

6. 最高人民法院、最高人民检察院《关于办理受贿刑事案件适用法律若干问题的意见》

六、关于特定关系人"挂名"领取薪酬问题

国家工作人员利用职务上的便利为请托人谋取利益，要求或者接受请托人以给特定关系人安排工作为名，使特定关系人不实际工作却获取所谓薪酬的，以受贿论处。

7. 最高人民法院、最高人民检察院《关于办理受贿刑事案件适用法律若干问题的意见》

七、关于由特定关系人收受贿赂问题

国家工作人员利用职务上的便利为请托人谋取利益，授意请托人以本意见所列形式，将有关财物给予特定关系人的，以受贿论处。

特定关系人与国家工作人员通谋，共同实施前款行为的，对特定关系人以受贿罪的共犯论处。特定关系人以外的其他人与国家工作人员通谋，由国家工作人员利用职务上的便利为请托人谋取利益，收受请托人财物后双方共同占有的，以受贿罪的共犯论处。

30 行贿罪中的"谋取不正当利益"如何认定？

主旨提示

本案是一起构成违纪而不构成犯罪的案例。

案情回顾

周某，中共党员，矿产地质环境治理项目评审专家，接受甲市矿业公司委托，为企业申报的地质专项资金项目提供技术咨询服务。

在此期间，周某通过电话向主管部门环境资源处处长姚某（另案处理）询问相关矿山企业申报专项资金项目的审批情况，姚某在审批结果正式下达到各申报企业前，将项目是否通过审批及获批资金数额等信息透露给周某，周某再将上述信息转告其服务的甲市矿业公司法定代表人吴某。2018年至2020年间，周某为了对姚某表示感谢，陆续送给姚某现金人民币10万元。

办案过程

2020年10月，周某作为姚某受贿案的涉案人被纪检监察机关采取留置措施；

2021年1月，周某因没有"谋取不正当利益"不被移送司法机关审查起诉，同时解除留置措施。

2021年1月，周某因向从事公务的人员赠送明显超出正常礼尚往来的财物行为，被给予党内严重警告处分。

难点解析

◎如何理解"谋取不正当利益"？

根据最高人民法院、最高人民检察院《关于办理行贿刑事案件具体应用法律若干问题的解释》相关规定，行贿犯罪中的"谋取不正当利益"，是指行贿人谋取的利益违反法律、法规、规章、政策规定，或者要求国家工作人员违反法律、法规、规章、政策、行业规范的规定，为自己提供帮助或者方便条件。违背公平、公正原则，在经济、组织人事管理等活动中，谋取竞争优势的，应当认定为"谋取不正当利益"。

根据最高人民法院、最高人民检察院《关于办理商业贿赂刑事案件适用法律若干问题的意见》相关规定，行贿犯罪中的"谋取不正当利益"，是指行贿人谋取违反法律、法规、规章或者政策规定的利益，或者要求对方违反法律、法规、规章、政策、行业规范的规定，为自己提供帮助或者方便条件。在招标投标、政府采购等商业活动中，违背公平原则，给予相关人员财物以谋取竞争优势的，属于"谋取不正当利益"。

综上，"不正当利益"可以分为两大类：一类是从法律、法规、规章、政策、行业规范的规定中能够找到不正当依据的利益，另一类是发生在竞争性活动中的不公平利益。

◎应当如何认定"谋取不正当利益"？

按照利益主体的确定性划分，不正当利益可分为实质上的不应当得到的利益和程序上的不应当得到的利益。实质上的不应当得到的利益是指利益的主体已确定是他人，而自己使用非法手段得到，使他人的既定利益受到了侵害。如甲工程队通过正规的招标程序中标某工程，而丙工程队行贿后，发包单位强行取消了甲工程队的中标资格，将工程发包给丙工程队。丙工程队得到的工程就是一种实质上的不应当得到的利益，它侵犯了甲工程队应当得到工程承包的利益。这种为请托人谋利手段的不正当性表现为掠夺。

程序上的不应当得到的利益是指利益的主体并不确定，谁应当得到某一利益属于待定状况，而行为人却通过他人行使不正当手段得到，在得到这一利益的程序过程中往往带有不正当行为，这种不正当行为表现为舞弊、徇私等。如甲竞选某一岗位，通过他人得到了试题，使其竞选成功。这种程序上的不应当得到的利益往往侵害的不是某人的既定利益，而是获得利益程序上的公正性，从而侵犯了他人获得利益的权利。

除上所述不应当得到的利益及非法利益外，其他属于应当得到的正当利益，如果利益的主体不确定，并不是他人的既得利益，行为人又是通过正当的程序和手段为请托人获得利益，就应当是正当的利益。因此，区分正当利益与不正当利益的关键就是看谋取利益的手段和程序是否正当。

◎ 周某向姚某打探矿山企业申报专项资金项目的审批情况为什么不属于"谋取不正当利益"？

姚某告知周某相关项目获批与否及获批资金数额，是项目审批的结果。也就是说，当周某得知该结果时，项目审批已经完成，其最主要的利益已经确定，此时，周某申报的项目如果与其他人申报的项目有竞争关系的话，该竞争也已经完成，所以不存在周某谋取竞争优势的问题。

但是，在审批结果正式下达到各申报企业前，项目是否通过审批及获批资金数额等信息属于不对社会公开的信息，一般人无法得知，那么姚某将一般人无法得知的情况告知周某，是否属于违反法律、法规、规章、政策规定呢？

根据《中华人民共和国保守国家秘密法》有关规定，国家秘密是指关系国家安全和利益，依照法定程序确定，在一定时间内只限一定范围的人员知悉的事项。根据本案实际，周某向姚某打听的相关项目获批与否及获批资金数额，显然并未被确定为国家秘密。

根据《中华人民共和国反不正当竞争法》有关规定，商业秘密，是指不为公众所知悉、具有商业价值并经权利人采取相应保密措施的技术信息和经营信息，商业秘密的所有人是企业等商业主体，并不属于国家机关，所以，周某向姚某打听的相关项目获批与否及获批资金数额，也不是商业秘密。

那么，周某向姚某打听的相关项目获批与否及获批资金数额属于工作秘密吗？根据《公务员法》的相关规定，公务员有保守国家秘密和工作秘密的义务，一般认为工作秘密是指除国家秘密以外的，在公务活动中不得公开扩散的事项；一旦泄露会给本机关、本单位的工作带来被动和损害。一般来说，对工作秘密，一是从内容上界定，将本机关在公务活动中形成的不属于国家秘密或不宜对外公开的，而又较为重要和敏感的事项梳理出来，使机关相关人员知晓和遵守；二是从标识上界定，属工作秘密事项一般不作密级标识，但须标明知悉范围，或标明"内部资料、会议材料""注意保存"或"会后收回"等字样，使之妥善管理；三是定密责任的界定，对工作秘密的确定包括知悉范围、保密期限、存放地点等，实行"谁主管、谁负责""谁审批、谁负责"。就本案来看，我们并不能看出，周某向姚某打听的相关项目获批与否及获批资金数额信息，被界定为工作秘密。

所以，虽然姚某将一般人无法得知的相关项目获批与否及获批资金数额信息告知周某，但是无法得出该行为违反了法律、法规、规章、政策规定的结论。因此，周某向姚某打探相关矿山企业申报专项资金项目的审批情况不属于"谋取不正当利益"。

◎为什么周某的行为不构成行贿罪却构成违纪？

《党纪处分条例》规定的向从事公务的人员及其亲属和其他特定关系人赠送明显超出正常礼尚往来的财物行为，是指党员向从事公务的人员及其亲属和其他特定关系人赠送明显超出正常礼尚往来的财物，情节较重的行为。这种行为侵犯了职务行为的廉洁性，是一种违纪行为。

向从事公务的人员及其亲属和其他特定关系人赠送明显超

出正常礼尚往来的财物行为与行贿罪的区别主要有：一是主体不同。向从事公务的人员及其亲属和其他特定关系人赠送明显超出正常礼尚往来的财物行为的主体为党员；行贿罪的主体则更加宽泛，还包括其他非中共党员身份的一般公民和单位。二是客观方面不同。向从事公务的人员及其亲属和其他特定关系人赠送明显超出正常礼尚往来的财物行为的客观方面主要表现为行为人在没有谋取不正当利益，或者没有证据证明行为人谋取不正当利益的情况下，向从事公务的人员及其亲属和其他特定关系人赠送明显超出正常礼尚往来的财物；行贿罪的客观方面主要表现为行为人为谋取不正当利益，给予国家工作人员以财物。

本案中，周某作为中共党员，向姚某打探相关矿山企业申报专项资金项目的审批情况并给予姚某钱款，因其没有谋取不正当利益而不构成行贿罪，但该行为具有腐蚀公职人员的危险性，侵犯了职务行为的廉洁性，构成向从事公务的人员赠送明显超出正常礼尚往来的财物行为。

知识扩展

◎关于向从事公务的人员及其亲属和其他特定关系人赠送明显超出正常礼尚往来的财物行为

向从事公务的人员及其亲属和其他特定关系人赠送明显超出正常礼尚往来的财物行为，是指党员向从事公务的人员及其亲属和其他特定关系人赠送明显超出正常礼尚往来的财物，情节较重的行为。

本违纪行为的构成要件为：

本违纪行为的主体为一般主体，即所有党员。

本违纪行为的主观方面为故意。这里的"故意"，是指行为人明知该行为违反规定，会侵犯职务行为的廉洁性，损害党的清正廉洁形象，仍希望、放任该行为的发生。

本违纪行为侵犯的客体为职务行为的廉洁性。

本违纪行为的客观方面主要表现为：向从事公务的人员及其亲属和其他特定关系人赠送明显超出正常礼尚往来的财物。这里的"从事公务的人员"，是指代表国家机关、国有公司、企事业单位、人民团体、基层群众性自治组织等履行组织、领导、监督、管理等职责的人员。这里的"财物"，是指礼品、礼金、消费卡和有价证券、股权、其他金融产品等。这里的"明显超出正常礼尚往来"，是指明显超出同等关系人员之间的礼尚往来的情况。本违纪行为只有达到情节较重的程度，才能认定为违纪。

◎关于行贿罪的构成

行贿罪具有如下构成特征：（1）行贿罪侵犯的客体是国家工作人员公务行为的廉洁性；（2）行贿罪的主体是一般主体，即年满16周岁、具有刑事责任能力的自然人均能成为行贿罪的主体；（3）行贿罪在客观方面表现为行为人给予国家工作人员以财物的行为；（4）行贿罪在主观方面表现为故意，并且具有谋取不正当利益的犯罪目的。

纪法依据

1.《中国共产党纪律处分条例》第八十九条

向从事公务的人员及其配偶、子女及其配偶等亲属和其他特定关系人赠送明显超出正常礼尚往来的礼品、礼金、消费卡和有价证券、股权、其他金融产品等财物，情节较重的，给予警告或者严重警告处分；情节严重的，给予撤销党内职务或者留党察看处分。

2.《中华人民共和国刑法》第三百八十九条

为谋取不正当利益，给予国家工作人员以财物的，是行贿罪。

在经济往来中，违反国家规定，给予国家工作人员以财物，数额较大的，或者违反国家规定，给予国家工作人员以各种名义的回扣、手续费的，以行贿论处。

因被勒索给予国家工作人员以财物，没有获得不正当利益的，不是行贿。

3.《中华人民共和国公务员法》第十四条

公务员应当履行下列义务：

……

（五）保守国家秘密和工作秘密；

……

4.《中华人民共和国公务员法》第五十九条

公务员应当遵纪守法，不得有下列行为：

……

（十一）泄露国家秘密或者工作秘密；

……

31 言词证据与客观证据发生矛盾怎么办？

✓ 主旨提示

这是一起被认定为诬告而撤销的案件。

案情回顾

王某，中共党员，甲县建筑工程管理局局长。

2018年6月，甲县某建筑公司老板杨某向甲县纪委监委举报，王某利用职务上的便利，以口头或书面形式责令暂停施工、拖延办理施工手续等手段多次刁难建设施工单位，并向其索贿人民币10万元。

杨某称，因为王某给企业下了停工令，所以向其行贿。但是经过调查，停工令下达的时间却要比杨某陈述的行贿时间晚很多。

杨某提供了张某、李某、秦某、林某四人的证言以及相关银行取款记录。该四名证人在第一次到纪检监察机关作证时讲的都是因为无法办开工许可证所以商量向王某行贿。时隔几个月之后，纪检监察机关第二次取证时，几个人又同时变更了证言，声称并不是为了取得开工许可证才行贿，之前是记错了。

杨某陈述其是2012年春节前往某地址给王某送钱送物。经过调查，这个地址确实是王某的居住地址，而且是单位分配给领导干部的居住地址。然而，随着调查工作的深入开展，办案人员发现了一份书面文件，该文件是当时单位统一为各领导干部分配住房进行装修的进度报告，在这份文件中显示这批住房是2012年4月才开始装修，在此之前都是毛坯房，王某基本不可能入住。

办案过程

2018年6月，王某被甲县纪委监委立案审查调查；

2018年8月，该案被甲县纪委监委认定为诬告，依法撤销。

难点解析

◎杨某称其因为王某给企业下了停工令，所以向其行贿，该证言为什么不被采信？

本案中，杨某一方的言词证据与本案其他证据是矛盾的。比如，杨某陈述因为王某给企业下了停工令，所以向其行贿。如果杨某陈述的情况是真的，就必然意味着停工令的下达时间一定在行贿行为之前。但是，本案中停工令下达的时间却要比杨某陈述的行贿时间晚很多。再比如，杨某陈述因为自己拿着材料去找王某办理开工许可证受到了刁难，所以才向王某行贿。根据相关法律法规，办理开工许可证需要申请人提供五项材料。而本案杨某提供的这五项材料都是在杨某陈述的行贿行为完成之后才取得的。这就是典型的言词证据与客观证据之间产生了矛盾。与言词证据相比，停工令、开工申请材料这些客观证据，特别是出自国家机关的有关书证的证明力要明显高于言词证据。因此，当这类证据之间与言词证据产生矛盾的时候，一般来说言词证据的可信度较小。

◎在客观证据与言词证据发生矛盾时，是否就可以认定客观证据优于言词证据？

从该案可以看出，客观证据具有非常重要的作用。如果一个案件没有客观证据，全部是言词证据，那么案件查清楚的难度就会非常大。所以，在职务犯罪案件调查工作中，应该注重收集确实、充分的客观证据。对于贿赂类的案件，通话记录、银行存取款记录、行程记录等都是应当重点关注和尽量收集的客观证据。在贪污侵占类和挪用类的案件中，单位会计账册、审批材料、会议纪要等客观证据都要调取。根据《监察法》的相关规定，监察机关对职务违法和职务犯罪案件，要收集被调查人有无违法犯罪以及情节轻重的证据。也就是说，既要收集被调查人有罪、罪重的证据，又要收集被调查人无罪、罪轻的证据。所以，这里需要特别说明的一点是，在收集调取客观证据的时候，不仅要注意收集能够证明被调查人有罪的客观证据，对于被调查人辩解中提到的能够证明其无罪的客观证据，也同样应该及时收集和审查。对于有罪证据与无罪证据之间、罪重证据与罪轻证据之间的矛盾，再根据证据规则予以审查判断。

当客观证据和言词证据之间发生矛盾时，从证据法理论视角分析，通常会认为客观证据要优于言词证据。但是，客观证据并不一定总是优于言词证据。比如，在某受贿案件中，行贿人陈述，在某建筑工程项目上，受贿人一方利用职务便利，帮助行贿人一方没有经过招投标程序就直接承包了工程。但是在调查人员调取工程文件和施工合同时发现，这个工程项目存档中有完整的招投标文件、流程、中标通知书等。施工合同的签订也显示是通过招投标方式获取的。这里也出现了言词证据和客观证据高度矛盾的地方。这个案件经过向其他参与投标的企业了解情况后发现，这些招投标文件和资料恰恰是当时行受贿双方为了规避和掩盖犯罪真相而联合制作存档的。那么，在这个案件中，就不能简单地按照客观证据优于言词证据的证据审查判断规则来认定。

所以，对于言词证据与客观证据出现的矛盾，我们要考虑二者产生矛盾的核心因素、是否能够作出合理解释。如果确实无法作出合理的解释，那么按照有利于被调查人的监察执法与刑事司法基本原则，应当作出有利于被调查人的取舍。

◎**在职务犯罪调查取证工作中应该特别注意哪些方面？**

职务犯罪与其他犯罪相比，有两个突出特点：一个特点是隐蔽性，主要指具体犯罪行为具有较强的隐蔽性。比如，贿赂型案件大多是一对一犯罪，没有第三人在场，通常也很难留存其他直接的客观证据，这就给调查取证工作增加了难度。另一个特点是迷惑性，这个特点在贪污侵占型和挪用型职务犯罪案件中更为常见。随着反腐败力度的不断加大，这两类犯罪的行为人往往利用公司治理结构和新型金融资产来掩盖犯罪行为，为办案机关鉴别犯罪、收集证据带来了新的挑战。

针对职务犯罪的两个特点，我们在对职务犯罪的调查取证过程中应当特别注意三点：

一是要高度关注证据之间的相互印证问题。这里的相互印证并不是说全案证据都要完全印证，也不是行受贿双方言词证据的高度印证，而是要特别注意言词证据与客观证据之间的印证。尤其是在言词证据之间两两高度印证的情况下，要注意对其真实性的审查和判断。比如，对10年前的行受贿行为，如果行受贿双方能够在10年后均精准无误地描述当年行受贿时有关财物的外包装、双方谈话沟通的细节、行受贿地点的具体特征，办案人员就要考虑，这样的印证是否符合常情常理和人的基本记忆规律，是否存在串供或者虚假陈述的可能性。在这种情况下，一定要有确实、充分的客观证据与言词证据进行印证。

二是要特别注意收集能够直接证明案件事实的客观证据。如本案调查过程中，杨某一方在陈述中多次提到某个时间点给王某打电话商讨行贿地点，并清晰地描述行贿当时的场景等细节。但是，王某作为被指控的受贿人对此却坚决否认。到底是行贿人诬告陷害还是王某拒不供认，这个时候客观证据就变得极其重要。如果能及时调取二人的通话记录和行贿地点的监控录像，到底谁在说谎就会一目了然。所以，办案时一定要特别注意收集能够直接证明案件事实的客观证据。

三是要特别注意取证的合法性。《监察法实施条例》对监察机关调查取证工作提出了新的要求和明确的规范。审判实践中，有的人民法院便要求调查人员出庭就调查行为的合法性作出说明。在不少职务犯罪案件的审判过程中，辩护人会申请调取调查过程的同步录音录像。当然，我们所讲的取证合法性并不仅仅局限于言词证据。对于电子数据、辨认笔录、会计鉴定意见等所有的证据种类，都应当严格按照《监察法》及其实施条例的相关规定收集。

知识扩展

◎关于言词证据

言词证据是办案过程中向当事人和有关人员收集、调取的其对直接或间接感知的案件事实的陈述，对案件事实有极其重要的证明价值和作用。一是有助于办案机关查明案件事实，被审查调查人实施违纪违法行为的动机、目的、行为、情节往往能够通过言词证据得到最直观的体现，有助于办案人员准确把握和认定案件事实。二是有助于及时补强证据，言词证据中往往涉及违纪违法行为的细节性、隐蔽性证据，既可以指引调查工作进一步开展，又可以帮助办案人员及时发现新的违纪违法事实、情节及线索，同时与其他证据进行对比印证，帮助排除合理怀疑和矛盾。三是有助于全面了解案件情况，言词证据内容中除了相关人员对事实的陈述外，往往还包含个人的辩解等内容，通过对言词证据连贯性的全面审核可以明晰被审查调查人的主观恶性和认错悔错态度，以便对被审查调查人进行精准处置。此外，《监察法实施条例》第六十条明确规定，只有被调查人陈述或者供述，没有其他证据的，不能认定案件事实；没有被调查人陈述或者供述，证据符合法定标准的，可以认定案件事实。因而办案中既不能忽视言词证据的作用，也不能将言词证据作为定案的唯一依据。

◎关于证据形式规范问题

对于言词证据而言，笔录时间应如实记载，与笔录内容相一致，与全程同步录音录像时间相对应；询问或讯问地点要合法，权利义务等内容要按规定告知；证人的身份要明确，身体状况要载明；询问或讯问时间间隔合理，给予被询问人、被讯问人必要休息和用餐时间，并在笔录中体现；多份笔录不能出现矛盾情节，或对矛盾予以解释排除；笔录要中心明确、结构合理、逻辑清晰、详略得当，以多次收受贿赂为例，笔录可按照"总分总"模式布局。

对于书证而言，调取证据手续要规范，调取书证要附有证据清单；尽量调取原件，确需调取复印件的，应载明原件存放地、提供人情况、调取人的签名和日期；外币汇率的换算，可结合出入境记录、出境批件等书证，如被调查人确实记不清犯罪行为发生时间，尽量精确到季节或月份，按照有利于被调查人原则取最低值予以认定；大量银行流水或记账凭证入卷，应辅以清单及说明。

对于量刑情节的证据来说，量刑情节包括自首、坦白、立功、退赃、被调查人态度、其他法定情节等六个方面。调查人员在取证过程中，不仅要重视定案的证据，对调查过程中被调查人的如实供述、主动供述、自首、检举、揭发等情况亦应取证，案卷中还要说明被调查人到案经过。应逐项列举说明哪些事实属于组织已掌握的，哪些事实属于其主动交代而组织不掌握的；对检举揭发他人犯罪的线索是否查证属实及立案等情况辅以相关材料证实。

🔗 纪法依据

1.《中华人民共和国监察法实施条例》第六十条

监察机关认定案件事实应当以证据为根据，全面、客观地收集、固定被调查人有无违法犯罪以及情节轻重的各种证据，形成相互印证、完整稳定的证据链。

只有被调查人陈述或者供述，没有其他证据的，不能认定案件事实；没有被调查人陈述或者供述，证据符合法定标准的，可以认定案件事实。

2.《中华人民共和国监察法实施条例》第六十一条

证据必须经过查证属实，才能作为定案的根据。审查认定证据，应当结合案件的具体情况，从证据与待证事实的关联程度、各证据之间的联系、是否依照法定程序收集等方面进行综合判断。

3.《中华人民共和国监察法实施条例》第六十二条

监察机关调查终结的职务违法案件，应当事实清楚、证据确凿。证据确凿，应当符合下列条件：

（一）定性处置的事实都有证据证实；

（二）定案证据真实、合法；

（三）据以定案的证据之间不存在无法排除的矛盾；

（四）综合全案证据，所认定事实清晰且令人信服。

4.《中华人民共和国监察法实施条例》第六十三条

监察机关调查终结的职务犯罪案件，应当事实清楚，证据

确实、充分。证据确实、充分,应当符合下列条件:

(一) 定罪量刑的事实都有证据证明;

(二) 据以定案的证据均经法定程序查证属实;

(三) 综合全案证据,对所认定事实已排除合理怀疑。

证据不足的,不得移送人民检察院审查起诉。

5. 《最高人民法院关于适用〈中华人民共和国刑事诉讼法〉的解释》第一百三十九条

对证据的真实性,应当综合全案证据进行审查。

对证据的证明力,应当根据具体情况,从证据与案件事实的关联程度、证据之间的联系等方面进行审查判断。

6. 《中华人民共和国刑事诉讼法》第二百条

在被告人最后陈述后,审判长宣布休庭,合议庭进行评议,根据已经查明的事实、证据和有关的法律规定,分别作出以下判决:

……

(三) 证据不足,不能认定被告人有罪的,应当作出证据不足、指控的犯罪不能成立的无罪判决。

32 如何追缴行贿违法所得？

✓ 主旨提示

这是一起因索贿而行贿的案件。

📋 案情回顾

2018年6月，甲县水务局时任局长王某为弥补水务局在跑项目过程中的一些花费，找到时任A水电公司法人代表的姚某商议，以甲县水务局为A水电公司在项目施工过程中提供了帮助和方便为由，向姚某提出要一部分钱用于核销单位跑项目支出的相关费用。姚某为了水电公司以后在甲县水务局有更多工程项目能够顺利中标，便同意以"小河流域治理"项目中的质保金70余万元返给甲县水务局。2018年底，该70余万元质保金全部转到A水电公司账户后，水电公司将其取出送给了甲县水务局。

📝 办案过程

2020年5月，姚某作为王某受贿案的涉案人被纪检监察机关采取留置措施；

2020年10月，姚某被移送检察机关审查起诉；

2021年1月，检察机关以A水电公司、姚某涉嫌对单位行贿罪向人民法院提起公诉；

2021年4月，人民法院判决A水电公司犯对单位行贿罪，处罚金人民币10万元；姚某犯对单位行贿罪，免予刑事处罚。

难点解析

◎A水电公司和姚某为什么最终被认定为有罪？

对单位行贿罪，是指为谋取不正当利益，给予国家机关、国有公司、企业、事业单位、人民团体以财物，或者在经济往来中，违反国家规定，给予上述单位各种名义的回扣、手续费的行为。在区分本罪的罪与非罪的界限时，主要看谋取的利益是正当利益还是不正当利益。如果行为人为了谋取正当合法的利益，如本来应当给办理的营业执照、户口转移等手续由于长期得不到解决，或者为了尽早得到解决而采取送钱送物的手段；或者被勒索而被迫给予国家机关、国有公司、企业、事业单位、人民团体以财物的，则不构成对单位行贿罪。如果为谋取不正当利益，即使被勒索的情况下行为人向有关单位给付财物的，仍应以对单位行贿罪论处。

本案中，A水电公司与姚某的行为是否构成对单位行贿罪，其关键在于是否谋取了不正当利益。根据相关司法解释，行贿犯罪中的"谋取不正当利益"，是指行贿人谋取的利益违反法律、法规、规章、政策规定，或者要求国家工作人员违反法律、法规、规章、政策、行业规范的规定，为自己提供帮助或者方便条件。违背公平、公正原则,在经济、组织人事管理等活动中,谋取竞争优势的,应当认定为"谋取不正当利益"。

姚某为了 A 水电公司在以后的招投标过程中获得甲县水务局的照顾拿到更多的工程,在甲县水务局的要求下,其承诺以甲县"小河流域治理"项目质保金给付甲县水务局。即使 A 水电公司拿到甲县水务局的工程不违反法律、法规、规章、政策规定,但是相比于其他没有给水务局送钱的竞争主体而言,A 水电公司无疑谋取了竞争优势,这种竞争优势就是"不正当利益"的一种。

所以,A 水电公司为了以后在甲县水务局有更多工程项目能够顺利中标,而给予甲县水务局以 70 余万元,属于为谋取不正当利益,给予国家机关以财物,构成对单位行贿罪。姚某作为 A 水电公司直接负责的主管人员,应当按照对单位行贿罪定罪处罚。

◎行贿违法所得应如何界定?

行贿违法所得指通过行贿非法手段直接或者间接产生、获得的不正当财产。构成行贿违法所得,需要达到以下三个条件:一是行贿手段的非法性;二是获得了不正当利益;三是非法手段与所得利益之间具有因果关系。

这里所指的行贿,既包括涉嫌行贿犯罪的行为,也包括虽不构成犯罪但属于行贿违法的行为。一是涉嫌行贿犯罪的行为,包括监委专属管辖的行贿罪、对有影响力的人行贿罪、对单位行贿罪、介绍贿赂罪、单位行贿罪等 5 个罪名以及监委和公安机关均可管辖的对外国公职人员、国际公共组织官员行贿罪,对非国家工作人员行贿罪 2 个罪名。二是虽不构成犯罪但属于违法的行贿行为，或者涉嫌行贿等犯罪，但情节较轻、经审批不予移送起诉的行为。实践中，对行贿人的处理比例较低，大量行贿人因在被追诉前主动交代行贿行为，对侦破重大案件起关键作用或者有重大立功表现等而依法经审批不予移送起诉，但行贿违法行为及获得的大量不正当财产性利益是客观存在的，对于这些违法所得应当予以追缴。

行贿违法所得既包括直接获得的财产，也包括间接产生的利益。一是直接产生、获得的不正当财产。比如，被调查人通过行贿违规获得了财政补贴，则该财政补贴即为行贿违法所得；被调查人通过行贿获得工程项目后直接转让给第三人的，转让所得收益即为违法所得；等等。二是间接产生、获得的不正当财产。比如，行贿人中标承接某工程项目后自行施工建设获得巨额经营利润，这些利润系因行贿间接产生的不正当财产，也属于违法所得。三是关于违法所得转化的问题。违法所得已经部分或者全部转变、转化为其他财物的，转变、转化后的财物应当视为违法所得；来自违法所得转变、转化后的财物收益，或者来自已经与违法所得相混合财物中违法所得相应部分的收益，应当视为违法所得。有证据证明依法应当追缴的违法所得无法找到、被他人善意取得、价值灭失减损或者与其他合法财物混合且不可分割的，可以依法追缴、没收其他等值财物。

在把握行贿违法所得时，必须强调财物及孳息的不正当性，避免对公民的合法财产造成侵犯。所谓不正当性，就是追缴的财物及孳息必须是通过行贿非法手段直接或者间接产生的，二者具有关联性。强调不正当性，表明监察机关对涉案人员和企业合法财产依法予以保护、对不正当财产依法予以追缴的鲜明态度。

正确把握违法所得的不正当性，一方面有利于更好地理解为什么在间接违法所得数额难以确定时，如通过行贿非法手段取得商业机会所获得的巨大利益，要通过价格认证或者委托鉴定的方式确定合理成本并将合理成本予以扣除；另一方面有利于更好地理解为什么在视为"违法所得"时仅认定"来自已经与违法所得相混合财物中违法所得相应部分的收益"为行贿违法所得。

对涉案人员和单位未实际获得违法所得甚至因经营管理不善亏损的，不能按期待利益或者按行业平均利润率等对行为人合法财产进行追缴。对涉案人员和单位所获得的财物与行贿非法手段无关的，也不能认定为违法所得。比如，被调查人通过合法手段中标工程项目后为了催讨工程款向业主单位领导行贿，该工程款本身属于正当财物，不能认定为违法所得；又如，被调查单位具备获得财政补贴的资格，为了尽快拨付该补贴而行贿有关领导，如果其没有因此获得额外不符合规定的补贴，则该补贴也不应被认定为违法所得。

◎关于启动违法所得没收程序

《监察法》第四十八条规定，监察机关在调查贪污贿赂、失职渎职等职务犯罪案件过程中，被调查人逃匿或者死亡，有必要继续调查的，经省级以上监察机关批准，应当继续调查并作出结论。被调查人逃匿，在通缉一年后不能到案，或者死亡的,由监察机关提请人民检察院依照法定程序,向人民法院提出没收违法所得的申请。

关于被调查人死亡案件。被调查人不论是在采取调查措施之前死亡,还是在采取调查措施过程中死亡,抑或在逃匿过程中死亡;也不论是自然死亡或宣告死亡,还是依法终止对其追究刑事责任,经法定程序批准后,对其违法所得及其他涉案财产的继续调查和追缴不应停止,而且适用违法所得没收程序没有时间的限制,不受诉讼时效的限制。任何时候,只要能够追踪、查询或查找到任何涉案违法所得或赃款赃物,都可以适用该程序调查,并提请检察机关向审判机关提出没收申请。

关于被调查人逃匿案件。一是采取"通缉"措施。《监察法》第四十八条和《刑事诉讼法》第二百九十八条都规定了"通缉一年后不能到案"的适用法律的条件。因此,通过公安机关发布"通缉令"或公安机关国际刑警部门发布红色通报,是监察机关启动违法所得没收程序的基本条件。二是开展刑事司法协助。如果发现被调查人将涉案资产转移境外的,一律通过国家监察委员会依据我国缔结的双边或多边刑事司法协助条约或公约,或者依据互惠原则,向相应国家提出查询、辨认、追踪、查封、冻结、扣押、没收追缴或返还等司法协助请求开展反腐败国际合作。为此,《监察法》第五十二条第(二)项规定了监察机关可通过司法协助的途径,"向赃款赃物所在国请求查询、冻结、扣押、没收、追缴、返还涉案资产"。该规定与我国违法所得没收程序密切相关。三是制作没收违法所得意见书。监察机关认为符合法律规定的没收情形的,应当制作没收违法所得意见书,连同相关证据移送检察机关。四是对涉案财产采取查封、冻结和扣押措施。如果涉案财产位于境外或国外,可以依据《监察法》第五十二条第(二)项,并参照最高人民法院、最高人民检察院相关司法协助条款,由国家监察委员会提请相关国家采取查封、扣押或冻结措施,或采取限制令措施。五是推动司法机关开展刑事诉讼特别程序。督促并协助、配合检察机关依法提出没收申请,审判机关依法作出没收裁定。协调有关部门向相关国家提出承认与执行我国没收裁定的司法协助,最终实现资产追回的目的。

◎ 如何追缴行贿违法所得

追缴行贿违法所得,首先要认定违法所得。行贿违法所得认定是指依法认定哪些财物及孳息属于行贿违法所得及其数额或者价值是多少,主要有三种途径:一是直接认定。一般情况下,通过行贿非法手段直接产生、获得的不正当财物及孳息,可以根据行贿违法犯罪事实直接认定违法所得数额,如行贿人通过行贿违规获得的财政补贴、行贿获得工程后转让项目所得等都可以直接认定为违法所得。二是价格认定或者委托鉴定。通过行贿非法手段间接产生、获得的不正当财物及孳息,往往难以确定违法所得的数额。监察机关原则上应当委托进行价格认定或者依法指派、聘请有专门知识的人进行鉴定。经认定或者鉴定后,被调查人实际取得的财物扣除合理成本后的剩余部分即为违法所得。三是对自愿主动上交违法所得的,如果其主动上交财物的价值未明显低于行贿违法所得,经监察机关主要领导审批后可以按照主动上交的财物认定行贿违法所得。"未明显低于"应当根据案件的情况、违法所得的种类、市场价格、政府指导价等因素具体分析和认定。为了防范廉洁风险，采用这种情形认定行贿违法所得的，经监察机关主要领导审批后，由监察机关领导人员集体研究决定。

而追缴方式主要有两种：一是行贿人主动上交。即行贿人自愿主动向监察机关上交行贿违法所得。主动上交可以提高审查调查的效率，节约办案成本，也有利于后续执行，监察机关应当通过深入细致的思想政治工作督促行贿人主动上交违法所得。对主动上交的，可以作为对其从宽处理的参考因素。主动上交的方式不仅限于上交货币、实物等，在实践中应该灵活探索多种方式，如通过与有关单位变更、解除合同等方式退出违法所得的，视为主动上交。二是监察机关强制追缴。行贿人拒绝上交违法所得、主动上交财物的价值明显低于违法所得或者主动上交后又反悔的，则由监察机关依法强制追缴，即启动委托价格认定或者鉴定，采取查封、扣押、冻结等保全措施，对监察机关决定收缴或者责令退赔的，可以按照《监察法实施条例》第二百零九条第一款的规定，要求公安、自然资源、住房城乡建设、市场监管、金融监管等部门以及银行等机构、单位予以协助；对涉嫌犯罪的，随案移送司法机关依法处理。

知识扩展

◎关于违法所得

通过实施犯罪直接或者间接产生、获得的任何财产，都应当认定为"违法所得"。

违法所得已经部分或者全部转变、转化为其他财产的,转变、转化后的财产应当视为"违法所得"。

来自违法所得转变、转化后的财产收益,或者来自已经与违法所得相混合财产中违法所得相应部分的收益,应当视为"违法所得"。

◎关于违法所得的追缴

监察机关经调查,对违法取得的财物及孳息决定追缴或者责令退赔的,可以依法要求公安、自然资源、住房城乡建设、市场监管、金融监管等部门以及银行等机构、单位予以协助。

追缴涉案财物以追缴原物为原则,原物已经转化为其他财物的,应当追缴转化后的财物;有证据证明依法应当追缴、没收的涉案财物无法找到、被他人善意取得、价值灭失减损或者与其他合法财产混合且不可分割的,可以依法追缴、没收其他等值财产。

追缴或者责令退赔应当自处置决定作出之日起一个月以内执行完毕。因被调查人的原因逾期执行的除外。

人民检察院、人民法院依法将不认定为犯罪所得的相关涉案财物退回监察机关的,监察机关应当依法处理。

纪法依据

1.《中华人民共和国刑法》第三百九十一条

为谋取不正当利益,给予国家机关、国有公司、企业、事业单位、人民团体以财物的,或者在经济往来中,违反国家规定,给予各种名义的回扣、手续费的,处三年以下有期徒刑或者拘役，并处罚金。

单位犯前款罪的，对单位判处罚金，并对其直接负责的主管人员和其他直接责任人员，依照前款的规定处罚。

2.《中华人民共和国监察法》第四十八条

监察机关在调查贪污贿赂、失职渎职等职务犯罪案件过程中，被调查人逃匿或者死亡，有必要继续调查的，经省级以上监察机关批准，应当继续调查并作出结论。被调查人逃匿，在通缉一年后不能到案，或者死亡的，由监察机关提请人民检察院依照法定程序，向人民法院提出没收违法所得的申请。

3.《中华人民共和国刑事诉讼法》第二百九十八条

对于贪污贿赂犯罪、恐怖活动犯罪等重大犯罪案件，犯罪嫌疑人、被告人逃匿，在通缉一年后不能到案，或者犯罪嫌疑人、被告人死亡，依照刑法规定应当追缴其违法所得及其他涉案财产的，人民检察院可以向人民法院提出没收违法所得的申请。

公安机关认为有前款规定情形的，应当写出没收违法所得意见书，移送人民检察院。

没收违法所得的申请应当提供与犯罪事实、违法所得相关的证据材料，并列明财产的种类、数量、所在地及查封、扣押、冻结的情况。

人民法院在必要的时候，可以查封、扣押、冻结申请没收的财产。

33 被审查调查人免予刑事处罚，如何处分？

✓ 主旨提示

这是一起国有公司法定代表人挪用公款的案件。

案情回顾

刘某，中共党员，原系国有 A 公司法定代表人。

2010 年 1 月 7 日，刘某指使 A 公司会计许某从其保存的 A 公司公款中支取 30 万元，以刘某的名义出资成立 B 公司。B 公司成立后，2010 年 10 月，许某将上述 30 万元注册资金以刘某借款的名义取出后，存回其保管的 A 公司公款账户内。2019 年 10 月，有群众向纪检监察机关举报刘某挪用公款。在纪检监察机关向刘某了解有关情况时，刘某承认了挪用公款的事实，但认为该案已过追诉时效，自己愿意接受党纪政务处分，而不应以挪用公款罪对自己追究刑事责任。

办案过程

2019 年 10 月，刘某因严重违纪违法并涉嫌挪用公款罪被纪检监察机关立案审查调查；

2020年3月，刘某被开除党籍、开除公职，并被移送检察机关审查起诉；

2020年5月，检察机关以刘某涉嫌挪用公款罪向人民法院提起公诉；

2020年7月，人民法院判决刘某犯挪用公款罪，免予刑事处罚。

难点解析

◎本案是否已过追诉时效？

刘某挪用公款的行为发生于2010年，刘某被立案审查调查是在2019年，其间经历了九年。对于该案能否以挪用公款罪对刘某追究刑事责任，关键是看本案的追诉时效是多少年。

根据《刑法》规定，犯罪经过下列期限不再追诉：法定最高刑为不满五年有期徒刑的，经过五年；法定最高刑为五年以上不满十年有期徒刑的，经过十年；法定最高刑为十年以上有期徒刑的，经过十五年；法定最高刑为无期徒刑、死刑的，经过二十年。如果二十年以后认为必须追诉的，须报请最高人民检察院核准。

《刑法》第三百八十四条第一款规定："国家工作人员利用职务上的便利，挪用公款归个人使用，进行非法活动的，或者挪用公款数额较大、进行营利活动的，或者挪用公款数额较大、超过三个月未还的，是挪用公款罪，处五年以下有期徒刑或者拘役；情节严重的，处五年以上有期徒刑。挪用公款数额巨大不退还的，处十年以上有期徒刑或者无期徒刑。"

需要注意的是，刑法中所称的"以上""以下""以内"是包括本数的，"不满"是不包括本数的。按照《刑法》第三百八十四条的规定，挪用公款罪，不属于情节严重的，处五年以下有期徒刑或者拘役。也就是说，其法定最高刑为五年，其对应的追诉时效应该为《刑法》第八十七条第（二）项所规定的"法定最高刑为五年以上不满十年有期徒刑的"，追诉时效为十年。按照《刑法》第三百八十四条的规定，挪用公款罪，属于情节严重的，处五年以上有期徒刑，而有期徒刑的期限，为六个月以上十五年以下，所以挪用公款罪情节严重的，法定最高刑为十五年，其对应的追诉时效应该为《刑法》第八十七条第（三）项所规定的"法定最高刑为十年以上有期徒刑的"，追诉时效为十五年。如果挪用公款数额巨大不退还的，法定最高刑为无期徒刑，其对应的追诉时效应该为《刑法》第八十七条第（四）项所规定的"法定最高刑为无期徒刑、死刑的"，追诉时效为二十年。

本案中，刘某挪用A公司公款30万元，用于出资成立B公司。B公司成立后，刘某将30万元注册资金返还给了A公司，显然这不属于"挪用公款数额巨大不退还"的情形。那么，刘某的行为是否属于情节严重呢？

根据2016年《解释》第五条规定，具有下列情形之一的，应当认定为《刑法》第三百八十四条第一款规定的"情节严重"："（一）挪用公款数额在一百万元以上的；（二）挪用救灾、抢险、防汛、优抚、扶贫、移民、救济特定款物，数额在五十万元以上不满一百万元的；（三）挪用公款不退还，数额在五十万元以上不满一百万元的；（四）其他严重的情节。"

本案中，刘某挪用 A 公司公款 30 万元，用于出资成立 B 公司，事后已经归还了 A 公司，而且被挪用的资金不属于救灾、抢险、防汛、优抚、扶贫、移民、救济特定款物，数额也不满 200 万元。所以，本案中的挪用行为不属于情节严重，其法定最高刑为五年，追诉时效为十年。刘某挪用公款的行为发生于 2010 年，刘某被立案审查调查是在 2019 年，其间经历了九年，没有超过追诉时效十年。所以，可以以挪用公款罪对刘某追究刑事责任。

◎ **为什么可以对刘某免予刑事处罚？**

《刑法》第三十七条规定，对于犯罪情节轻微不需要判处刑罚的，可以免予刑事处罚。免予刑事处罚是一种非刑罚处罚方法，即确认某种行为已经构成犯罪，却不判处刑罚，是为了在刑事立法、刑事司法中贯彻宽严相济政策，根据犯罪的具体情况，打击和孤立极少数，教育、感化和挽救大多数。

"可以免予刑事处罚"的适用条件有两个：一是犯罪情节轻微，也就是说犯罪分子的行为虽已构成犯罪，但犯罪的性质、情节及危害后果都很轻；二是不需要判处刑罚，也就是说犯罪分子的犯罪情节轻微，并且犯罪人已经认罪、悔罪，对其没有判处刑罚的必要。只有在犯罪情节轻微，又不需要判处刑罚的情况下，对犯罪分子才可以免予刑事处罚。

本案中，刘某挪用 A 公司公款 30 万元，用于出资成立 B 公司，事后已经归还了 A 公司，在纪检监察机关向刘某了解有关情况时，刘某承认了挪用公款的事实。根据有关司法解释，挪用公款进行营利活动或者超过三个月未还构成犯罪，一审宣判前已将公款归还，依法判处三年有期徒刑以下刑罚，符合刑法规定的缓刑适用条件的，可以适用缓刑；在案发前已归还，情节轻微，不需要判处刑罚的，可以免予刑事处罚。所以，人民法院判决刘某犯挪用公款罪，免予刑事处罚。

◎对于免予刑事处罚的被审查调查人，应当如何给予党纪政务处分？

根据《党纪处分条例》第三十一条规定，党员犯罪情节轻微，人民检察院依法作出不起诉决定的，或者人民法院依法作出有罪判决并免予刑事处罚的，应当给予撤销党内职务、留党察看或者开除党籍处分。根据《政务处分法》第十四条第三款规定，公职人员因犯罪被单处罚金，或者犯罪情节轻微，人民检察院依法作出不起诉决定或者人民法院依法免予刑事处罚的，予以撤职；造成不良影响的，予以开除。

《党纪处分条例》和《政务处分法》在对依法免予刑事处罚的党员、公职人员的处分上，都规定了一定的自由裁量空间。在具体适用上，应把握以下三点：一是明确必须给予处分，且被免予刑事处罚意味着已构成犯罪和严重违纪，一般应给予撤职或开除处分。二是明确从宽处理情节运用规则。自首、立功等从宽情节已在刑事审判中得到充分考虑，在追究政纪责任过程中不宜再重复考虑。三是明确对公务员因受到刑事处罚被开除的，一般不宜仅以改判免予刑事处罚为由改变原处分决定。

◎如果刘某的挪用公款行为已经过了追诉时效，那么纪检监察机关还可以给予刘某党纪政务处分吗？

刑法追诉时效期限本质上是要解决刑罚权是否启动的问题，并没有对行为作实体性的评价。如果刘某的挪用公款行为已经过了追诉时效，就不应追究其刑事责任，但其挪用公款的行为客观存在。身为党员领导干部，纪检监察机关仍可对其立案审查调查，并给予其相应的党纪政务处分。

根据《党纪处分条例》的有关规定，当被检察机关作出不起诉决定或者法院判处免予刑事处罚，党员的行为应当定性为涉嫌犯罪行为，并给予党纪重处分，即撤销党内职务以上的处分。根据《政务处分法》第十四条第三款规定，公职人员因犯罪情节轻微，人民检察院依法作出不起诉决定或者人民法院依法免于刑事处罚的，予以撤职；造成不良影响的，予以开除。在实践中，给予开除党籍的处分，并不必然开除公职，但基于政务处分与党纪处分相匹配的原则，应当同时给予政务撤职以上的重处分。

知识扩展

◎关于挪用公款罪适用缓刑或者免予刑事处罚的条件

挪用公款进行营利活动或者超过三个月未还构成犯罪，一审宣判前已将公款归还，依法判处三年有期徒刑以下刑罚，符合刑法规定的缓刑适用条件的，可以适用缓刑；在案发前已归还，情节轻微，不需要判处刑罚的，可以免予刑事处罚。但是，应不属于以下情形：一是不如实供述罪行的；二是不予退缴赃款赃物或者将赃款赃物用于非法活动的；三是属于共同犯罪中情节严重的主犯的；四是犯有数个职务犯罪依法实行并罚或者以一罪处理的；五是曾因职务违纪违法行为受过行政处分的；六是犯罪涉及的财物属于救灾、抢险、防汛、优抚、扶贫、移民、救济、防疫等特定款物的；七是受贿犯罪中具有索贿情节的；八是渎职犯罪中徇私舞弊情节或者滥用职权情节恶劣的；九是其他不应适用缓刑、免予刑事处罚的情形。

◎关于追诉期限

犯罪经过下列期限不再追诉：法定最高刑为不满五年有期徒刑的，经过五年；法定最高刑为五年以上不满十年有期徒刑的，经过十年；法定最高刑为十年以上有期徒刑的，经过十五年；法定最高刑为无期徒刑、死刑的，经过二十年。如果二十年以后认为必须追诉的，须报请最高人民检察院核准。这里的"以上"，包括本数。

在人民检察院、公安机关、国家安全机关立案侦查或者在人民法院受理案件以后，逃避侦查或者审判的，不受追诉期限的限制。

被害人在追诉期限内提出控告，人民法院、人民检察院、公安机关应当立案而不予立案的，不受追诉期限的限制。追诉期限从犯罪之日起计算；犯罪行为有连续或者继续状态的，从犯罪行为终了之日起计算。在追诉期限以内又犯罪的，前罪追诉的期限从犯后罪之日起计算。

纪法依据

《中华人民共和国公职人员政务处分法》第十四条

公职人员犯罪，有下列情形之一的，予以开除：

（一）因故意犯罪被判处管制、拘役或者有期徒刑以上刑罚（含宣告缓刑）的；

（二）因过失犯罪被判处有期徒刑，刑期超过三年的；

（三）因犯罪被单处或者并处剥夺政治权利的。

因过失犯罪被判处管制、拘役或者三年以下有期徒刑的，一般应当予以开除；案件情况特殊，予以撤职更为适当的，可以不予开除，但是应当报请上一级机关批准。

公职人员因犯罪被单处罚金，或者犯罪情节轻微，人民检察院依法作出不起诉决定或者人民法院依法免予刑事处罚的，予以撤职；造成不良影响的，予以开除。

34 亲戚间的行受贿应如何认定？

✓ 主旨提示

这是一起有亲属关系的人之间行受贿的案件。

📖 案情回顾

鲍某，中共党员，某私营企业法定代表人。

赵某（另案处理），中共党员，中国工商银行 A 支行（以下简称工行 A 支行）信贷管理部原总经理，也是鲍某堂哥的女婿。

2017 年至 2019 年每年端午节、中秋节、春节期间，鲍某都送给赵某 2 万元现金，至案发时鲍某送给赵某的现金共计人民币 18 万元。2017 年 9 月 7 日至 2020 年 2 月 1 日，工行 A 支行向鲍某的企业共计放贷约人民币 1.2 亿元。

2020 年 7 月，有群众向纪检监察机关反映鲍某与赵某间的行受贿问题。在纪检监察机关的审查调查过程中，鲍某交代了自己给赵某送钱的目的是感谢赵某在贷款审批时给予的关照，并希望和赵某维持长久关系。但同时认为自己与赵某之间是亲戚，过节送点小钱联系感情属于亲戚间的馈赠，不应该认定为行贿。在法院庭审过程中，鲍某称自己关于给赵某送了共计 18 万元的所有供述都是虚假的。

经查，鲍某通过贷款审批手续从工行 A 支行取得贷款的条件和程序等都符合法律规定，是合法贷款。

办案过程

2020 年 8 月，鲍某因涉嫌行贿犯罪被纪检监察机关立案审查调查；

2021 年 1 月，鲍某被开除党籍，并被移送检察机关审查起诉；

2021 年 3 月，检察机关以鲍某涉嫌行贿罪向人民法院提起公诉；

2021 年 5 月，人民法院以犯行贿罪，判处鲍某有期徒刑一年，罚金 10 万元。

难点解析

◎鲍某送给赵某的 18 万元，是贿赂还是亲戚间的馈赠？

根据最高人民法院、最高人民检察院《关于办理商业贿赂刑事案件适用法律若干问题的意见》规定，办理商业贿赂犯罪案件，要注意区分贿赂与馈赠的界限。主要应当结合以下因素全面分析、综合判断：一是发生财物往来的背景，如双方是否存在亲友关系及历史上交往的情形和程度；二是往来财物的价值；三是财物往来的缘由、时机和方式，提供财物方对于接受方有无职务上的请托；四是接受方是否利用职务上的便利为提供方谋取利益。

关于亲属间的权钱交易行为，往往隐藏于因亲情伦理衍生的赠与、继承、财产混同等复杂关系中，收受贿赂与谋利事项的对应性不易辨析。认定亲属间行受贿行为，主要可从以下几方面辨析：一看亲属关系。重点查明亲属双方的亲疏远近、感情基础程度，是否有共同继承、共同债权债务等关系；双方经济往来是否密切，是否有正常借款、投资等关系；送予财物的亲属方，除了送予该国家工作人员外，是否也经常送予其他亲属财物。二看收受背景。主要查明收送财物背后是否有谋利事项。例如，国家工作人员是否许诺、正在或已经利用职务上的便利，为亲属谋取利益；谋利事项与收送财物之间是否具有关联性、紧密性和对价性；亲属是否对国家工作人员提出请托；收送的财物来源，是否为谋利事项所得等。三看财物价值。应审查所收送财物的价值大小，是否超出合理范围，以排除正常的亲情馈赠和人情往来。具体可结合亲属双方的经济收入、家庭条件、风俗习惯等方面进行判断。四看主观认识。注重辨析主观方面的过程性、细节性证据和再生证据，以判断主观认识证据是否如实反映客观实际。如亲属双方对收送财物的缘由如何认识，对财物的性质如何认知，对谋利事项和收送财物的关联性及对应性如何看待等。

本案中，从亲属关系来看，赵某是鲍某堂哥的女婿，这种亲戚关系比较远，不是近亲属关系。从收受背景来看，双方是放贷与贷款的业务关系。鲍某送钱给赵某的行为发生在 2017 年至 2019 年每年端午节、中秋节、春节期间，而 2017 年 9 月 7

日至 2020 年 2 月 1 日，工行 A 支行向鲍某的企业共计放贷约人民币 1.2 亿元，这在时间上有重合。从财物价值来看，每个节日送 2 万元超出了双方的经济条件和当地的风俗习惯，而且鲍某向赵某以外的其他亲戚也没有送过这么大数额的礼金。所以可以认为，鲍某送钱的行为不是亲戚间的馈赠，其在纪检监察机关交代的送钱目的是感谢赵某在贷款审批时给予关照，并希望和赵某维持长久关系，也就是鲍某对赵某有职务上的请托，这种说法更为可信。

综上，鲍某送给赵某的共计 18 万元现金，是贿赂而不是亲戚间的馈赠。

◎既然鲍某通过贷款审批手续从工行 A 支行取得贷款是合法贷款，那么鲍某谋取的还是不正当利益吗？

根据最高人民法院、最高人民检察院《关于办理行贿刑事案件具体应用法律若干问题的解释》，以及最高人民法院、最高人民检察院《关于办理商业贿赂刑事案件适用法律若干问题的意见》，"不正当利益"包括：违法的利益，即行为人谋取的利益违反法律、法规、规章的规定；违背政策的利益，即根据相关政策不应当获得的利益；违背行业规范的利益，即按照相关行业规范不应当获得的利益；程序上的不正当利益，即要求国家工作人员违反法律、法规、规章、政策、行业规范的规定，通过非正常途径、程序为自己提供帮助或者方便条件而获取的利益；违背公平、公正原则的利益，即在经济、组织人事管理等活动中谋取竞争优势而获取的利益。综上，"不正当利益"可以分为两大类，一类是从法律、法规、规章、政策、行业规范的规定中能够找到不正当依据的利益,另一类是发生在竞争性活动中的不公平利益。

本案中,工行 A 支行对鲍某企业的放贷行为没有违反法律、法规、规章、政策或者行业规范。那么,鲍某在符合贷款条件的前提下,为了赵某在贷款审批时能够给予关照,提高审批速度而送钱给赵某,是否属于谋取竞争性活动中的不公平利益?

事实上,没有必然批准的贷款种类。符合贷款条件的,不一定能够获得银行贷款。正如鲍某交代,其送钱目的是希望赵某在贷款审批时给予关照,提高审批速度,这同样属于"在经济活动中谋取竞争优势",应当认定为谋取不正当利益。

◎在鲍某当庭翻供的情况下,能否认定鲍某向赵某贿送钱款的事实?

《最高人民法院关于适用〈中华人民共和国刑事诉讼法〉的解释》第九十六条规定:"审查被告人供述和辩解,应当结合控辩双方提供的所有证据以及被告人的全部供述和辩解进行。被告人庭审中翻供,但不能合理说明翻供原因或者其辩解与全案证据矛盾,而其庭前供述与其他证据相互印证的,可以采信其庭前供述。"

本案中,可以证明鲍某行贿的证据除了鲍某在纪检监察机关的供述以外,还有赵某的证言,以及银行存取款证明等客观证据。赵某作为直接接受钱款的人,对于鲍某是否送钱,是最关键的证人。鲍某在审查调查阶段对行贿事实的供述得到了受贿人赵某供述的印证,同时又有其他客观证据的印证,能够形成完整的证据链。而鲍某在庭审中翻供,却不能说明翻供原因。对此,我们应该采信鲍某的庭前供述,可以认定鲍某向赵某贿送钱款的事实。

◎在办理职务犯罪案件时,应如何预防被调查人翻供?

翻供,是指被调查人推翻原来的供述,作出新的供述,通常是对其已经交代的违法犯罪事实予以否认。被调查人的翻供行为不仅影响调查工作的正常进行,而且容易导致在起诉或法庭审理阶段对证据的认定不一,从而影响案件质量。在办理职务犯罪案件时,应该特别注意依法固定被调查人供述,预防翻供。

一是严格依规依纪依法开展调查,从根本上预防翻供。一要针对被调查人的畏罪心理,耐心地向其宣讲从宽处罚的政策规定,并运用典型案例,让其明白逃避惩罚是不可能的,对抗组织审查是不明智的;二要在讯问时注意实事求是取证、耐心讯问,充分尊重被调查人的人格,消除被调查人对立、紧张的情绪,及时遏制其翻供苗头。同时应在笔录中向被调查人提问是否有体罚、逼供、诱供等现象,并准确记录在案,防止日后被调查人以取证不合法、办案人员逼供、诱供为由翻供。

二是形成完整证据链,从证据上预防翻供。口供具有不稳定性,但其他证据并不随被调查人的意志而转移。在案件调查过程中,办案人员要把被调查人的言词证据和取得的实物证据结合起来。通过询问、搜查等多种措施收集证据,形成完整的证据链,让被调查人没有翻供的机会。

三是多维度制作笔录,从细节上预防翻供。对于一个案件中违纪违法行为的构成要件等关键要素,可以采用变换角度多次讯问、制作多份笔录的方式,让被调查人本人写下违法犯罪的事实,以提高供证的证明力。为防止被调查人日后翻供,在记录其违法犯罪事实时,要详细记录过程。多角度的笔录互相印证,固定被调查人供述的事实,较好地固定证据,从而预防其日后翻供行为的发生。

知识扩展

◎关于亲属间行受贿行为的认定

在认定亲属间行受贿行为时,应注意厘清两种法律关系:一是家庭财产混同关系。比如,家庭财产共同所有的夫妻,经济未独立的父母子女,共同生活、未分家析产的兄弟姐妹之间等,若收送的财物未区分所属,容易导致财产混同,无法认定行受贿财物的权属,此种情形不宜认定为亲属间行受贿。二是扶养、抚养、赡养和继承关系。配偶、父母、子女之间具有扶养、抚养和赡养的法定义务,且彼此为第一顺位继承人,应更为审慎地认定该类行受贿行为。比如,双方提出收送财物是出于"扶养、抚养和赡养"的法定义务,则难以认定为贿赂犯罪。

◎关于言词证据的作用

《监察法实施条例》第六十条第二款明确规定,只有被调查人陈述或者供述,没有其他证据的,不能认定案件事实;没有被调查人陈述或者供述,证据符合法定标准的,可以认定案件事实。因而,办案中既不能忽视言词证据的作用,也不能将言词证据作为定案的唯一依据。

纪法依据

1. 最高人民法院、最高人民检察院《关于办理行贿刑事案件具体应用法律若干问题的解释》第十二条

行贿犯罪中的"谋取不正当利益",是指行贿人谋取的利益违反法律、法规、规章、政策规定,或者要求国家工作人员违反法律、法规、规章、政策、行业规范的规定,为自己提供帮助或者方便条件。

违背公平、公正原则,在经济、组织人事管理等活动中,谋取竞争优势的,应当认定为"谋取不正当利益"。

2. 最高人民法院、最高人民检察院《关于办理商业贿赂刑事案件适用法律若干问题的意见》

十、办理商业贿赂犯罪案件,要注意区分贿赂与馈赠的界限。主要应当结合以下因素全面分析、综合判断:

(1) 发生财物往来的背景,如双方是否存在亲友关系及历史上交往的情形和程度;

(2) 往来财物的价值;

(3) 财物往来的缘由、时机和方式,提供财物方对于接受方有无职务上的请托;

(4) 接受方是否利用职务上的便利为提供方谋取利益。

35 未实际获取非法利益，是否构成非法经营同类营业罪？

◆ 主旨提示

这是一起国有企业领导干部将本单位正在洽谈的项目交由自己的私营公司承接的案件。

◆ 案情回顾

王某，中共党员，A市水泥设计院原副院长，分管科研开发、市场开拓和技术管理工作。

王某在其任职期间，与杨某、胡某、陈某、赵某共同出资注册了A市历某科技发展有限公司，王某任董事长、法定代表人。其后，王某将A市水泥设计院正在洽谈的B市德庆水泥厂有限公司的设计项目，转由历某公司承接。该项目设计费为人民币210万元、服务费为人民币18万元，德庆公司将合同定金（抵作设计费）人民币42万元汇入历某公司账户。根据其他有关证据，如果该合同履行完毕，其利润在40万元左右。但由于他人举报，导致德庆公司项目合同无法履行，该合同被解除。

在纪检监察机关的谈话中，王某如实交代了自己的上述行为，但他主张 A 市水泥设计院虽然是国有企业，但未进行公司改制，所以自己不是非法经营同类营业罪的主体。另外，王某还主张 B 市德庆水泥厂有限公司的设计项目并不在 A 市水泥设计院注册登记的经营范围内，所以历某公司跟 A 市水泥设计院经营的不是同类营业，而且没有营利，自己只构成一般违法行为，不构成犯罪。

办案过程

2018 年 8 月，王某因严重违纪违法涉嫌非法经营同类营业罪被纪检监察机关立案审查调查；

2019 年 1 月，王某被开除党籍、开除公职，并被移送检察机关审查起诉；

2019 年 3 月，检察机关以王某涉嫌非法经营同类营业罪向人民法院提起公诉；

2019 年 5 月，人民法院以犯非法经营同类营业罪，判处王某有期徒刑一年，缓刑二年，并处罚金 10 万元。

难点解析

◎王某是否属于非法经营同类营业罪的犯罪主体？

根据刑法规定，非法经营同类营业罪是指国有公司、企业的董事、经理利用职务便利，自己经营或者为他人经营与其所任职公司、企业同类的营业，谋取非法利益、数额巨大的行为。本罪的主体是特殊主体，即国有公司、企业的董事、经理。其中"董事"，是指由公司股东（大）会或职工民主选举产生的具有实际权力和权威的管理公司事务的人员，是公司内部治理的主要力量，对内管理公司事务，对外代表公司进行经济活动。"经理"，是公司董事会聘任的主持日常管理工作的高级职员。

A市水泥设计院作为国有企业，虽然未进行公司改制，但是其院长、副院长具有与公司、企业经理、董事相同的职能。王某作为A市水泥设计院副院长，分管科研开发、市场开拓和技术管理工作，能够利用自己经营管理的职权，如直接掌管的经营材料、物质、市场、计划、销售等职权为自己经营或为他人经营的公司、企业谋取非法利益；或者利用自己职务及有关的便利条件，如人事权力、地位等指挥、控制他人利用职权为自己经营或为他人经营的公司、企业谋取非法利益，从而损害其任职的国有企业的利益，所以对其竞业行为进行规制符合非法经营同类营业罪的立法本意。因此，王某属于非法经营同类营业罪的犯罪主体。

◎历某公司跟A市水泥设计院经营的是不是同类营业？

同类营业，是指行为人经营与其所任职公司、企业相同的营业。符合下列标准之一即为相同营业。

一是行为人所经营的项目被所任职企业登记的经营范围所包括，不论本企业是否实际经营，因为行为人完全可能为了自己经营或为他人经营而故意放弃本企业的经营，使本国有公司、企业蒙受损失。

二是所任职企业实际经营了其注册登记的经营范围以外的项目，而该项目不违反国家限制经营、特许经营以及法律、法规禁止经营的规定，行为人也利用职务便利经营该项目。最高人民法院《关于适用〈中华人民共和国合同法〉若干问题的解释（一）》已明确规定，当事人只要不违反国家限制经营、特许经营以及法律、法规禁止经营规定，超越经营范围订立合同，法院不因此认定无效。这就意味着此种情形下所任职企业的该项目经营行为和经营利益受到法律保护，行为人利用职务之便自己经营或为他人经营该相同项目，就具有违法性，符合非法经营同类营业罪的特征。

本案中，A市水泥设计院正在洽谈的设计项目虽然不在其注册登记的经营范围内，但是该项目是实际经营的且不违反国家限制经营、特许经营以及法律、法规禁止经营规定，历某公司也经营该项目，本质上属于经营与其所任职公司、企业相同的营业。

◎**王某是否构成非法经营同类营业罪？**

非法经营同类营业，需要获取非法利益，数额巨大的，才能构成非法经营同类营业罪。那么，获取多少非法利益才算数额巨大呢？根据相关规定，国有公司、企业的董事、经理利用职务便利，自己经营或者为他人经营与其所任职公司、企业同类的营业，获取非法利益，数额在10万元以上的，应予立案追诉。

本案中，王某在A市水泥设计院任职期间，利用职务便利，将其任职企业正在洽谈的项目转由自己经营的历某公司承接，该事实没有异议。但对于历某公司收取的42万元是否属于王某获取的非法利益却存在争议。

根据本案案情，历某公司收取的42万元是合同定金。定金，是指当事人双方为了保证债务的履行，约定由当事人方先行支付给对方一定数额的货币作为担保。债务人履行债务后，定金应当抵作价款或者收回。给付定金方不履行约定债务的，无权要求返还定金；收受定金方不履行约定的债务的，应当双倍返还定金。由于他人举报，导致德庆公司项目合同无法继续履行，该合同被解除，所预付42万元设计费定金未能转化为合同收益，甚至可能导致历某公司双倍返还定金。所以，该42万元定金不能认定为非法利益。

根据其他相关证据，如果该合同履行完毕，其利润在40万元左右。但是，该合同因他人举报被解除，其利润必然实现不了。所以，王某的行为构成非法经营同类营业罪，但因未实际获取非法利益，可认定为犯罪未遂。

◎非法经营同类营业罪与一般违法经营行为有什么区别？

非法经营同类营业罪与一般违法经营行为主要有以下三个区别：

一是是否利用了职务上的便利。如果行为人虽然经营了与其所任职公司、企业同类的营业，并获利巨大，但这一行为与其所任职的职务无关，就不构成犯罪。

二是经营的是否为同类营业。构成本罪必须是经营与其所任职公司、企业同类的营业，如果行为人经营的不是同类营业，不构成犯罪。

三是行为人获取的非法利益是否达到数额巨大。如果行为人利用了职务之便，并且经营与其所任职公司、企业同类的营业，但获取非法利益未达到数额巨大，不能以犯罪论处。

对于一般违法行为，我们应该根据相关法律规定进行处罚，如果行为人是党员的，我们还应该判定是否属于违纪行为。《党纪处分条例》规定了从事营利活动行为的六种违规情形，包括经商办企业的；拥有非上市公司（企业）的股份或者证券的；买卖股票或者进行其他证券投资的；从事有偿中介活动的；在国（境）外注册公司或者投资入股的；有其他违反有关规定从事营利活动的。符合这六种情形的，应当给予相应的党纪处分。

知识扩展

◎关于非法经营同类营业罪的构成要件

本罪的主体是特殊主体，即国有公司、企业的董事、经理。

本罪的客体要件为国有公司、企业的财产权益以及国家对公司的管理制度。

本罪在主观方面必须出于故意，并且具有获取非法利益的目的，即明知自己或为他人所经营的业务与自己所任职公司、企业经营的业务属于同类，为了非法谋取利益，仍然进行经营。

本罪的客观方面表现为：利用职务便利，即利用自己经营管理的职权或者职务有关的便利条件；自己经营或为他人经营业务，也可以既为自己经营又为他人经营，具备其中之一的，即可构成本罪；自己经营或为他人经营的营业与自己所任职的公司、企业的营业属于同一种类；获取非法利益，数额巨大，否则，虽有经营行为，但没有获取非法的利益，或者虽然获取了非法利益，但没有达到数额巨大的标准，亦不能构成本罪。

◎关于非法经营同类营业罪中"非法利益"的认定

获取非法利益数额巨大是非法经营同类营业罪的构成要件之一。刑法及相关司法解释中有这样几个概念：经营数额、销售数额、非法利益、违法所得。经营数额包括经营范围内的所有已购原材料、半成品、成品、生产设备等的价值总和。销售数额，是指将产品出售后应得的价款总额，包括成本在内。而非法获利和违法所得，在生产型企业中，是指销售金额扣除成本和已缴税款等必要费用后的纯利润额；在服务型企业中，是所收服务费扣除员工工资等必要成本费用和已缴税款后的纯利润额。但本罪的非法利益，不是仅指行为人的个人非法所得。在行为人自己独营的情形下，企业非法所得即为行为人获取的非法利益；在非独营的情形下，将行为人个人的非法所得加上归他人所得的非法所得，即行为人整个经营活动的非法利益。

纪法依据

1.《中华人民共和国刑法》第一百六十五条

国有公司、企业的董事、经理利用职务便利，自己经营或者为他人经营与其所任职公司、企业同类的营业，获取非法利益，数额巨大的，处三年以下有期徒刑或者拘役，并处或者单处罚金；数额特别巨大的，处三年以上七年以下有期徒刑，并处罚金。

2.《中华人民共和国担保法》第八十九条

当事人可以约定一方向对方给付定金作为债权的担保。债务人履行债务后,定金应当抵作价款或者收回。给付定金的一方不履行约定的债务的,无权要求返还定金;收受定金的一方不履行约定的债务的,应当双倍返还定金。

36 如何区分过失型渎职犯罪与工作失职？

✓ 主旨提示

这是一起环境污染追责案件。

📖 案情回顾

倪某，中共党员，甲县环保局原副局长，分管办公室、生态管理站。

林某，中共党员，甲县环保局监察大队原大队长。

郑某，中共党员，原系甲县环保局监察大队科员。

甲县某化工有限公司（以下简称 A 公司）在生产硫酸锌的过程中，违反环境保护的相关规定，未经环保部门环评审批，非法建设锢生产线并组织工人进行锢生产，并将镉、砷等重金属严重超标的萃余液直接排放至河道内，造成周边水体严重污染。甲县人民政府根据污染河段的相关情况，紧急调拨有关物资对污染河段进行应急处置。经司法鉴定，因调拨物资及发生其他直接抢险费用共计人民币 450 余万元。

被立案审查调查后，倪某认为自己对本案所涉环境污染事故不负有监管职责，所以不构成环境监管失职罪；林某和郑某都认为自己已经严格按照环境保护法律法规履行职责，虽然存在一定的失职行为，但不构成环境监管失职罪。此外，郑某还认为，自己未取得《中国环境监察执法证》，所以不是环境监管失职罪的适格主体，不构成犯罪。

经查，在A公司非法建设铟生产线前，甲县环保局就将其列为重点监控企业，要求监察大队对A公司的日常环保监察每月不少于一次。在A公司非法提炼铟期间，林某、郑某先后七次对A公司进行环境保护现场检查，均未发现非法提炼铟的生产设施、设备、存放的大量与生产硫酸锌无关的原辅料及有毒萃余液非法排放问题。

虽然按照班子成员分工，倪某不分管监察大队，但在局领导的安排下，倪某曾多次以环境监察员身份协助环境监察大队其他人员共同对A公司开展环境监察工作。郑某虽未取得《中国环境监察执法证》，但其取得了省政府颁发的《行政执法证》，执法类别为环境保护，且长期以监察大队执法人员身份到A公司进行日常监察，并以监察人员身份在《环境保护现场监察记录表》上签字确认。

办案过程

2018年8月，倪某、林某、郑某因严重违纪违法涉嫌环境监管失职罪被纪检监察机关立案审查调查；

2019年1月，倪某、林某、郑某被开除党籍、开除公职，并被移送检察机关审查起诉；

2019年3月，检察机关以倪某、林某、郑某涉嫌环境监管失职罪向人民法院提起公诉；

2019年5月，人民法院判决倪某犯环境监管失职罪，免予刑事处罚；林某犯环境监管失职罪，判处其有期徒刑八个月，缓刑一年；郑某犯环境监管失职罪，判处其有期徒刑六个月，缓刑一年。

难点解析

◎倪某是否是环境监管失职罪的主体？

根据刑法规定，环境监管失职罪是指负有环境保护监督管理职责的国家机关工作人员严重不负责任，导致发生重大环境污染事故，致使公私财产遭受重大损失或者造成人身伤亡的严重后果的行为。

倪某作为环保局副局长，虽分管办公室和生态管理站，但其在局领导的安排下，亦曾多次以环境监察员身份协助环境监察大队其他人员共同对A公司开展环境监察工作，所以倪某是环境监管失职罪的主体。倪某在以环境监察员身份协助监察大队对A公司环境监管过程中未尽必要注意义务，工作存在严重疏漏，导致重大环境污染事故的发生，可以认定其犯环境监管失职罪，但鉴于倪某本职岗位非环境监察大队，系协助履行监察职责，可以从轻处罚。

◎郑某是否是环境监管失职罪的主体？

郑某主张自己不是环境监管失职罪适格主体的主要理由是自己未取得《中国环境监察执法证》。《环境监察办法》第十三条第二款规定:"实施现场检查时,从事现场执法工作的环境监察人员不得少于两人,并出示《中国环境监察执法证》等行政执法证件……"这里的"等"字表明,取得《中国环境监察执法证》并非环境监察执法的必要条件,环境监察执法并未排除其他行政执法证件,而郑某已经取得省政府颁发的《行政执法证》,执法类别为环境保护,因此其具备环境监察执法的资格。此外,环保局《干部职工岗位职责》及《环境监察大队成员职责分工》都明确将郑某列为环境监察员,郑某长期以监察大队执法人员身份到 A 公司进行日常监察,并以监察人员身份在《环境保护现场监察记录表》上签字确认,所以郑某具备环境监管执法的资质及职责,且在实际工作中以环境监察员的身份开展监察执法工作,符合环境监管失职罪的主体构成要件。

◎倪某、林某、郑某是否有严重不负责任的行为?

严重不负责任,是指行为人有《中华人民共和国环境保护法》(以下简称《环境保护法》)《中华人民共和国水污染防治法》《中华人民共和国大气污染防治法》《中华人民共和国海洋环境保护法》《中华人民共和国固体废物污染防治法》等法律及其他相关法规所规定的关于环境保护部门监管工作人员不履行职责,工作极不负责的行为。实践中,严重不负责任的表现多种多样,例如,对建设项目任务书中的环境影响报告不作认真审查,或者防治污染的设施不进行审查验收即批准投入生产、使用;对不符合环境保护条件的企业、事业单位,发现污染隐患,不采取预防措施,不依法责令其整顿,以防止污染事故发生;对造成环境严重污染的企业、事业单位应当提出限期治理意见而不提出治理意见；或者虽然提出意见，令其整顿、但不认真检查、监督是否整顿治理以及是否符合条件；应当现场检查排污单位的排污情况而不作现场检查，发现环境受到严重污染应当报告当地政府的却不报告或者虽作报告但不及时；等等。

本案中，在 A 公司非法提炼铟期间，倪某、林某、郑某在明知 A 公司系重点监控企业的情形下，作为负有环境保护监管职责的工作人员，多次对 A 公司进行日常环境监察、环境应急预案检查等环境安全监管。但是，三人在监管工作中却未能尽到必要的注意义务，使 A 公司非法生产及排放问题长期得不到纠正，导致重大环境污染事故的发生。所以，倪某、林某、郑某在对 A 公司的环境安全监管过程中，有严重不负责任的行为，致使发生了重大环境污染事故，也导致了公私财产遭受重大损失，构成环境监管失职罪。

◎应如何区分过失型渎职犯罪与工作失职？

过失型渎职犯罪，是指有关公职人员在履职过程中严重不负责任，致使公共财产、国家和人民利益遭受重大损失的行为，主要存在于安全责任事故、食品药品安全等领域，如玩忽职守罪，环境监管失职罪，食品、药品监管渎职罪等。

工作失职，主要是指公职人员不履行或者不正确履行职责造成不良影响。主要涉及《党纪处分条例》中违反工作纪律的行为和《政务处分法》第三十九条规定的部分行为。

工作失职与过失型渎职犯罪的主要表现都是不作为或不正确作为，如擅离职守、不尽职责义务、工作马虎等。而行为所产生危害结果的严重程度是区分两者的显著标准。如果这种结果达到了《党纪处分条例》中规定的程度，则应当认定为违纪行为。若这种结果已达到渎职类犯罪案件的刑事立案标准，则应当认定为渎职犯罪。

此外，因果关系的强度也是区分工作失职与过失型渎职犯罪的重要标准。从党内法规及刑法的具体规定来看，不仅要追究直接造成危害结果的直接行为人的违纪违法责任或刑事责任，还要追究间接造成危害结果的间接行为人的违纪违法责任或刑事责任。在实践中，首先需要调查哪些失职、渎职行为可能导致危害结果，如果失职、渎职行为符合党内法规规定的违纪行为样态，行为与结果具有关联性，就可以认为该行为导致了危害结果的发生，追究行为人的违纪违法责任。但是，在办理过失型渎职犯罪案件时，需要进一步判断渎职行为与构成要件结果之间是否存在紧密而内在的关联性、是否具有导致因果关系中断的介入因素，还需要考虑管理服务对象是否故意犯罪等。

知识扩展

◎关于环境监管失职罪的构成要件

本罪主体为特殊主体，即负有环境保护监督管理职责的国家机关工作人员，具体是指在国务院环境保护行政主管部门、县级以上地方人民政府环境保护行政主管部门从事环境保护工作的人员，以及在国家海洋行政主管部门、港务监督、渔政渔港监督、军队环境保护部门和各级公安、交通、铁路、民航管理部门中，依照有关法律规定对环境污染防治实施监督管理的人员。此外，县级以上人民政府的土地、矿产、林业、农业、水利行政主管部门中依照有关法律的规定对资源的保护实施监督管理的人员，也可以构成本罪的主体。

本罪侵犯的客体是国家环境保护机关的监督管理活动和国家对保护环境防治污染的管理制度，或者是负有环境监管职责的国家执法人员的勤政性及权力行为的正当性。

本罪在主观方面表现为过失，但也不能排除放任的间接故意的存在。如明知有关单位排放污水、废气或固体废料的行为违反《环境保护法》，可能造成重大环境污染事故，危及公私财产或人身安全，但严重不负责任，不采取任何措施予以制止，而是采取放任的态度，以致产生严重后果。

本罪在客观方面表现为必须有严重不负责任的行为；发生重大环境污染事故；导致公私财产遭受重大损失或者造成人身伤亡的严重后果。

◎关于环境监管失职罪与一般环境监管失职行为的区别

环境监管失职罪要求有公私财产遭受重大损失或者造成人身伤亡的严重后果的行为。而一般环境监管失职行为是行为人具有环境监管失职行为，但并没有造成公私财产、国家和人民的利益重大损失或者人身伤亡的严重后果，或者虽然造成了损失但并没有达到刑法所规定的重大损失的程度。

纪法依据

1.《中华人民共和国刑法》第四百零八条

负有环境保护监督管理职责的国家机关工作人员严重不负责任，导致发生重大环境污染事故，致使公私财产遭受重大损失或者造成人身伤亡的严重后果的，处三年以下有期徒刑或者拘役。

2. 最高人民检察院《关于人民检察院直接受理立案侦查案件立案标准的规定（试行）》

二、渎职犯罪案件

（十七）环境监管失职案（第408条）

环境监管失职罪是指负有环境保护监督管理职责的国家机关工作人员严重不负责任，不履行或不认真履行环境保护监管职责导致发生重大环境污染事故，致使公私财产遭受重大损失或者造成人身伤亡的严重后果的行为。

涉嫌下列情形之一的，应予立案：

1. 造成直接经济损失30万元以上的；

2. 造成人员死亡1人以上，或者重伤3人以上，或者轻伤10人以上的；

3. 使一定区域内的居民的身心健康受到严重危害的；

4. 其他致使公私财产遭受重大损失或者造成人身伤亡严重后果的情形。

3.《环境监察办法》第十三条第二款

实施现场检查时，从事现场执法工作的环境监察人员不得少于两人，并出示《中国环境监察执法证》等行政执法证件，表明身份，说明执法事项。

37 帮助犯罪分子传递信件属于正常履职行为还是帮助犯罪分子逃避处罚？

主旨提示

这是一起看守所民警帮助犯罪分子联系亲属、传递信件的案件。

案情回顾

周某，中共党员，原系甲市看守所民警。

刘某甲因涉嫌犯贩卖、制造毒品罪被羁押在甲市看守所，由周某负责监管。在此期间，刘某甲称其想检举李某杀人案件争取立功，但不知道李某是否被抓及现居住地等情况，便请求周某与其兄刘某乙联系，让刘某乙帮助了解相关情况。周某遂通过电话向刘某乙转达了刘某甲的意图。几天后，刘某乙与其兄刘某丙找到了李某住址，并制作李某家庭住址示意图通过周某转交给了刘某甲。刘某甲因看不懂示意图标注的具体位置，又请求周某联系刘某乙了解情况。随后，周某趁值班之机，让刘某甲用看守所值班电话与刘某乙通话，详细了解了李某现住址的具体情况，以便刘某甲在看守所内向公安机关检举李某。后来，公安机关根据刘某甲的检举材料将李某抓获归案。但是，法院在审判刘某甲案件时，并未认定刘某甲立功。

在政法队伍教育整顿过程中，周某主动到甲市纪委监委如实交代了上述事实，但他认为自己帮助刘某甲是作为负有查禁犯罪活动职责的国家机关工作人员侦查犯罪的正常履职行为，不构成犯罪。而且法院也未认定刘某甲构成立功，所以自己只是一般的渎职行为，应该不构成犯罪。

此外，周某和刘某乙都交代，周某曾收受刘某乙所送的酒和人参，并接受刘某乙安排的宴请和旅游，但关于礼品、宴请和旅游的价值无其他证据予以佐证。

办案过程

2021年4月，周某因严重违纪违法涉嫌帮助犯罪分子逃避处罚罪被纪检监察机关立案审查调查；

2021年9月，周某被开除党籍、开除公职，并被移送检察机关审查起诉；

2021年11月，检察机关以周某涉嫌帮助犯罪分子逃避处罚罪向人民法院提起公诉；

2022年1月，人民法院判决周某犯帮助犯罪分子逃避处罚罪，判处其有期徒刑二年。

难点解析

◎周某帮助刘某甲联系亲属、传递信件以获取李某杀人案有关信息的行为是查禁犯罪活动的正常履职行为吗？

有查禁犯罪活动职责的国家机关工作人员，包括国家安全机关、公安机关、检察机关中负有查禁犯罪活动职责的司法工作人员。查禁犯罪活动，主要指为发现犯罪人、查清犯罪事实而依法进行的司法活动。

根据看守所执法相关规定，对在押人员坦白、检举的犯罪线索，看守所民警应当按照规定制作笔录、登记、转递。犯罪嫌疑人、被告人与近亲属会见时，应当由办案机关办理审批手续，看守所根据办案机关的书面通知安排会见；会见时，应有办案人员和看守所民警在场；与近亲属通信的，交办案机关处理，办案机关书面委托看守所检查的，看守所可以检查，发现可能有碍侦查、起诉、审判的，应当扣留，并转交办案机关。根据《看守所民警执勤行为规范（试行）》第五条"看守所民警不得有下列行为：'（七）私自为在押人员传递口信、信件、物品，私自安排在押人员与亲友会见、送物、打电话'；"及第二十四条"构成犯罪的，依法追究刑事责任"的规定，周某作为公安机关的一名警察，其岗位系看守所的管教民警，应严格依照有关规定履行岗位职责，但却在履职中违反了上述有关职责规范，在获知刘某甲想检举立功时，明知刘某甲并不知道所要检举的李某的下落，为了让刘某甲检举成功，私自安排刘某甲与其兄刘某乙会见、通话，并帮忙转递有立功线索内容的信件。

因此，周某私自为刘某甲提供便利条件帮助刘某甲检举立功的行为，违反了看守所管教民警职责的相关规定，不属于正常履职行为。

◎**周某是否构成犯罪？**

根据《刑法》第四百一十七条的规定，帮助犯罪分子逃避处罚罪，是指有查禁犯罪活动职责的国家机关工作人员，向犯罪分子通风报信、提供便利，帮助犯罪分子逃避处罚的行为。根据最高人民检察院《关于渎职侵权犯罪案件立案标准的规定》关于犯罪分子逃避处罚罪的立案标准，向犯罪分子提供钱物、交通工具、通讯设备、隐藏处所等便利条件的，帮助、示意犯罪分子隐匿、毁灭、伪造证据，或者串供、翻供的，以及其他帮助犯罪分子逃避处罚应予追究刑事责任的情形，都应当立案。情节是否严重，被帮助的犯罪分子是否因此逃避了处罚，只是量刑轻重问题，并不影响该罪的成立。

本案中，周某作为看守所管教民警，具有查禁犯罪活动的职责，同时担负着针对被羁押的犯罪分子的特殊的查禁犯罪职责，因此其具备构成帮助犯罪分子逃避处罚罪的主体资格。刘某甲是涉嫌犯罪的在押人员，周某帮助其获取立功线索，侵犯了国家对犯罪的查禁。周某作为刘某甲的管教民警，主观上对刘某甲所涉犯罪是明知的，对帮助刘某甲获取立功线索，可能让刘某甲达到减轻刑罚的目的亦是明知的。周某在客观行为上私自让刘某甲会见亲属、提供电话供刘某甲与其亲属通话，便于刘某甲让其亲属帮助寻找立功线索，并帮助刘某甲传递带有立功线索的信件，使刘某甲得以获取涉嫌故意杀人的犯罪嫌疑人李某的有关信息,并向公安机关检举揭发,公安机关根据该线索抓获了李某。周某帮助刘某甲获取立功线索的行为实施完毕。不管刘某甲是否因为周某的帮助逃避了处罚,周某都构成帮助犯罪分子逃避处罚罪。

◎周某收受刘某乙所送的酒和人参,并接受刘某乙安排的宴请和旅游,是否构成受贿罪?

行贿人与国家工作人员(党员)交往中,为了获得国家工作人员的帮助,除了直接给予财物外,往往还会采取安排宴请、旅游、给予贵重礼品等方式。在双方已经具备请托事项和其他大额经济往来、被认定为存在受贿行贿关系的情况下,根据2016年《解释》"国家工作人员利用职务上的便利为请托人谋取利益前后多次收受请托人财物,受请托之前收受的财物数额在一万元以上的,应当一并计入受贿数额"的规定,理论上对于请托前合计超过一万元以及请托后的全部经济往来,均应折算为货币金额并认定为贿赂款,而不宜再作为违纪问题认定。但实践中,一些经济往来在操作层面不具备折算价值的条件。比如,国家工作人员接受行贿人宴请,即使食用了十分昂贵的菜品和酒水,一般也不宜将人均消费价格认定为受贿金额;再比如,接受旅游安排的,行贿人提供车辆、陪同就餐等花费,有时难以折算价值或者调取消费价格,也不易认定受贿金额。考虑到受贿犯罪主要是以数额来评价危害性,对于国家工作人员和行贿人交往中接受服务不能折算价值的,虽不能作为受贿犯罪数额认定,但可以依照《党纪处分条例》相关规定认定为违纪问题。

◎**怎样区分受贿罪与收受可能影响公正执行公务的财物行为？**

一是主体不同。收受可能影响公正执行公务的财物行为的主体只包括在党和国家机关、国有企业、事业单位、人民团体、基层群众性自治组织中从事公务活动的党员；受贿罪的主体更加宽泛，还包括在上述单位工作的其他非中共党员身份的人员。二是客观方面不同。收受可能影响公正执行公务的财物行为的客观方面主要表现为行为人明知收取财物行为可能影响公正执行公务，仍持放任态度，收受管理服务对象或者明显超出正常礼尚往来的财物，同时，赠送人没有明确请托事项；受贿罪的客观方面主要表现为行为人利用职务便利索取他人财物，或者非法收受他人财物，为他人谋取利益，具有相对明确的请托事项。根据 2016 年《解释》的规定，若行为人与赠送人之间具有上下级关系或者行政管理关系，收受财物价值达到三万元以上，可能影响职权行使的，视为承诺为他人谋取利益，是受贿罪。

◎**怎样区分受贿罪与接受可能影响公正执行公务的宴请或者旅游、健身、娱乐等活动安排的行为？**

一是主体不同。接受可能影响公正执行公务的宴请或者旅游、健身、娱乐等活动安排的行为的主体只包括党和国家机关、国有企业、事业单位、人民团体、基层群众性自治组织中从事公务活动的党员；受贿罪的主体更加宽泛，还包括在上述单位工作的其他非中共党员身份的人员。二是客观方面不同。接受可能影响公正执行公务的宴请或者旅游、健身、娱乐等活动安排的行为的客观方面主要表现为行为人明知接受宴请或者旅游、健身、娱乐等活动安排，可能会影响公正执行公务，仍接受邀请或安排；受贿罪的客观方面主要表现为行为人利用职务便利索取他人财物，或者非法收受他人财物，为他人谋取利益。接受可能影响公正执行公务的宴请或者旅游、健身、娱乐等活动安排的行为可能影响执行公务；受贿罪已经影响到公正执行公务。接受可能影响公正执行公务的宴请或者旅游、健身、娱乐等活动安排的行为不需要为他人谋取利益；受贿罪则必须具备承诺、实施、实现为他人谋取利益三个阶段之一。接受可能影响公正执行公务的宴请或者旅游、健身、娱乐等活动安排的行为接受的是宴请或者旅游、健身、娱乐活动安排等财产性利益；受贿罪收受的财物还包括货币和物品。

知识扩展

◎关于帮助犯罪分子逃避处罚罪的构成要件

本罪的主体为特殊主体，只能是负有查禁犯罪活动职能的国家机关工作人员，非上述人员不能构成帮助犯罪分子逃避处罚罪的主体。有查禁犯罪活动职责的国家机关工作人员，主要指司法机关（包括公安机关、国家安全机关、人民检察院、人民法院）的工作人员。此外，各级党委、政府机关中主管查禁犯罪活动的人员也包括在内。

本罪侵犯的客体是国家机关的威信和正常活动。

本罪在主观方面表现为故意，即行为人明知其为犯罪分子处于查禁之列，仍然向其通风报信、提供便利，目的在于使犯罪分子逃避处罚。

本罪在客观方面表现为有查禁犯罪活动职责的国家机关工作人员，向犯罪分子通风报信、提供便利，帮助犯罪分子逃避处罚的行为。通风报信、提供便利的行为可能发生在犯罪分子被发现后，也可能发生在犯罪分子被发现前。所谓通风报信，是指向犯罪分子泄露、提供有关查禁犯罪活动的情况、信息，如查禁的时间、地点、人员、方案、计划、部署等。所谓提供便利条件，是指向犯罪分子提供住处等隐藏处所；提供钱、物、交通工具、证件资助其逃跑；或者指点迷津，协助其串供、隐匿、毁灭、伪造、篡改证据；等等。行为人实施上述行为必须是利用其查禁犯罪活动的职责便利，不论行为的结果如何，只要行为人利用其查禁犯罪活动的职责便利条件，实施了向犯罪分子通风报信、提供便利，帮助犯罪分子逃避处罚的行为，即构成犯罪。情节是否严重，只是量刑轻重问题。

◎关于帮助犯罪分子逃避处罚罪中"犯罪分子"的认定

帮助犯罪分子逃避处罚罪的犯罪对象必须是犯罪分子，其中既包括犯罪之后，潜逃在外，尚未抓获的犯罪分子，也包括尚未被司法机关发觉的犯罪分子。如果不知是犯罪分子，无意透露消息提供便利的，不构成帮助犯罪分子逃避处罚罪。但是，一旦发现是犯罪分子仍然为其通风报信、提供便利，帮助其逃避处罚的，则应以帮助犯罪分子逃避处罚罪论处。如果仅仅是犯罪嫌疑人，事后经审判无罪的人，能否成为本罪的对象，尚有待探讨。

纪法依据

1.《中华人民共和国刑法》第四百一十七条

有查禁犯罪活动职责的国家机关工作人员,向犯罪分子通风报信、提供便利,帮助犯罪分子逃避处罚的,处三年以下有期徒刑或者拘役;情节严重的,处三年以上十年以下有期徒刑。

2. 最高人民检察院《关于渎职侵权犯罪案件立案标准的规定》

一、渎职犯罪案件

(三十三)帮助犯罪分子逃避处罚案(第四百一十七条)

帮助犯罪分子逃避处罚罪是指有查禁犯罪活动职责的司法及公安、国家安全、海关、税务等国家机关工作人员,向犯罪分子通风报信、提供便利,帮助犯罪分子逃避处罚的行为。

涉嫌下列情形之一的,应予立案:

1. 向犯罪分子泄漏有关部门查禁犯罪活动的部署、人员、措施、时间、地点等情况的;

2. 向犯罪分子提供钱物、交通工具、通讯设备、隐藏处所等便利条件的;

3. 向犯罪分子泄漏案情的;

4. 帮助、示意犯罪分子隐匿、毁灭、伪造证据,或者串供、翻供的;

5. 其他帮助犯罪分子逃避处罚应予追究刑事责任的情形。

3. 最高人民法院、最高人民检察院《关于办理贪污贿赂刑事案件适用法律若干问题的解释》第十五条

对多次受贿未经处理的,累计计算受贿数额。

37. 帮助犯罪分子传递信件属于正常履职行为还是帮助犯罪分子逃避处罚?

国家工作人员利用职务上的便利为请托人谋取利益前后多次收受请托人财物,受请托之前收受的财物数额在一万元以上的,应当一并计入受贿数额。

38 何种情况下可以以事立案？

✅ 主旨提示

这是一起由于矿山企业严重违规违法生产经营造成的重大责任事故案件。

📋 案情回顾

2018年4月，甲县A矿山爆破点工人在卸车过程中车辆发生爆炸，造成10人死亡，20人受伤，直接经济损失人民币1000余万元。

事故发生后，该省人民政府事故调查组调查发现，事故的直接原因是运输车车厢炸药发生爆炸，根据综合调查结果可排除炸药质量不稳定、车辆部件起火、雷击、钻机打残眼和撞击摩擦等因素引起的炸药爆炸，存在雷管或热积累引发炸药爆炸两种可能。间接原因之一是甲县公安局违规核发民用爆炸物品运输许可证、民用爆炸物品购买许可证等证件，未及时采取有效措施及时发现、制止民爆公司的违法行为。

纪检监察机关经调查发现，甲县公安局治安管理大队在民爆公司未列明购买民爆物品的种类、数量、银行账户，未提供其运输车辆、人员相关危险货物运输资质证明文件的情况下，通过公安部民用爆炸物品信息管理系统向其开出爆炸物品购买证和爆炸物品运输证。在发现民爆公司没有危险货物道路运输经营许可证的情况下超期多次运输民爆物品的违规情况后，治安管理大队并未采取有效措施。甲县公安局治安管理大队时任大队长谢某作为直接分管民爆物品管理工作的负责人，对事故的发生负有责任。

谢某认为，自己对民爆物品管理混乱的情况并不了解，自己也没有意识到会发生爆炸事故，所以自己与矿山车辆爆炸事故没有刑法上的因果关系，不应追究自己的刑事责任。

办案过程

2018年4月，甲县纪委监委对A矿山车辆爆炸事故进行立案调查；

2018年9月，谢某被开除党籍、开除公职，并被移送检察机关审查起诉；

2018年11月，检察机关以谢某涉嫌玩忽职守罪向人民法院提起公诉；

2019年1月，人民法院以谢某犯玩忽职守罪，判处其有期徒刑三年。

难点解析

◎谢某的履职行为与矿山车辆爆炸事故有没有刑法上的因果关系？

在重大责任事故案件中，行为人的行为与事故之间是否存在因果关系属于纯客观的判断，不以行为人是否认识到因果关系为转移。

法律赋予公安局治安管理大队对民用爆炸物品、危险物品的管理职权，是希望该部门能有效地对民用爆炸物品、危险物品进行监管，从而预防事故的发生。然而，甲县公安局治安管理大队在民爆公司未列明购买民爆物品的种类、数量、银行账户，未提供其运输车辆、人员相关危险货物运输资质证明文件的情况下，通过公安部民用爆炸物品信息管理系统向其开出爆炸物品购买证和爆炸物品运输证。在发现民爆公司在没有危险货物道路运输经营许可证的情况下超期多次运输民爆物品的违规情况后，治安管理大队并未采取有效措施。谢某作为公安局治安管理大队大队长，主管民用爆炸物品、危险物品的安全管理工作，却对民爆物品管理混乱的情况不了解，显然是没有履行职责，构成玩忽职守行为。如果没有谢某的玩忽职守行为，民爆公司就有可能不会非法违规生产，不至于发生爆炸。因此，根据一般人社会生活的经验可以认为，谢某的玩忽职守行为大大提高了矿山企业民爆公司发生爆炸事故的概率。

根据该省人民政府事故调查组的调查结论，爆炸事故的间接原因之一就是甲县公安局违规核发民用爆炸物品运输许可证、民用爆炸物品购买许可证等证件，未及时采取有效措施及时发现、制止民爆公司的违法行为。

综上，可以认定谢某的玩忽职守行为与事故的发生具有刑法上的因果关系。

◎ 为什么认定谢某犯玩忽职守罪而不是重大责任事故罪？

重大责任事故罪，是指在生产、作业中违反有关安全管理的规定，因而发生重大伤亡事故或者造成其他严重后果的行为。可以从以下几个方面区分重大责任事故罪与玩忽职守罪：一是犯罪主体不同。玩忽职守罪的犯罪主体只能是国家机关工作人员；而重大责任事故罪的犯罪主体是工厂、矿山、林场等企业、事业单位的职工。二是犯罪客体不同。玩忽职守罪侵犯的是国家机关的正常管理活动；而重大责任事故罪侵犯的是工厂、矿山、林场等企业、事业单位的生产安全。三是犯罪的行为方式不同。在玩忽职守犯罪中，行为人表现为消极地不履行自己的法定职责，或者不认真履行自己的法定职责；而在重大责任事故犯罪中，行为人表现为不服管理、违反规章制度，或者实施了强令工人违章冒险作业行为。

本案中，谢某是国家机关工作人员而不是矿山企业民爆公司的职工，其应当履行却不履行管理民用爆炸物品、危险物品的法定职责，虽然间接造成了爆炸事故的发生，但其侵犯的主要是国家机关的正常管理活动，所以应该认定谢某犯玩忽职守罪，而不是重大责任事故罪。

◎ 什么情况下可以以事立案？

《中央纪委国家监委立案相关工作程序规定（试行）》明确规定：对事故（事件）中存在违纪或者职务违法、职务犯罪事实，但相关责任人员尚不明确的，可以以事立案。以事立案作为一种特殊的立案模式，并非对所有案件均可适用，需严格把握其特定条件。根据《监察法实施条例》等规定，以事立案的案件须同时满足以下三个条件：一是适用于事故（事件）类追责问责、失职渎职案件。二是存在违纪、职务违法或者职务犯罪事实，需要追究纪律、法律责任。三是相关责任人尚不明确。如果案件中相关责任人已经明确，则直接以人立案即可。

本案的爆炸事故发生后，根据该省人民政府事故调查组的调查结论，爆炸事故的间接原因之一是甲县公安局违规核发民用爆炸物品运输许可证、民用爆炸物品购买许可证等证件，未及时采取有效措施及时发现、制止民爆公司的违法行为，需要追究纪律、法律责任，但并未明确相关责任人，这种情况下可以以事立案。

需要注意的是，《监察法实施条例》明确规定，以事立案后，经调查确定相关责任人员的，按照管理权限报批确定被调查人。这里的报批，并非报批立案，否则属于重复立案，应当理解为此前因相关责任人不明确，未按照干部管理权限履行审批程序；在相关责任人明确后，则应按照立案需履行的审批权限呈报批准。其中，被审查调查人为同级党委管理的干部，应当报同级党委主要负责人批准，其他人员一并审批；被审查调查人为同级党委管理的干部以外人员的，如系上级党委管理的干部，应移送上级纪检监察机关处理，如系下级党委管理的干部，可报同级纪委主要负责人批准。

◎**查办案件中，应如何保护企业合法权益？**

在对涉企职务违法犯罪案件的查办过程中，纪检监察机关要增强服务和保障企业发展的意识，不断改进办案方式方法，保护企业合法权益，努力实现查办案件的政治效果、纪法效果、社会效果的有机统一。

一是做好案件前期摸排工作。立案前的线索评估、初步核实阶段,要注意了解掌握涉案企业的相关运营状况,预先研判案件会牵涉企业的哪些人、哪些项目,对其在企业中的地位和作用进行摸底。严格遵守初步核实立案请示报告制度,防范和避免因查办案件导致企业经营困难甚至项目搁浅、倒闭。

二是注重涉企案件经济风险防控。在对企业涉案人员立案调查等环节以及各类核查、调查措施使用过程中,加强对涉案企业可能产生的经济影响的全面分析和风险防控。立案时应重点把握拟立案企业人员职权职责情况、对涉案企业生产经营的影响以及是否会因案件信息公开影响涉案企业信誉及重大商业项目,慎重发布涉案企业案件信息。采取询问、搜查、技术调查等措施时,要注意方式方法,控制知悉范围,对于调查过程中知悉的国家秘密、商业秘密和个人隐私,严格执行案件保密制度,防范因商业秘密、重大信息泄露,影响企业商业信誉、造成涉案企业重大利益受损。

三是加强对涉案民营企业财产合法保护。在对涉案企业财产采取查封、扣押、冻结措施时,严格按照《监察法》《刑事诉讼法》《中华人民共和国公司法》等相关规定,正确区分企业法人财产和股东个人财产、涉案人员个人财产和家庭财产、违法所得和合法财产界限,防止超权限、超范围、超数额、超时限查封、扣押、冻结。审慎评估采取查封、扣押、冻结措施是否会导致涉案企业生产经营困难甚至停产,是否必须采取查封、扣押、冻结措施以保证调查顺利进行。在对涉案企业财产采取查封、扣押、冻结等措施时，考虑企业生产经营需要，预留必要的流动资金和往来账户；对于正在投入生产运营或者用于科技创新、产品研发的设备、资金和技术资料等，一定时间内可采取拍照、复制等方式提取；查封、扣押、冻结的财产经查明与案件无关的，应当及时返还涉案企业，最大限度减少对企业正常生产经营的不利影响。

知识扩展

◎关于重大责任事故罪的主体

重大责任事故罪，是指在生产、作业中违反有关安全管理的规定，因而发生重大伤亡事故或者造成其他严重后果的行为。重大责任事故罪属于业务过失类犯罪，是业务上过失致死伤犯罪（即指从事业务的人员，违反业务上的注意义务，造成他人死伤的行为）。该罪的主体要求是从事容易引起死伤结果的业务的人员，即该罪中的"业务"要求有侵害他人生命、身体的可能性，这也是与其他"业务"（如侵占类）身份区别的标志。

《刑法修正案（六）》在《刑法》第一百三十九条后面增加了一条，即"在安全事故发生后，负有报告职责的人员不报或者谎报事故情况，贻误事故抢救，情节严重的，处三年以下有期徒刑或者拘役；情节特别严重的，处三年以上七年以下有期徒刑"。重大责任事故发生后，因不报或谎报而造成的损失，事实上是责任事故后果的延伸。但在实际案件中，往往造成重大责任事故的人本身不能或不具有向有关方面报告的资格，即行为人对事故损害结果的发生和扩张处于无法控制的状态。而此时，负有报告义务的人，出于各种利益原因，不报或谎报致使损害结果失控、加重。因此，构成《刑法》第一百三十九条罪名的主体，并不是真正的重大责任事故制造者，而是本身与事故的发生无关（本身是事故制造者，则适用《刑法》第一百三十四条），在事故的善后处理中应履行职务而不履行或不全面履行职务的，法定的"负有报告义务"的人，是以一定的职务、义务的存在为前提的，是法定的以重大责任事故罪论的情况。因此，该主体应为特殊主体。

◎关于以事立案

以事立案，是指以已经发现的违纪、职务违法、职务犯罪事实为依据，启动审查调查程序的立案模式。安全生产事故类案件往往具有社会关注度较高、处理时限紧急、涉及层级和人员复杂等特点。要想迅速查明案情，找出并锁定相关责任人员，需要采取讯问、搜查、查封、扣押等一系列调查措施，而采取这些措施必须以立案为前提。此时采取以事立案，可以依法及时地采取各种审查调查措施，迅速查明案件，及时回应社会关切，提高办案效率。以事立案也有利于办案人员增强证据意识，依规依纪依法行使审查调查权。在传统的以人立案模式下，办案人员往往习惯于采取"由供到证"的审查调查思维，有时容易形成对口供的依赖心理。而在以事立案模式下，案件首先要围绕查明事故（事件）展开，审查调查人员很自然地会形成强烈的证据意识，把主要精力放在外围证据的收集上，并通过收集、固定、审查、运用证据来确定相关责任人员。

🔗 纪法依据

1.《中华人民共和国刑法》第一百三十四条第一款

在生产、作业中违反有关安全管理的规定，因而发生重大伤亡事故或者造成其他严重后果的，处三年以下有期徒刑或者拘役；情节特别恶劣的，处三年以上七年以下有期徒刑。

2.《中华人民共和国刑法》第三百九十七条第一款

国家机关工作人员滥用职权或者玩忽职守，致使公共财产、国家和人民利益遭受重大损失的，处三年以下有期徒刑或者拘役；情节特别严重的，处三年以上七年以下有期徒刑。本法另有规定的，依照规定。

3.《中华人民共和国监察法实施条例》第一百八十一条第二款

对单位涉嫌受贿、行贿等职务犯罪，需要追究法律责任的，依法对该单位办理立案调查手续。对事故（事件）中存在职务违法或者职务犯罪问题，需要追究法律责任，但相关责任人员尚不明确的，可以以事立案。对单位立案或者以事立案后，经调查确定相关责任人员的，按照管理权限报批确定被调查人。

39 没有与对方公司串通，是否构成签订、履行合同失职被骗罪？

主旨提示

这是一起国有公司负责人在签订、履行合同过程中因失职而被骗的案件。

案情回顾

石某，中共党员，甲市国有 A 燃料有限公司原总经理。

石某经 A 公司债务人孙某介绍，在明知实际供煤方为民营企业 B 公司的情况下，以 A 公司名义与国有企业 C 公司签订了煤炭合作协议，约定 A 公司向 C 公司购买煤炭，A 公司支付 1500 万元预付款，指定工作人员现场监督装船。同时，A 公司又与私营企业 D 公司签订了煤炭合作协议，约定 A 公司将上述向 C 公司购买的煤炭销售给 D 公司，待货到港口装船前付清全款后转移货权。因运营上述购销业务的资金不足，A 公司向上级企业 E 公司申请借款。在 E 公司召开的班子扩大会上，石某介绍了上述煤炭购销业务,并称供煤方 C 公司是国有企业,购煤方 D 公司也是国有企业,D 公司装船前付 100%货款,A 公司再付款给 C 公司,A 公司派人专门到港口与 C 公司一起交割。最终,A 公司成功借款。

石某根据上述三方的合同约定,指令财务人员向 C 公司实际支付 1000 万元预付款。此外,A 公司又从 F 公司借款 500 万元作为预付款支付给 C 公司。支付上述款项后,石某在没有按合同约定派人监督 C 公司将煤炭装船的情况下,指令公司员工开具收货凭证给 C 公司。同时,石某亦没有及时向 D 公司索要货款,就向其发出了发货函。D 公司亦向 A 公司开具了收货凭证。当 C 公司向 A 公司要收货确认函的时候,石某仅根据 D 公司的收货函,直接让下属盖章确认,并在没有进行任何实地确认的情况下,就给 C 公司开具了收货函。于是,C 公司将 1500 万元预付款汇入 B 公司。后 B 公司与 C 公司皆未发货或退款,D 公司亦未支付"购煤款",导致 A 公司最终损失国有资产 1500 万元。

经查,B 公司和 D 公司都是孙某控制的关联私企,在 A 公司与 C 公司签订煤炭合作协议前,孙某已经欠了 A 公司 1100 万元。

石某在纪检监察机关交代了与 B、C、D、E、F 公司之间签订、履行购销合同、借款合同的大致事实,同时主张,自己虽然与孙某熟识,但并不知道 B 公司和 D 公司都是孙某控制的关联私企,更没有与孙某串通,对于国有资产损失主观上不存在故意或者过失,而且往常煤炭交易货物跟资金的流转均与涉案交易类似，由此自己在涉案交易过程中不存在严重不负责任的行为，同时，没有证据及司法文书确定存在诈骗事实。所以，自己不构成签订、履行合同失职被骗罪。

办案过程

2018年8月，石某因严重违纪违法涉嫌签订、履行合同失职被骗罪被纪检监察机关立案审查调查；

2019年1月，石某被开除党籍、开除公职，并被移送检察机关审查起诉；

2019年3月，检察机关以石某涉嫌签订、履行合同失职被骗罪向人民法院提起公诉；

2019年5月，人民法院以犯签订、履行合同失职被骗罪，判处石某有期徒刑三年。

难点解析

◎石某对于国有资产损失是否存在主观上的故意或者过失？

签订、履行合同失职被骗罪的主观方面是过失，即行为人应当预见自己的行为可能造成国家利益遭受重大损失的结果，因为疏忽大意没有预见，或者已经预见而轻信能够避免，以致这种结果发生。这里的过失仅针对造成的危害结果即"重大损失"而言，并不排斥其对涉嫌犯罪行为违反工作纪律和制度规章存在故意。而且，如果行为人因认识能力有限无法预见或客观条件限制无法避免危害结果的发生，那么其主观上没有过错，不能追究其刑事责任。如果行为人是与对方当事人恶意串通，合伙诈骗国有公司、企业、事业单位的财产,则构成贪污罪或者诈骗的共同犯罪而不是本罪。

如果石某事先知道B公司和D公司都是孙某控制的关联私企,而与孙某串通签订、履行涉案合同,那么石某就不是犯签订、履行合同失职被骗罪,而应该以贪污罪或者诈骗罪定罪量刑。

石某在明知实际供煤方为民营企业B公司的情况下,曾就此项目在E公司召开的班子扩大会上,刻意隐瞒了真正的上下游B公司和D公司都是私营企业这一事实,谎称上下游都是国有企业,且称D公司在装船前会支付100%的货款,暗示A公司没有风险,最终才获得了班子成员的信任并从上级公司借到了钱。由此可见,石某是故意向上级公司隐瞒真实情况的,也就是说,其对虚假汇报、违反工作纪律存在故意。但我们并不能由此得出石某对公司后来的损失是已经预见并且希望损失发生。但是,作为一个国有企业负责人,石某在明知孙某已经欠了A公司1100万元的情况下,应该预见孙某介绍的该交易可能会给公司造成风险甚至损失,仍没有尽到谨慎的注意义务,因此石某对国有资产的损失存在主观上的过失。

◎石某在签订、履行合同过程中是否有严重不负责任的行为?

签订、履行合同失职被骗罪客观方面表现为,行为人在签订、履行合同过程中因为严重不负责任被诈骗。所谓"严重不负责任被诈骗",是指行为人不履行或者不正确履行自己主管、分管合同签订、履行合同的义务,致使他人利用合同形式骗取国有公司、企业、事业单位的财物。

在签订、履行合同过程中，根据 A 公司与 C 公司签订的协议，A 公司在合同生效后需支付现汇 1500 万元预付款，需方要指定工作人员现场监督装船。而石某仅付了 1500 万元预付款，并没有指定任何工作人员现场监督装船。石某在没有按合同约定派人监督 C 公司将煤炭装船的情况下，就指令公司员工开具收货凭证给 C 公司。根据 A 公司与 D 公司签订的协议，货到港口后，在装船前 D 公司要支付 100% 的货款，付清全款才能转移货权。但石某亦没有及时向 D 公司索要货款就发出了发货函。当 C 公司向 A 公司要收货确认函的时候，石某仅根据 D 公司的收货函，直接让下属盖章确认，并未进行任何实地确认，就给 C 公司开具了收货函，导致 A 公司款项最终流入孙某控制的 B 公司。石某的上述行为，已经明显违反了合同约定，可以说是主动放弃了合同对 A 公司权利的所有保障，系重大失职。

此外，石某在明知孙某已经欠 A 公司 1100 万元的情况下，仍没有尽到谨慎的注意义务，不仅没有调查 B 公司和 D 公司的实际经营情况，也没有派员到场监督货物交收，甚至连到底有没有这批煤炭都没有落实清楚，这也是严重不负责任的行为。因此，石某在签订、履行合同过程中有严重不负责任的行为。

◎**在没有司法文书确定存在诈骗事实的情况下，能否认定国家利益遭受重大损失？**

签订、履行合同失职被骗罪是结果犯，要求有损害后果，即"国家利益遭受重大损失"。根据相关规定，签订、履行合同失职被骗罪中的"诈骗"，是指对方当事人的行为已经涉嫌诈骗犯罪，不以对方当事人已经被人民法院判决构成诈骗犯罪作为立案追诉的前提。

本案中，由于石某的失职行为，导致其仅根据 D 公司出具的虚假收货函就出具收货函给 C 公司，并致使 C 公司根据 A 公司的收货函将货款转移给 B 公司，从而被孙某实际占有。A 公司因被诈骗而造成实际损失 1500 万元。无论 A 公司有无穷尽法律救济途径挽回损失，其损失数额都是确定的，并不影响构成犯罪。

◎针对玩忽职守类犯罪的主客观要件，在调查取证时应该着重收集哪些证据？

玩忽职守类犯罪主观方面为过失。实践中，审查调查对象往往不会主动供述自己实施行为时真实的心理状态，或用过失掩盖故意，或用不能预见、不可抗拒掩盖过错，审查调查人员要在全面收集相关证据的基础上，仔细甄别：一是审查调查对象的供述和辩解、相关人员的证言等，分析其实施行为时对危害结果发生的真实心态；二是审查调查对象的个人简历、文化水平等，分析其认识能力；三是审查调查对象的职务层次、任职年限、工作业绩等，分析其工作能力和水平。

玩忽职守类犯罪行为表现为严重不负责任，不履行或不正确履行工作职责。实践中，国家工作人员职责来源主要有四类：一是法定职责，即法律法规中明确规定的职责，对此需收集法律法规相关一般性和特殊性规定。二是基本职责，即该工作岗位应遵守的具体规定，对此需收集相关行业领域、上级主管部门、单位内部制定的规章制度等。三是授权性职责，即因有权机关或人员授权而获得的职责和权限，对此需收集相关机关或人员的授权文件、说明或证言等。四是依照惯例应履行的职责，即虽没有明文规定，但按照约定俗成的惯例或工作习惯应遵守的职责，对此需收集相关领导、同事及同类岗位人员的证言。

不履行职责或不正确履行职责主要有三种表现：一是擅离职守，即未按要求的时间或未在要求的场所行事；二是完全不履行职责，虽未擅离职守但根本没有履行职责要求的行为；三是不完全履行职责，即虽然履行了职责，但敷衍了事，违反相关规定履职。

玩忽职守行为只有使公共财产、国家和人民利益遭受重大损失才构成犯罪。实践中，可将"重大损失"分为三类：一是经济损失，即立案时确已造成的经济损失，又分为直接经济损失和间接经济损失，对此需收集会计鉴定、审计报告、价格评估报告等证据；二是人员伤亡，对此需收集法医学鉴定意见、诊断证明、死亡证明等证据；三是声誉影响，对此需收集新闻媒体报道、社会舆论及广大群众的反映等证据。

知识扩展

◎关于签订、履行合同失职被骗罪

签订、履行合同失职被骗罪，是指国有公司、企业、事业单位直接负责的主管人员，在签订、履行合同过程中，因严重不负责任被诈骗，致使国家利益遭受重大损失的行为。

本罪的主体是特殊主体，即国有公司、企业、事业单位直接负责的主管人员。其他主体不能构成本罪。

本罪的主观方面是过失。即行为人应当预见自己的行为可能造成国家利益遭受重大损失的结果，因为疏忽大意没有预见，或者已经预见而轻信能够避免，以致这种结果发生。

签订、履行合同失职被骗罪客观方面表现为，行为人在签订、履行合同过程中因为严重不负责任被诈骗。所谓"严重不负责任被诈骗"，是指行为人不履行或者不正确履行自己主管、分管合同签订、履行合同的义务，致使他人利用合同形式骗取国有公司、企业、事业单位的财物。

签订、履行合同失职被骗罪是结果犯，要求有损害后果，即"国家利益遭受重大损失"。如果行为人在签订、履行合同时虽然被骗，但发现后及时采取措施，避免了可能造成的损失，则不构成本罪。

◎关于金融机构、从事对外贸易经营活动的公司、企业工作人员被骗购或者逃汇

根据全国人民代表大会常务委员会《关于惩治骗购外汇、逃汇和非法买卖外汇犯罪的决定》规定，金融机构、从事对外贸易经营活动的公司、企业的工作人员严重不负责任，造成大量外汇被骗购或者逃汇，致使国家利益遭受重大损失的，依照刑法第一百六十七条的规定，以签订、履行合同失职被骗罪定罪处罚。

金融机构、从事对外贸易经营活动的公司、企业的工作人员严重不负责任，造成100万美元以上外汇被骗购或者逃汇1000万美元以上的，应予立案追诉。

纪法依据

《中华人民共和国刑法》第一百六十七条

国有公司、企业、事业单位直接负责的主管人员,在签订、履行合同过程中,因严重不负责任被诈骗,致使国家利益遭受重大损失的,处三年以下有期徒刑或者拘役;致使国家利益遭受特别重大损失的,处三年以上七年以下有期徒刑。

图书在版编目（CIP）数据

案例详解纪法适用/曹静静编写．—北京：中国方正出版社，2023.3
ISBN 978-7-5174-1170-3

Ⅰ.①案… Ⅱ.①曹… Ⅲ.①职务犯罪-案例-中国 Ⅳ.①D924.305

中国国家版本馆 CIP 数据核字（2023）第 046054 号

案例详解纪法适用
ANLI XIANGJIE JIFA SHIYONG

曹静静　编写

责任编辑：曹宇霖
责任校对：周志娟
责任印制：李惠君

出版发行：	中国方正出版社
	（北京市西城区广安门南街甲 2 号　邮编：100053）
	编辑部：（010）59594613　　发行部：（010）66560936
	出版部：（010）59594625　　门市部：（010）66562733
	邮购部：（010）66560645
	网址：www.lianzheng.com.cn
经　销：	新华书店
印　刷：	保定市中画美凯印刷有限公司
开　本：	880 毫米×1230 毫米　　1/32
印　张：	12.75
字　数：	264 千字
版　次：	2023 年 3 月第 1 版　2023 年 5 月北京第 2 次印刷

（版权所有　侵权必究）

ISBN 978-7-5174-1170-3　　　　　　　　　　　定价：35.00 元

（本书如有印装质量问题，请与本社发行部联系退换）